Religionstrends in der Schweiz

Jörg Stolz · Arnd Bünker · Antonius Liedhegener ·
Eva Baumann-Neuhaus · Irene Becci ·
Zhargalma Dandarova Robert · Jeremy Senn ·
Pascal Tanner · Oliver Wäckerlig ·
Urs Winter-Pfändler

Religionstrends in der Schweiz

Religion, Spiritualität und Säkularität im gesellschaftlichen Wandel

Jörg Stolz
Institut für Sozialwissenschaften der Religionen
Université Lausanne
Lausanne, Schweiz

Antonius Liedhegener
Religionswissenschaftliches Seminar
Universität Luzern
Luzern, Schweiz

Irene Becci
Institut für Sozialwissenschaften der Religionen
Université Lausanne
Lausanne, Schweiz

Jeremy Senn
Institut für Sozialwissenschaften der Religionen
Université Lausanne
Lausanne, Schweiz

Oliver Wäckerlig
SPI - Schweizerisches Pastoralsoziologisches Institut
St. Gallen, Schweiz

Arnd Bünker
SPI - Schweizerisches Pastoralsoziologisches Institut
St. Gallen, Schweiz

Eva Baumann-Neuhaus
SPI - Schweizerisches Pastoralsoziologisches Institut
St. Gallen, Schweiz

Zhargalma Dandarova Robert
Institut für Sozialwissenschaften der Religionen
Université Lausanne
Lausanne, Schweiz

Pascal Tanner
Institut für Sozialwissenschaften der Religionen
Université Lausanne
Lausanne, Schweiz

Urs Winter-Pfändler
SPI - Schweizerisches Pastoralsoziologisches Institut
St. Gallen, Schweiz

ISBN 978-3-658-36567-7   ISBN 978-3-658-36568-4 (eBook)
https://doi.org/10.1007/978-3-658-36568-4

Die Deutsche Nationalbibliothek verzeichnet diese Publikation in der Deutschen Nationalbibliografie; detaillierte bibliografische Daten sind im Internet über http://dnb.d-nb.de abrufbar.

© Der/die Herausgeber bzw. der/die Autor(en) 2022. Dieses Buch ist eine Open-Access-Publikation.
Open Access Dieses Buch wird unter der Creative Commons Namensnennung 4.0 International Lizenz (http://creativecommons.org/licenses/by/4.0/deed.de) veröffentlicht, welche die Nutzung, Vervielfältigung, Bearbeitung, Verbreitung und Wiedergabe in jeglichem Medium und Format erlaubt, sofern Sie den/die ursprünglichen Autor(en) und die Quelle ordnungsgemäß nennen, einen Link zur Creative Commons Lizenz beifügen und angeben, ob Änderungen vorgenommen wurden.
Die in diesem Buch enthaltenen Bilder und sonstiges Drittmaterial unterliegen ebenfalls der genannten Creative Commons Lizenz, sofern sich aus der Abbildungslegende nichts anderes ergibt. Sofern das betreffende Material nicht unter der genannten Creative Commons Lizenz steht und die betreffende Handlung nicht nach gesetzlichen Vorschriften erlaubt ist, ist für die oben aufgeführten Weiterverwendungen des Materials die Einwilligung des jeweiligen Rechteinhabers einzuholen.
Die Wiedergabe von allgemein beschreibenden Bezeichnungen, Marken, Unternehmensnamen etc. in diesem Werk bedeutet nicht, dass diese frei durch jedermann benutzt werden dürfen. Die Berechtigung zur Benutzung unterliegt, auch ohne gesonderten Hinweis hierzu, den Regeln des Markenrechts. Die Rechte des jeweiligen Zeicheninhabers sind zu beachten.
Der Verlag, die Autoren und die Herausgeber gehen davon aus, dass die Angaben und Informationen in diesem Werk zum Zeitpunkt der Veröffentlichung vollständig und korrekt sind. Weder der Verlag, noch die Autoren oder die Herausgeber übernehmen, ausdrücklich oder implizit, Gewähr für den Inhalt des Werkes, etwaige Fehler oder Äußerungen. Der Verlag bleibt im Hinblick auf geografische Zuordnungen und Gebietsbezeichnungen in veröffentlichten Karten und Institutionsadressen neutral.

Planung/Lektorat: Cori Antonia Mackrodt
Springer VS ist ein Imprint der eingetragenen Gesellschaft Springer Fachmedien Wiesbaden GmbH und ist ein Teil von Springer Nature.
Die Anschrift der Gesellschaft ist: Abraham-Lincoln-Str. 46, 65189 Wiesbaden, Germany

Inhaltsverzeichnis

1 **Einleitung**.. 1
   Literatur... 4

2 **Generationen abnehmenden Glaubens**........................ 7
   Jörg Stolz und Jeremy Senn
   2.1 Einleitung... 7
   2.2 Theorie.. 10
       2.2.1 Lebenszyklus-, Kohorten- und Periodeneffekte............ 10
       2.2.2 Alternative Theorien zur Entwicklung von Religiosität
            in der Schweiz................................... 11
   2.3 Der schweizerische Kontext............................... 13
   2.4 Methode... 14
       2.4.1 Daten.. 14
       2.4.2 Analysestrategie................................... 15
   2.5 Resultate... 15
       2.5.1 Christliche Religiosität............................ 15
       2.5.2 Holistische Spiritualität........................... 19
       2.5.3 Religiöse Praxis seit den 1930er-Jahren............ 21
       2.5.4 Wie wichtig ist der Kohortensäkularisierungsmechanismus?.... 23
   2.6 Schluss.. 25
   Anhang.. 26
   Literatur.. 28

3 **Selbstbezeichnungen und ihre Bedeutungsnuancen**............ 33
   Irene Becci und Zhargalma Dandarova Robert
   3.1 Einleitung... 34
   3.2 Internationaler Überblick über die empirische Forschung.... 36
   3.3 Wer sind die Spirituellen, die Religiösen, die «Religiös-Spirituellen»
       und die «Weder Religiösen noch Spirituellen» in der Schweiz?........ 40
       3.3.1 Gruppenbildung und Sprachfragen.................... 41
       3.3.2 Der Erfolg des Begriffs des Spirituellen........... 45

3.4 Religiöse Zugehörigkeit, Praktiken und Überzeugungen
der vier Gruppen 46
    3.4.1 Religiös, aber nicht spirituell (RnS): Tradition und Abstand 46
    3.4.2 Religiös und spirituell (RS): Intensität und Zugehörigkeit 49
    3.4.3 Nicht-religiöse Spirituelle (NRS): Verschiebung der Grenzen 51
    3.4.4 Nicht religiös – nicht spirituell (NN): in Richtung Säkularität 53
3.5 Querschnittsprofile 54
3.6 Gesundheit und Wohlbefinden im Fokus: kleine Unterschiede
zwischen religiös und spirituell 58
3.7 Schlussfolgerung 60
Literatur 62

4 Religionslose Personen in der Schweiz 65
Pascal Tanner
4.1 Religionslosigkeit als Forschungsgegenstand 66
    4.1.1 Fragestellung 67
    4.1.2 Analysezugang und Datengrundlage 68
4.2 Religionslose und religiös zugehörige Personen im Vergleich 70
4.3 Sozialisation im Vergleich 74
4.4 Zusammenfassung und Ausblick 79
Literatur 80

5 Schwerpunkt Kirchenmitgliedschaft 83
Urs Winter-Pfändler
5.1 Einleitung 84
    5.1.1 Vertrauen im Zentrum eines kirchlichen
Mitgliederbindungsmanagements 85
    5.1.2 Motive für die Kirchenmitgliedschaft 87
    5.1.3 Der Rückgang von Verbundenheit und die Folgen 88
    5.1.4 Gründe für den Kirchenaustritt 89
5.2 Methodik 91
    5.2.1 Stichprobe 91
    5.2.2 Verwendete Items 93
5.3 Ergebnisse 94
5.4 Diskussion 99
Literatur 101

6 Entkirchlichung als Prozess 105
Oliver Wäckerlig, Eva Baumann-Neuhaus und Arnd Bünker
6.1 Einleitung 106
6.2 Abnehmende Religions- und Kirchenbindung 107
    6.2.1 Einfluss des gesellschaftlichen Wandels 107
    6.2.2 Verschiebungen bei (nicht)religiösen Zugehörigkeiten 109

		6.2.3	Anstieg der Kirchenaustritte	111
	6.3		Zusammenhang zwischen Kirchenbindung, kirchlicher Sozialisation und individueller Religiosität/Spiritualität.	124
		6.3.1	Kirchliche Sozialisation	124
		6.2.4	Prozesse der Kirchendistanzierung	112
		6.3.2	Individuelle Religiosität/Spiritualität – Praxis und Glaubensvorstellungen	127
	6.4		Kirchliche Sozialisierungsroutinen gescheitert?	132
		6.4.1	Bedeutungsverlust kirchlicher Rituale und Feiern	132
		6.4.2	Religionspädagogisches Handeln der Kirchen misslingt	133
		6.4.3	Die Familie als Ort kirchlicher Sozialisation?	134
	6.5		Fazit und Ausblick	138
		6.5.1	Entkirchlichungsprozesse	138
		6.5.2	Eine doppelte kulturelle Entfremdung	139
		6.5.3	Die Frage, die sich den Kirchen stellt	140
	Literatur			140

7 Politik und Religion in der Schweiz.. 143
Antonius Liedhegener
   7.1 Einleitung: Politik und Religion in der Schweiz heute – ein komplexes Gefüge komplexer Größen................................ 144
   7.2 Forschungsstand.. 146
       7.2.1 Parteien und Wahlverhalten in der Schweiz seit den 1990er-Jahren... 146
       7.2.2 Religion und Politik... 149
       7.2.3 Religion... 151
   7.3 Forschungsfrage und Ausgangsvermutungen............................ 154
   7.4 Daten und Auswertungsverfahren...................................... 157
   7.5 Religion als Verbund – Befunde.. 160
       7.5.1 Religion und Wahlverhalten: Religion als lebensweltlich verankertes Geflecht von politischer Bedeutung.............. 160
       7.5.2 Religion und politische Themen: sozialmoralische Kontroversen und die jüngere Religionspolitik............... 168
       7.5.3 Religion in der politischen Kultur der Schweiz.................. 172
   7.6 Fazit... 174
   Literatur... 176

8 Ausblick.. 183
   Literatur... 187

Über die Autoren

Eva Baumann-Neuhaus, Dr. in Religionswissenschaft, ist wissenschaftliche Projektleiterin am Schweizerischen Pastoralsoziologischen Institut (SPI) in St. Gallen. Sie forscht zu religiösem Wandel, religiöser Tradierung und dem Zusammenhang zwischen Religion und Migration.

Irene Becci ist ordentliche Professorin für neue religiöse Entwicklungen und Spiritualität am Institut de sciences sociales des religions (ISSR) der Universität Lausanne. Sie forscht zu religiöser und spiritueller Diversität in unterschiedlichen Kontexten sowie zu epistemologischen und methodischen Fragen der qualitativen Sozialforschung.

Arnd Bünker, Dr. in katholischer Theologie, ist Leiter des Schweizerischen Pastoralsoziologischen Instituts (SPI) in St. Gallen und Titularprofessor an der Theologischen Fakultät der Universität Fribourg. Er forscht zu pastoralsoziologischen Fragestellungen und zu Herausforderungen der Kirchenentwicklung.

Zhargalma Dandarova Robert, Dr. in Psychologie, ist Oberassistentin am Lehrstuhl für Religionspsychologie an der Universität Lausanne. Sie forscht zu Religiosität/Spiritualität und psychischer Gesundheit im Alter sowie zur zeichnerischen Repräsentation von Gottesvorstellungen bei Kindern.

Antonius Liedhegener ist Professor für Politik und Religion am Zentrum für Religion, Wirtschaft und Politik (ZRWP) der Universität Luzern. Er forscht zu Politik und Religion in liberalen Demokratien, zum Zusammenhang von Religion und sozialer Identität sowie zur Religionspolitik politischer und religiöser Institutionen.

Jeremy Senn, MA in Soziologie, ist SNF-Forschungsassistent am Lehrstuhl für Religionssoziologie an der Universität Lausanne. Er promoviert zu Religions- und Kirchgemeinden in der Religionslandschaft Schweiz.

Jörg Stolz ist ordentlicher Professor für Religionssoziologie am Institut de sciences sociales des religions (ISSR) der Universität Lausanne. Er forscht und publiziert zu Säkularisierung, zur Religionslandschaft der Schweiz und zu Mixed Methods.

Pascal Tanner, Dr. in Soziologie, ist Postdoktorand am Institut des humanités en médecine (IHM) am Universitätsspital der Waadt. Er forscht zu verschiedenen Aspekten von Religionslosigkeit in der Schweiz, zum organisierten Säkularismus sowie zur Bedeutung von Religiosität und Spiritualität im Alter.

Oliver Wäckerlig, Dr. in Religionswissenschaft, ist wissenschaftlicher Projektleiter am Schweizerischen Pastoralsoziologischen Institut (SPI) in St. Gallen. Er forscht zu Religion und Öffentlichkeit, Religion und Gesundheit und zu Islamfeindlichkeit.

Urs Winter-Pfändler Dr. in katholischer Theologie und Dr. in Psychologie, ist wissenschaftlicher Projektleiter am Schweizerischen Pastoralsoziologischen Institut (SPI) in St. Gallen. Er forscht zu pastoral- und religionspsychologischen Fragestellungen, zur Bewältigung von Verlusten sowie zur Reputation der Kirchen.

Einleitung 1

Seit mehreren Jahrzehnten ist die Religionslandschaft der Schweiz Gegenstand intensiver empirischer Sozialforschung. Hierbei ist eine Tradition entstanden, in welcher seit 1989 im Abstand von ungefähr zehn Jahren quantitativ orientierte Studien zur religiösen Lage der Schweiz erscheinen. Dies ist das bisher vierte Buch in der erwähnten Reihe.[1]

Der Grund für den Zehn-Jahres-Abstand liegt im Erscheinen jeweils neuer, hochwertiger Datensätze. Insbesondere die Befragung MOSAiCH (Measurement of Social Attitudes in Switzerland) ist in diesem Zusammenhang zu nennen.[2] In Rotation mit anderen Themen bildet die MOSAiCH-Studie Religion in der Schweiz alle zehn Jahre auf Basis einer repräsentativen Stichprobe ab, wobei die letzte Erhebungswelle zu Religion 2018 durchgeführt wurde. Sie wird in diesem Band erstmals vertieft ausgewertet.

Die erste Studie, welche auf Daten von 1989 beruhte, trug den Titel «Jeder ein Sonderfall? Religion in der Schweiz» und wurde von Alfred Dubach und Roland J. Campiche herausgegeben.[3] Sie enthielt Beiträge von den beiden Herausgebern wie auch von Michael Krüggeler, Peter Voll und Claude Bovay. Diese Forschung stützte sich noch nicht auf MOSAiCH Daten, sondern auf eine von den Forschenden selbst konzipierten Erhebung, welche jedoch in vielen Fragen der späteren MOSAiCH Studie gleicht. Beim Vergleich der damaligen Beiträge der Lausanner und St.-Galler Forschungsgruppe

---

[1] Campiche et al. (1992), Dubach und Campiche (1993), Campiche (2004), Dubach und Fuchs (2005), Stolz et al. (2014).
[2] Erhoben werden die MOSAiCH-Daten durch das Schweizer Kompetenzzentrum für Sozialwissenschaften FORS mit Sitz in Lausanne. Der Datensatz ist zusammengesetzt aus verschiedenen nationalen sowie internationalen Teilen – unter anderem auch Fragen aus dem ISSP (International Social Survey Programme).
[3] Die französische Version hatte eine andere Autorenreihenfolge und trug den Titel: «Croire en Suisse(s) – Analyse des résultats de l'enquête menée en 1988–1989 sur la religion des Suisses». Die französische und deutsche Version unterscheiden sich auch in manchen Kapiteln.

© Der/die Autor(en) 2022
J. Stolz et al., *Religionstrends in der Schweiz*,
https://doi.org/10.1007/978-3-658-36568-4_1

fällt auf, dass die Lausanner stärker deinstitutionalisierungs- und individualisierungstheoretisch argumentierten, während die St. Galler stärker system- und säkularisierungstheoretisch dachten.

Die Ergebnisse der zweiten Studie, beruhend auf Daten von 1999 (unter anderem MOSAiCH), wurden in zwei Büchern publiziert. Roland Campiche gab «Die zwei Gesichter der Religion. Faszination und Entzauberung» heraus (mit Beiträgen von ihm, Alfred Dubach und Jörg Stolz).[4] Alfred Dubach und Brigitte Fuchs publizierten «Ein neues Modell von Religion. Zweite Schweizer Sonderfallstudie – Herausforderung für die Kirchen». In dieser zweiten Welle stellte Roland Campiche sein Modell der «Dualisierung der Religion» vor, wonach eine institutionelle Religion sich im Niedergang befinde, eine universale Religion aber auf Dauer Bestand haben werde.

Die dritte Studie wurde von Jörg Stolz, Judith Könemann, Mallory Schneuwly Purdie, Thomas Englberger und Michael Krüggeler verfasst und beruhte auf 2008/2009 erhobenen Daten. Sie trug den Titel «Religion und Spiritualität in der Ich-Gesellschaft. Vier Gestalten des (Un-)Glaubens». Neu wurden hier quantitative MOSAiCH Daten mit 73 qualitativen Interviews in einem Mixed-methods-Design kombiniert. Im Unterschied zu den vorherigen Studien wurden vier (Un-)Glaubensprofile beschrieben («Institutionelle», «Alternative», «Distanzierte», «Säkulare»). Außerdem wurde eine neue Theorie religiös-säkularer Konkurrenz als Erklärung der beobachtbaren Veränderungen nicht nur in der Schweizer Religionslandschaft vorgestellt.

Der hier vorliegende vierte Band weist viele Eigenschaften der Vorgängerstudien auf. Erneut ist der Zugang dezidiert religionssoziologisch; erneut werden vor allem MOSAiCH Daten ausgewertet; erneut arbeiten ein Lausanner und ein St. Galler Team zusammen, verstärkt durch Antonius Liedhegener vom Zentrum Religion, Wirtschaft, Politik (ZRWP) Luzern. Es finden sich jedoch auch Unterschiede. So wurde das vorliegende Publikationsprojekt, anders als die vorherigen, ohne Drittmittelzuschuss durch den SNF durchgeführt. Die Organisation war sehr viel dezentraler: Die interessierten Forschenden übernahmen je ein Thema und waren anschließend frei, dieses nach ihren Präferenzen zu behandeln. Alle Beiträge wurden von der Gesamtheit der Autor:innen intensiv diskutiert und aufgrund der Kritik und den Anmerkungen revidiert. Die abgedruckten Beiträge wurden bewusst so verfasst, dass jeder für sich stehen kann. Hierdurch wirkt das Buch insgesamt weniger «aus einem Guss» als die bisherigen Bände; auf der anderen Seite finden sich nicht nur mehr Individualität und z. T. auch voneinander abweichende Meinungen, sondern vor allem auch eine breitere Themenpalette, die auch interdisziplinäre Bezüge zu anderen gesellschaftlichen Feldern sichtbar werden lässt. Schließlich verwenden die Autor:innen in diesem Band nicht nur die MOSAiCH Daten von 2018, sondern auch diejenigen aller bisheriger Wellen wie auch andere quantitative religionsbezogene Daten für die Schweiz.

---

[4] Eine französische Version trug den Titel: «Les deux visages de la religion. Fascination et désenchantement».

1 Einleitung

Im Folgenden seien die einzelnen Beiträge kurz skizziert:
Jörg Stolz und *Jeremy Senn* stützen sich in ihrem Beitrag *Generationen abnehmenden Glaubens. Säkularisierung in der Schweiz 1930–2020* auf Datenquellen, die bis zurück in die 1930er-Jahre reichen. Sie weisen nach, dass die Säkularisierung in der Schweiz, wie in anderen westlichen Ländern, stark durch die Ersetzung von Geburtskohorten zustande kommt. Gleichzeitig finden sie keine Hinweise darauf, dass dieser Säkularisierungstrend durch alternative Spiritualität oder ein «believing without belonging» aufgefangen würde.

Der Beitrag von *Irene Becci* und *Zhargalma Dandarova-Robert, Selbstbezeichnungen und ihre Bedeutungsnuancen. Zur kontextsensitiven Interpretation der Bezeichnungen «religiös» und «spirituell» in Umfragen*, stellt die Frage, welche Bedeutungsnuancen sich in den Identitätsbegriffen «spirituell» und «religiös» verbergen und wie diese in unterschiedlichen Sphären der Gesellschaft unterschiedlich verwendet werden. Damit legen sie den Akzent ihres Beitrages auf kontextuelle, sprach- und kulturabhängige Bedeutungsunterschiede und entwickeln eine kritische Reflexion jener Nomenklatur, die der Gewinnung und der Analyse der Umfragedaten zugrunde liegt.

Pascal Tanner wendet sich in seiner Teilstudie *Religionslose Personen in der Schweiz. Soziologisches Porträt einer wachsenden Bevölkerungsgruppe* einer bislang wenig beachteten, aber stetig wachsenden Bevölkerungsgruppe zu. Mit Blick auf die Gruppe der Religionslosen stellt er fest, dass diese ein näher bestimmbares soziodemografisches Profil aufweisen und dass viele von ihnen vor allem deshalb religionslos sind, weil sie entsprechende Sozialisationserfahrungen gemacht haben. So zeigt er auf, dass religiöse Nicht-Zugehörigkeit ihren Ursprung insbesondere dort hat, wo Sozialisation beginnt: in der Herkunftsfamilie.

Mit Blick auf die Kirchen in der Schweiz untersucht *Urs Winter-Pfändler* in seinem Beitrag *Schwerpunkt Kirchenmitgliedschaft. Vertrauen in die Kirchen, Mitgliederbindung sowie individuelle und gesellschaftliche Folgen* das Thema Kirchenbindung der Mitglieder. Sein Beitrag zeichnet nach, wie das Vertrauen in die gesellschaftliche Akteurin Kirche über die Jahre hinweg gesunken ist. Dabei macht er deutliche Zusammenhänge zwischen dem Grad des Vertrauens, der Austrittsneigung und soziodemografischen Merkmalen der befragten Personen aus.

Oliver Wäckerlig, Eva Baumann-Neuhaus und *Arnd Bünker* setzen diese kirchensoziologischen Beobachtungen in ihrem Beitrag *Entkirchlichung als Prozess. Beobachtungen zur Distanzierung gegenüber Kirche und kirchlicher Religiosität* fort. In ihrem Beitrag skizzieren sie die Erosionsprozesse individueller Kirchlichkeit in den Dimensionen Zugehörigkeit, Identifikation und Praxis und weisen auf die geringer werdende Wirksamkeit traditioneller kirchlicher Sozialisationsbemühungen hin.

Schließlich bettet *Antonius Liedhegener* im Beitrag *Politik und Religion in der Schweiz. Aktuelle Befragungsergebnisse zu einem komplexen Verhältnis* die Ergebnisse der aktuellen Umfrage in eine politikwissenschaftliche Analyse ein. Dabei fragt er nach den Auswirkungen der Veränderungen der Religionslandschaft auf die Politik in der Schweiz, genauer auf das Wahlverhalten der Schweizer Bevölkerung und auf deren parteipolitische Präferenzen, politische Einstellungen und Sachthemen sowie auf ihre Bewertung des politischen Systems.

Die Zusammenarbeit am gemeinsamen Projekt war für alle Beteiligten fruchtbar und gewinnbringend. Wir danken *Andrea Langenbacher* für das Lektorat, *Cori Antonia Mackrodt* und *Katharina Gonsior* bei Springer VS und den Institutionen, welche die Publikation finanziell und personell unterstützt haben. Insbesondere sind dies das Schweizerische Pastoralsoziologische Institut (SPI) in St. Gallen, das Institut de sciences sociales des religions (ISSR) an der Universität Lausanne sowie das Zentrum für Religion, Wirtschaft und Politik (ZRWP) an der Universität Luzern.

Lausanne, St. Gallen und Luzern 2022.

Jörg Stolz, Arnd Bünker, Antonius Liedhegener, Eva Baumann-Neuhaus, Irene Becci, Zhargalma Dandarova-Robert, Pascal Tanner, Jeremy Senn, Oliver Wäckerlig, Urs Winter-Pfändler.

Literatur

Campiche, Roland J., Alfred Dubach, Claude Bovay, Michael Krüggeler und Peter Voll. 1992. *Croire en Suisse(s), Analyse des résultats de l'enquête menée en 1988/1989 sur la religion des Suisses.* Lausanne: Éditions l'Âge d'Homme.

Campiche, Roland J. 2004. *Die zwei Gesichter der Religion. Faszination und Entzauberung*, Zürich: Theologischer Verlag Zürich.

Dubach, Alfred, und Roland J. Campiche, Hrsg. 1993. *Jeder ein Sonderfall? Religion in der Schweiz.* Zürich: NZN-Buchverlag.

Dubach, Alfred, und Brigitte Fuchs. 2005. *Ein neues Modell von Religion. Zweite Schweizer Sonderfallstudie – Herausforderung für die Kirchen.* Zürich: Theologischer Verlag Zürich.

Stolz, Jörg, Judith Könemann, Mallory Schneuwly Purdie, Thomas Englberger und Michael Krüggeler. 2014. *Religion und Spiritualität in der Ich-Gesellschaft. Vier Gestalten des (Un-)Glaubens.* Zürich: Theologischer Verlag Zürich.

1 Einleitung

Open Access Dieses Kapitel wird unter der Creative Commons Namensnennung 4.0 International Lizenz (http://creativecommons.org/licenses/by/4.0/deed.de) veröffentlicht, welche die Nutzung, Vervielfältigung, Bearbeitung, Verbreitung und Wiedergabe in jeglichem Medium und Format erlaubt, sofern Sie den/die ursprünglichen Autor(en) und die Quelle ordnungsgemäß nennen, einen Link zur Creative Commons Lizenz beifügen und angeben, ob Änderungen vorgenommen wurden.

Die in diesem Kapitel enthaltenen Bilder und sonstiges Drittmaterial unterliegen ebenfalls der genannten Creative Commons Lizenz, sofern sich aus der Abbildungslegende nichts anderes ergibt. Sofern das betreffende Material nicht unter der genannten Creative Commons Lizenz steht und die betreffende Handlung nicht nach gesetzlichen Vorschriften erlaubt ist, ist für die oben aufgeführten Weiterverwendungen des Materials die Einwilligung des jeweiligen Rechteinhabers einzuholen.

Generationen abnehmenden Glaubens

Säkularisierung in der Schweiz 1930–2020

Jörg Stolz und Jeremy Senn

Zusammenfassung

Der vorliegende Artikel untersucht, inwiefern das in anderen westlichen Ländern nachgewiesene Phänomen der Kohorten-Säkularisierung auch für die Schweiz gilt. Nach dieser Theorie kommt die Säkularisierung zustande, weil religiösere durch weniger religiöse Kohorten ersetzt werden – und nicht weil die Religiosität von Individuen im Lebensverlauf abnimmt. Der Artikel untersucht die Entwicklung christlicher Religiosität und holistischer (ganzheitlicher) Spiritualität auf der Basis mehrerer großer Sozialumfragen. Die These der Kohorten-Säkularisierung kann für christliche Religiosität großenteils bestätigt werden: Die Säkularisierung entsteht zu einem wichtigen Teil, weil jede neue Generation etwas weniger religiös ist. Es handelt sich um «Generationen abnehmenden Glaubens». Hingegen finden wir keine Hinweise darauf, dass viele Personen ihren Glauben behalten und nur die Kirchenmitgliedschaft ablegen («believing without belonging»). Auch eine holistisch-spirituelle Revolution hat nicht stattgefunden.

2.1 Einleitung

In einflussreichen Arbeiten haben Alasdair Crocket und David Voas behauptet, dass Säkularisierung in westlichen Gesellschaften vor allem generationell verlaufe.[1] Aufgrund von Problemen in der religiösen Sozialisation entwickle jede neue Generation eine etwas weniger starke Religiosität als die vorangehende, behalte aber im weiteren Erwachsenenleben die einmal erreichte Religiosität im Wesentlichen bei. Die abnehmende Religiosität

---

[1] Crockett und Voas (2006), Voas und Crockett (2005).

der Gesamtgesellschaft resultiere nicht etwa aus dem Glaubensverlust von Individuen, sondern daraus, dass religiöse Generationen durch weniger religiöse ersetzt würden.

Das von Crockett und Voas beschriebene Phänomen ist seither in diversen westlichen Ländern aufgezeigt worden.[2] Gut belegte Fälle sind insbesondere Großbritannien, Frankreich, Deutschland, die USA, Australien und Neuseeland. Allerdings zeigen sich auch wichtige Ausnahmen und die Kohorten-Säkularisierung scheint keineswegs ein ehernes soziologisches Gesetz zu sein.[3]

Das Ziel dieses Artikels ist es, zu untersuchen, inwieweit das Modell der Kohorten-Säkularisierung auch den Fall der Schweiz gut beschreibt und somit die Entwicklung der Religiosität partiell erklärt. Das Modell ist deshalb nur eine partielle Erklärung, weil es sich darüber ausschweigt, *weshalb* jede neue Generation etwas weniger religiös ist als die vorhergehende. Auch wir ignorieren diese weitergehende Frage bewusst, um uns ganz der Prüfung des Kohortenmodells widmen zu können.[4] Der vorliegende Artikel führt die Analysen, die schon im Buch «Religion und Spiritualität in der Ich-Gesellschaft» begonnen wurden, fort.[5] Dort war der generationelle Aspekt der Säkularisierung zwar auch schon Thema, er wurde jedoch nicht systematisch behandelt.

Obwohl dieser Artikel primär das Modell der Kohorten-Säkularisierung testet, ermöglicht er doch auch, Aussagen über eine Reihe konkurrierender Theorien zu machen.[6] So werden wir sehen, dass unsere Ergebnisse insgesamt die Kohorten-Säkularisierungstheorie für christliche Religiosität stützen.[7] Sie widersprechen jedoch sowohl der These eines «believing without belonging» wie auch der Idee einer «spirituellen Revolution».[8]

Unsere drei forschungsleitenden Fragen lauten:

1. Wie verändern sich christliche Religiosität und holistische Spiritualität in der Schweiz im Zeitverlauf?
2. Wieviel der Veränderung ist auf Sozialisation und Generationeneffekte zurückzuführen?
3. Wie stark wird der Verlust institutionengebundener christlicher Religiosität durch individualisierte christliche Religiosität («believing without belonging») oder holistische Spiritualität wettgemacht?

---

[2] Stolz et al. (2021), Voas und Chaves (2016), Wolf (2008).
[3] McClendon und Hackett (2014), Stolz et al. (2020).
[4] Für eine weiterführende Auseinandersetzung mit dem Zusammenhang zwischen Sozialisation und individueller Religionslosigkeit s. die Beiträge von Pascal Tanner und Oliver Wäckerlig, Eva Baumann-Neuhaus und Arnd Bünker in diesem Band.
[5] Stolz et al. (2014).
[6] Für Übersichten, s. Pickel (2011) sowie Pollack und Rosta (2015).
[7] Crockett und Voas (2006), Stolz (2020), Voas und Crockett (2005).
[8] Davie (1990), Heelas und Woodhead (2004).

Um diese Fragen beantworten zu können, benötigen wir natürlich Definitionen dessen, was unter christlicher Religiosität und holistischer Spiritualität zu verstehen ist.[9] Unter Religiosität verstehen wir individuelle Ausdrucksweisen (Handlungen, Erlebensweisen, Glaubensüberzeugungen, Werte, Identifikationen und Emotionen), die eine Religion individuell reproduzieren. Als Religion definieren wir ein kulturelles System, das sich auf eine transzendente Wirklichkeit (z. B. einen Gott, Götter, eine übernatürliche Ebene) bezieht, mit welcher die Menschen in Kontakt treten, um Probleme zu lösen. Mit Spiritualität bezeichnen wir individuelle Ausdrucksweisen, die eine starke Bindung des Individuums aufzeigen. Hierbei kann es sich um Bindung an eine transzendente Realität, eine soziale Gruppe, einzelne Menschen, moralische und wertmäßige Überzeugungen, die Umwelt (eine Landschaft, Natur) oder das Selbst des Individuums handeln.[10] Spiritualität kann religiös, religiös-säkular hybrid oder säkular sein. Mit holistischer Spiritualität meinen wir eine Spiritualität, welche die kulturellen Bestände des sogenannten „holistischen Milieus" reproduziert. Hierzu gehören beispielsweise Phänomene wie das Wahrsagen, Meditation, Yoga, Heilung durch Pflanzen, Steine oder Kristalle, das Durchführen esoterischer Rituale und das Interesse an Engeln.[11]

Die oben genannten Fragen können gegenwärtig sehr viel besser beantwortet werden als vor rund 30 Jahren, als die systematische quantitative Erforschung der Religiosität in der Schweiz einsetzte. Einerseits verfügen wir inzwischen über Längsschnittdaten, sodass es möglich wird über die Zeit zu verfolgen, wie sich Religiosität für Individuen wie auch für spezielle Gruppen entwickelt hat. Insbesondere können wir versuchen, Generationeneffekte, Lebenszykluseffekte und Periodeneffekte zu unterscheiden. Andererseits führt die Tatsache, dass wir über eine große Anzahl von Surveys verfügen, dazu, dass unsere Schätzungen für die «wahren Werte» in der Grundgesamtheit sehr viel genauer werden. So stützen wir unsere Aussagen mithilfe des integrierten CARPE Datensatzes auf 27 Surveys mit insgesamt 31′686 Befragten.

Gleichzeitig ist es wichtig, sich auch die Grenzen der vorliegenden Studie klarzumachen. Christliche Religiosität wird hier nur mit sehr wenigen Indikatoren gemessen (für ein deutlich umfangreicheres Messmodell s. Huber[12]). Zudem können nichtchristliche, z. B. muslimische, jüdische oder buddhistische Religiosität in dieser Studie aufgrund einer ungenügenden Datenlage nicht behandelt werden.[13] Repräsentative Studien

---

[9] Stolz et al. (2014), Stolz und Tanner (2017).
[10] Zum Spiritualitätsbegriff s. Ammerman (2013), Giordan (2007), Becci et al. (2021). S. ferner den Beitrag von Irene Becci und Zhargalma Dandarova-Robert in diesem Band.
[11] Wichtige Literatur zum holistischen Milieu ist etwa: Campbell (1995) [1972], Bloch (1998), Heelas und Woodhead (2004), Höllinger und Tripold (2012), Van Hove (1999), Bochinger (1994), Hanegraaf (1998). Zum holistischen Milieu in der Schweiz, s. Mayer (1993, 2007), Stolz et al. (2014), Becci et al. (2021), Rademacher (2009, 2010).
[12] Huber (2004, 2012).
[13] Siehe für Darstellungen der religiösen Vielfalt in der Schweiz: Baumann und Stolz (2007), Monnot (2013), Marzi (2020).

liegen erst seit den späten 1980er-Jahren vor und diese erheben meist nur Items zu christlicher Religiosität. Religiosität vor den 1980er Jahren kann durch zwei Indikatoren erhoben werden. Einerseits liegen Konfessionszahlen aus der Volkszählung seit Mitte des 19. Jahrhunderts vor. Andererseits können wir einen Trick anwenden, um eine retrospektive Beobachtung des Kirchgangs bis zurück in die 1930er-Jahre vorzunehmen. Der Trick besteht darin, den eigenen Kirchgang und denjenigen der Eltern als man ein Kind war nach Alterskohorte auszuwerten. Vereinzelte Studien haben auch versucht, holistische Spiritualität zu erheben, die wenigen entsprechenden Items lassen aber eine Längsschnittbeobachtung erst seit 1998 zu.

2.2 Theorie

Da es in unserer Leitfrage darum geht, inwieweit die Veränderung des religiösen Wandels in der Schweiz auf Kohorteneffekte zurückzuführen ist, gehen wir in diesem theoretischen Abschnitt kurz darauf ein, was unter Kohorten und Kohorteneffekten zu verstehen ist und wie sich diese von Lebenszyklus- und Periodeneffekten unterscheiden. Anschließend behandeln wir mögliche Ursachen von Kohorteneffekten sowie alternative Theorien religiösen Wandels, welche mit unseren Daten bestätigt oder verworfen werden können.

2.2.1 Lebenszyklus-, Kohorten- und Periodeneffekte

Seit dem klassischen Aufsatz von Ryder[14] unterscheidet man in der Analyse sozialen Wandels zwischen Lebenszyklus-, Kohorten- und Periodeneffekten.[15] Individuelle Lebenszykluseffekte treten auf, wenn Individuen im Laufe ihres Lebens ihre Religiosität ändern, beispielsweise indem sie religiöser werden, wenn sie älter werden oder Kinder haben, oder wenn sie aufgrund einer unheilbaren Krankheit den Glauben verlieren. Kohorteneffekte sind gegeben, wenn Veränderungen in einer Gesellschaft durch die Tatsache verursacht werden, dass bestimmte Kohorten auf bestimmte Weise betroffen sind und dann ihre geänderten Attribute im Laufe der Zeit mitnehmen. Beispielsweise kann eine bestimmte Kohorte von wehrpflichtigen Männern aufgrund von Kriegserfahrungen betroffen sein. Die wichtigsten Kohorteneffekte sind in der Regel Geburtskohorteneffekte, wenn sich Kohorten in der Art und Weise unterscheiden, wie sie sozialisiert wurden. In diesem Artikel geht es uns ausschließlich um diese Effekte, sodass wir anstatt von Kohorten auch von Generationen sprechen könnten. Periodeneffekte treten auf, wenn alle Personen in einer Gesellschaft zu einem bestimmten Zeitpunkt auf ähnliche

---

[14] Ryder (1965).
[15] Dieser Abschnitt lehnt sich stark an die Darstellung in Stolz et al. (2019) an.

Weise betroffen sind. Sowohl Perioden- als auch Lebenszykluseffekte gehen davon aus, dass sich die individuelle Religiosität im Laufe des Lebens ändert, während Kohorteneffekte betonen, dass Religiosität hauptsächlich eine Frage der Sozialisation ist und sich daher im Lauf einer Biografie nicht oder kaum mehr ändert. Lebenszyklus- (oder Alter), Geburtsjahreskohorte und Periodeneffekte sind durch die Gleichung *Geburtsjahr + Alter = Periode* logisch miteinander verbunden. Dies bedeutet, dass wir ihre Auswirkungen nicht unabhängig voneinander abschätzen können.[16] Obwohl die Lebenszyklus-, Kohorten- und Periodeneffekte niemals vollständig getrennt werden können, ist es aufgrund von Plausibilitätsüberlegungen oft dennoch möglich, eine sinnvolle Interpretation vorzunehmen. Lebenszyklus-, Kohorten- und Periodeneffekte auf religiösen Wandel können die verschiedensten Ursachen aufweisen, die aber nicht Thema des vorliegenden Aufsatzes sind.[17] Stattdessen kontrastieren wir die Voraussagen der Kohorten-Säkularisierungstheorie mit Voraussagen anderer Theorien – dies führt uns zum nächsten Abschnitt.

2.2.2 Alternative Theorien zur Entwicklung von Religiosität in der Schweiz

In den letzten Jahrzehnten sind verschiedene Thesen darüber aufgestellt worden, was mit Religion und Spiritualität in westlichen Gesellschaften geschehe. Wir wählen drei prominente Ansätze, aus welchen sich klare Hypothesen ableiten lassen und die sich mit unseren Daten testen lassen. Weil diese verschiedenen Theorien schon oft dargestellt worden sind, können wir uns hier darauf beschränken, die Hauptaussagen knapp zu beschreiben.[18]

1. *Kohorten-Säkularisierung.* Die gegenwärtig vielleicht plausibelste Version der Säkularisierungsthese behauptet, dass Säkularisierung in westlichen Ländern haupt-

---

[16] Bell und Jones (2014), Glenn (1976).

[17] Da dieser Artikel die Frage nach den Ursachen religiösen Wandels zurückstellt, beschränken wir uns hier darauf, einige der wichtigsten möglichen Ursachen kurz zu nennen. Wichtige Lebenszykluseffekte können durch den Auszug aus dem Elternhaus, die Heirat und die Geburt eigener Kinder entstehen.

Wichtige Kohorteneffekte entstehen vor allem durch Probleme in der religiösen Sozialisierung (welche ihrerseits verschiedenste Ursachen aufweisen können). Wenn Eltern systematisch Schwierigkeiten haben, ihre Religiosität ihren Kindern weiterzugeben bzw. wenn ihnen dies aus irgendwelchen Gründen nicht mehr wichtig ist, so wird jede spätere Kohorte etwas weniger religiös aufwachsen als die jeweils vorangehende Kohorte. Wichtige Periodeneffekte können etwa durch Kriege, Naturkatastrophen oder Steuererhöhungen ausgelöst werden.

[18] Überblicksdarstellungen finden sich etwa in Stolz (2020), Pollack und Rosta 2017 oder De Graaf (2013).

sächlich die Form von Kohortenersetzung aufweise.[19] Der Hauptgrund der Säkularisierung besteht hiernach darin, dass verschiedene Faktoren (z. B. Pluralisierung, höhere Bildung, säkulare Alternativen) religiöse Sozialisierung erschweren. Sollte diese These zutreffen, so müssten wir beobachten, dass jede jüngere Kohorte weniger religiös wäre als die jeweils vorhergehende; ausserdem müssten die Kohorten ihr jeweiliges Religiositätsniveau über die Zeit relativ konstant beibehalten.[20]

2. *Believing without belonging.* In oft zitierten Arbeiten hat Grace Davie die Ansicht vertreten, dass zwar Personen in westlichen Ländern immer weniger häufig organisierten Religionen angehörten; dennoch würden sie aber ihren religiösen Glauben durchaus behalten.[21] Sie würden mit anderen Worten «glauben, aber nicht mehr zugehören» («believing without belonging»). Sollte diese These zutreffen, müssten wir in den Daten einerseits eine Abnahme der formalen religiösen Konfessions- und Religionszugehörigkeit finden, während etwa der Gottesglaube, der Glaube an ein Leben nach dem Tode oder an Wunder konstant bleiben sollte.[22]

3. *Spiritual revolution.* Paul Heelas und Linda Woodhead haben in einem einflussreichen Buch behauptet, dass zwar christliche Religiosität im Zeitverlauf abnehme, diese aber im Gegenzug durch die Spiritualität des sogenannten holistischem Milieus ersetzt werde.[23] Sollte diese These für die Schweiz zutreffen, so müssten Indikatoren wie Kirchgang, Gebetshäufigkeit oder Taufe über die Zeit abnehmen, holistische Spiritualität, gemessen etwa am Erfolg von Praktiken wie Yoga, Meditation, Heilung durch Steine und Kristalle, Handlesen usw., dagegen müsste zunehmen.

Aus den dargestellten Theorien lassen sich drei Hypothesen ableiten:

H1: *Kohorten-Säkularisierungsthese:* Christliche Religiosität (Zugehörigkeit, Praxis und Glaube) nimmt ab aufgrund von Kohorten-Ersetzung. Religiosität von Kohorten über die Zeit bleibt konstant.

H2: *Believing-without-belonging-These:* Christliche religiöse Zugehörigkeit nimmt ab; christliche Glaubensüberzeugungen bleiben konstant.

H3: *Spirituelle-Revolutions-These:* Christliche Religiosität (Zugehörigkeit, Praxis und Glaube) nimmt ab, holistische Spiritualität nimmt zu.

---

[19] Crockett und Voas (2006).

[20] Bréchon (2018), Stolz (2020). Vgl. dazu die Überlegungen zur nachlassenden Wirksamkeit von klassischen Sozialisationsmaßnahmen der Kirchen im Artikel von Oliver Wäckerlig, Eva Baumann-Neuhaus und Arnd Bünker in diesem Band.

[21] Davie (1994, 1990).

[22] Siehe zu einer Kritik am Konzept des «believing without belonging»: Voas und Crockett (2005).

[23] Heelas und Woodhead (2004). Siehe zu einer Kritik am Konzept der «spiritual revolution»: Voas und Bruce (2007).

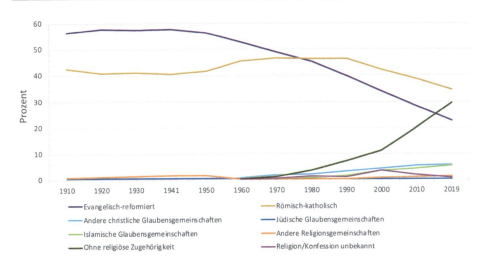

Abb. 2.1 Ständige Wohnbevölkerung ab 15 Jahren nach Religionszugehörigkeit 1910–2019 1910–2019: Volkszählungsdaten. Ab 2010 basieren die Zahlen auf aufeinanderfolgenden jährlichen Strukturerhebungen[24]

2.3 Der schweizerische Kontext

Der vorliegende Artikel untersucht, inwiefern das in vielen anderen westlichen Ländern nachgewiesene Phänomen der Kohorten-Säkularisierung auch für die Schweiz gilt. Um dem spezifisch schweizerischen Kontext gerecht zu werden, muss der traditionell bikonfessionelle Charakter des Landes beachtet werden.[25] Zu Beginn des Bundesstaates 1848 sind die Kantone entweder katholisch, reformiert oder gemischt. Die interne konfessionelle Homogenität der Kantone ist äußerst hoch und die religiöse Praxis unter Katholik:innen ist deutlich höher als unter Reformierten. Zweitens profitieren die großen Konfessionen in der Schweiz in unterschiedlichem Masse von der Immigration. Zwar sind beide großen Konfessionen in recht ähnlicher Weise von der Säkularisierung betroffen, dennoch aber bleibt der Anteil der Katholik:innen seit 1910 recht konstant, während derjenige der Reformierten seit den 1950er-Jahren stetig sinkt (Abb. 2.1). Die Katholik:innen können ihren prozentualen Anteil vor allem deshalb

---

[24] Anmerkungen: (1) 1900–1970: «Evangelisch-reformiert» inkl. Anhänger:innen christlicher Sondergemeinschaften. Ab 1970 nur die öffentlich-rechtlich anerkannte Evangelisch-reformierte Kirche. (2) 1910–1920: inkl. Christkatholische Kirche. (3) Ab 1960 «Andere christliche Glaubensgemeinschaften» inkl. Christkatholische Kirche, Christlich-orthodoxe Kirchen sowie andere evangelische Kirchen, wie z. B. Methodistische Kirche, Neuapostolische Kirche. (4) «Islamische Glaubensgemeinschaften», «Ohne Religionszugehörigkeit» und «Religion/Konfession unbekannt» werden ab 1960 separat erfasst.

[25] Altermatt (2009), Maissen (2010).

halten, weil Immigrant:innen aus verschiedenen Ländern überwiegend katholisch sind. Für unsere Zwecke wird es daher wichtig sein, bestimmte Analysen für Reformierte und Katholik:innen getrennt durchzuführen.

2.4 Methode

2.4.1 Daten

Um unsere Leitfragen zu beantworten, stützen wir uns auf die folgenden Datensätze, in denen Fragen zur Religiosität in der Schweiz gestellt worden sind.

1. Ein Survey, welcher 1988/89 von Roland Campiche und Alfred Dubach durchgeführt und dessen Ergebnisse im Buch «Jede(r) ein Sonderfall? Religion in der Schweiz» (Dubach und Campiche 1993) publiziert wurden (oft auch als «Sonderfall-Studie» bezeichnet).
2. Drei Wellen des Measurement of Social Attitudes in der Schweiz (MOSAiCH)/International Social Survey Program (ISSP) zum Schwerpunkt Religion: 1998, 2008, 2018. Zwar wurde schon 1991 ein internationaler ISSP Survey zum Schwerpunkt durchgeführt, die Schweiz nahm damals jedoch leider noch nicht teil.
3. CARPE. Hierbei handelt es sich um einen Meta-Datensatz, welcher die Daten von fünf Surveyprogrammen zum Kirchgang und zur religiösen Zugehörigkeit in 45 Ländern integriert (Biolcati et al. 2019). Die Surveyprogramme sind Eurobarometer (EB), European Social Survey (ESS), International Social Survey Program (ISSP), European Value Survey (EVS) und World Value Survey (WVS). In dieser Studie verwenden wir die CARPE-Daten für die Schweiz.

In Tab. A.1 im Appendix sind der Zeitraum, die Anzahl Zeitpunkte, die Indikatoren und die Anzahl befragter Individuen für die verschiedenen Surveys bzw. Surveyprogramme zusammengestellt. Es wird deutlich, dass wir für religiöse Zugehörigkeit und Kirchgang über Datenpunkte zwischen 1987 und 2015 verfügen. Der Kirchgang der Mutter und des Vaters ist für den Zeitraum von 1988/89 bis 2018 verfügbar. Alle anderen Indikatoren sind nur für geringere Zeiträume verfügbar. Insbesondere die Entwicklung der Praxis holistischer Spiritualität lässt sich nur für den Zeitraum zwischen 2008 und 2018 betrachten.

Die Auswertung der Volkszählungsdaten bezieht sich auf die Daten von 1910–2009 und auf die Ergebnisse von fünf aufeinanderfolgenden jährlichen Strukturerhebungen von 2010–2018. Grundgesamtheit ist die ständige Wohnbevölkerung ab 15 Jahre.[26]

In der Auswertung der CARPE, der Sonderfall-Studie sowie der ISSP-Daten werden nichtchristliche Religionen ausgeschlossen, da die Überprüfung des Kohortenmechanis-

---

[26] Wir danken Herrn Dominik Ullmann vom BfS für die Bereitstellung der Volkszählungs- und Strukturerhebungsdaten. Das zugrunde liegende Datenfile ist: VZ_historische_Daten_Religionszugehörigkeit.xlsx. Es kann von den Verfassern angefordert werden.

mus in dieser extrem heterogenen Gruppe einer gesonderten Untersuchung bedürfte. Wir betrachten in diesen zuletzt genannten Studien ferner ausschließlich Individuen zwischen 18 und 85 Jahren.

2.4.2 Analysestrategie

Für die Analysen wurde das Programm R (Version 3.6.3) verwendet. Das syntax-file, mit dem sämtliche Ergebnisse repliziert werden können, kann bei den Autoren angefordert werden. Wir verwenden in einem ersten Schritt einfache grafische Methoden. Für alle interessierenden Indikatoren zeigen wir zunächst die Entwicklung über die Zeit vom Beginn bis zum Ende des Beobachtungszeitraums. Anschließend differenzieren wir nach Kohorten. Wo nicht anders vermerkt, lassen wir nur Mittelwerte zu, welche auf der Basis von mindestens 100 Personen zustande kommen. Liegen genügend Datenpunkte vor, bilden wir die Kurven als gleitende Mittelwerte nach der Methode «loess».[27] In gewissen Grafiken schränken wir die Altersspannbreite ein und vermerken dies jeweils.

In einem zweiten Schritt wenden wir die sogenannte Firebaugh Methode an, welche für die Variablen Kirchenzugehörigkeit, Kirchgang, Beten, Gottesglaube und Glaube an ein Leben nach dem Tod berechnet, wieviel der Prozentveränderungen auf Periodeneffekte einerseits, Kohorteneffekte andererseits zugerechnet werden können. Die Technik der Firebaugh Methode wird im Anhang beschrieben.

2.5 Resultate

2.5.1 Christliche Religiosität

2.5.1.1 Religiöse Zugehörigkeit und Praxis

Für religiöse Zugehörigkeit finden wir deutliche Belege dafür, dass Kohorten-Säkularisierung in der Schweiz stattfindet (Abb. 2.2). Religiöse Zugehörigkeit (oder: Konfessionszugehörigkeit) ist ein Indikator selbst deklarierter individueller Identität. Hierbei wird nur erfasst, ob das Individuum angibt einer Religion anzugehören, nicht aber die Intensität des Mitgliedschaftsgefühls.[28] Auf der linken Seite (Abb. 2.2) ist der

---

[27] Loess bezeichnet lokal gewichtete polynomiale Regressionen. Siehe hierzu z. B. https://www.itl.nist.gov/div898/handbook/pmd/section1/pmd144.htm (1.10.2020).

[28] Bisherige Forschung hat gezeigt, dass hier große Unterschiede vorliegen können. Manche Individuen sehen die eigene Religionszugehörigkeit als von außen zugeschriebenes Merkmal, welches im täglichen Leben nur wenig Bedeutung hat (kategoriales Verständnis von Religionszugehörigkeit). Andere dagegen sehen die eigene Religion als wichtige Referenzgruppe mit ausgeprägter Wir-Identität und ziehen aus der Mitgliedschaft einen wichtigen Teil ihrer persönlichen Identität (kollektives Verständnis von Religionszugehörigkeit) (Liedhegener et al. 2019, Stolz et al. 2014).

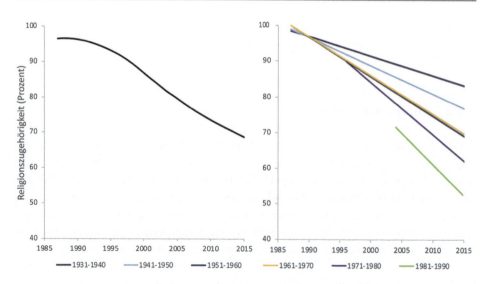

Abb. 2.2 Personen mit einer Religion nach Jahr der Umfrage und Kohorte (Prozent). (Quelle: CARPE)

Anteil der Personen mit Religionszugehörigkeit angegeben (aus der Grundgesamtheit sind andere Christ:innen und Personen mit anderer Religion ausgeschlossen). Wir sehen, dass der Anteil der Personen, die einer Religion angehören, seit 1987 stetig sinkt. In Abb. 2.2 auf der rechten Seite sehen wir die Religionszugehörigkeit nach Kohorten aufgesplittet. Es wird deutlich, dass über die Zeit eine Art Auffächerung nach Kohorten stattfindet. Während die Kohorten mit ihren Zugehörigkeitsanteilen um 1987 noch sehr nah beieinander liegen, unterscheiden sie sich 2015 deutlich, und zwar nach Kohortenreihenfolge: Jede spätere Kohorte weist weniger religiöse Zugehörigkeit auf als die jeweils vorhergehende. Die jüngsten Kohorten zeigen einen starken Abfall, um schließlich auf ein der Kohortenreihenfolge entsprechendes Niveau zu gelangen.[29] Generell ist festzuhalten, dass das insgesamt absinkende Niveau der Religionszugehörigkeit nur zu einem beschränkten Teil durch Kohortenersetzung zustande kommt, sondern vielmehr dadurch, dass die Religionszugehörigkeit jüngerer Kohorten im Lebensverlauf etwas schneller absinkt als dasjenige älterer Kohorten.

Die neben der religiösen Zugehörigkeit am besten abgestützten Ergebnisse besitzen wir für die Variable Kirchgangshäufigkeit. Wir betrachten hier den Prozentsatz der Personen, welche angeben, wöchentlich oder fast wöchentlich in die Kirche zu gehen. In Abb. 2.3 sehen wir zunächst auf der linken Seite, dass der (fast) wöchentliche Kirchgang seit 1987 langsam aber sehr kontinuierlich abnimmt. Diese Grafik verrät

---

[29] Dies zeigt sich auch in anderen Datensätzen: zunächst weisen Personen als Kinder das Zugehörigkeitsniveau ihrer Eltern auf; im Laufe der Adoleszenz und des jungen Erwachsenenalters sinken sie dann auf ein eigenes Niveau ab.

2.5 Resultate

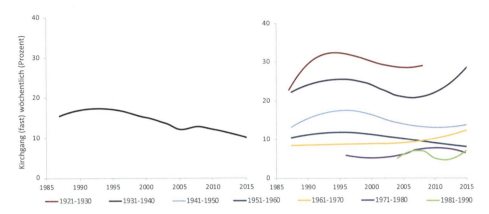

Abb. 2.3 Wöchentlicher Kirchgang nach Jahr der Umfrage und Kohorte. (Quelle: CARPE)

jedoch noch nichts darüber, ob diese Abnahme auf individuelle Veränderungen oder auf Generationenersetzung zurückzuführen ist. In Abb. 2.3 auf der rechten Seite erkennen wir wiederum sehr klar, dass letzteres der Fall ist. Mit erstaunlicher Regelmäßigkeit zeigt jede Generation weniger Kirchgang als die vorherige, wobei die Kirchgangshäufigkeiten innerhalb der Generationen über die Zeit relativ stabil bleibt.

Neben dem Kirchgang ist das persönliche Gebet die vielleicht wichtigste Form der individuellen religiösen Praxis, sowohl im Christentum wie auch in vielen anderen Religionen. Noch in den 1990er-Jahren konnten Religionssoziolog:innen meinen, die Gebetspraxis in der Schweiz entziehe sich der Säkularisierung und bleibe über den Zeitverlauf konstant oder nehme möglicherweise sogar noch zu.[30] Wie wir heute sehen, war diese Einschätzung nicht richtig. Abb. 2.4 zeigt, dass sich die Bethäufigkeit verblüffend ähnlich wie der Kirchgang verhält. Über alle Befragten gemittelt, sinkt die Bethäufigkeit in angenähert linearer Weise von 42.6 % täglich Betender im Jahr 1988 zu 14.3 % täglich Betender im Jahr 2018 (Abb. 2.4 links). Unterscheidet man jedoch die Kohorten (Abb. 2.4 rechts), so wird deutlich, dass der Rückgang des Betens zu einem wichtigen Teil auf eine Ersetzung der Kohorten zurückzuführen ist. Jede neue Kohorte scheint etwas weniger häufig zu beten als die vorherige, die Gebetspraxis wird dann mit leicht sinkender Tendenz «durchs Leben mitgenommen».

2.5.1.2 Religiöser Glaube: Gott, Wahrheit der Bibel, Leben nach dem Tod

Die folgenden Auswertungen zum christlichen Glauben werden die Leser:innen nicht erstaunen, da sie (mit einer Ausnahme) das gleiche Bild zeichnen, das wir schon für die Praxis beobachtet haben. Wir zeigen hier den Prozentsatz der Personen, welche «wissen,

---

[30] Campiche (2004, S. 184; 279).

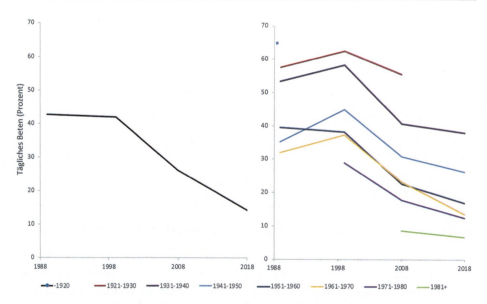

Abb. 2.4 Tägliches Gebet nach Umfragejahr und Kohorte. (Quelle: ISSP)

dass es Gott gibt und keinen Zweifel daran haben» (Abb. 2.5).[31] Erneut zeigt sich insgesamt eine leichte (signifikante) Abnahme des Gottesglaubens (Abb. 2.5, links), die zu einem nicht unerheblichen Teil auf einen Kohorteneffekt (Abb. 2.5, rechts) zurückgeführt werden kann. Aus Platzgründen zeigen wir hier nicht die Analysen zum Glauben an die Wahrheit der Bibel oder die Selbsteinschätzung als religiös; sie zeigen alle ein der Analyse des Gottesglaubens völlig analoges Bild.

Eine interessante Ausnahme bildet der Glaube an ein Leben nach dem Tod (Abb. 2.6). Zwar nimmt auch dieser Indikator insgesamt signifikant ab. Anders als bei allen bisher betrachteten Indikatoren ist diese Abnahme jedoch nicht vor allem auf einen Kohorteneffekt zurückzuführen. Jüngere Kohorten (1961–70, 1971–80) glauben eher an ein Leben nach dem Tod als ältere; der Kohorteneffekt hat sich z. T. umgekehrt. Insgesamt scheint bei allen Kohorten der Glaube an ein Leben nach dem Tod im Lebensverlauf zurückzugehen. Die Tatsache, dass dieses Item sich anders verhält als andere Items zur Religiosität ist schon verschiedentlich beschrieben worden.[32] Eine Erklärung lautet, dass junge

---

[31] Der Gottesglaube wurde mit folgendem Item erhoben: (1) Ich glaube nicht an Gott; (2) Ich weiß nicht, ob es einen Gott gibt, und glaube auch nicht, dass es möglich ist, das herauszufinden; (3) Ich glaube nicht an einen persönlichen Gott, aber ich glaube, dass es irgendeine höhere geistige Macht gibt; (4) Ich merke, dass ich manchmal an Gott glaube und manchmal nicht; (5) Obwohl ich Zweifel habe, meine ich, dass ich doch an Gott glaube; (6) Ich weiß, dass es Gott wirklich gibt und habe keine Zweifel daran.

[32] Bréchon (2000, S. 8).

2.5 Resultate

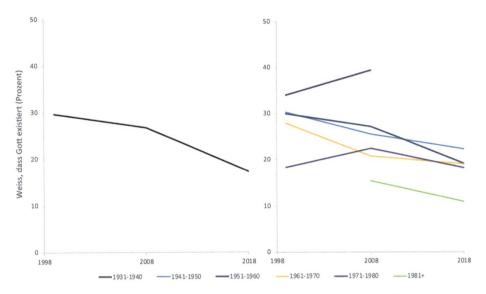

Abb. 2.5 Wissen, dass Gott existiert, nach Umfragejahr und Kohorte. (Quelle: ISSP)

Menschen aufgrund von Filmen, Serien oder Büchern der Populärkultur in eher vager Weise glauben, es könne nach dem Leben noch «irgendetwas» geben.

Als Zwischenfazit können wir festhalten, dass die These der Kohortensäkularisierung christlicher Religiosität klar bestätigt wird. Demgegenüber finden wir kein «believing without belonging». Sowohl die Glaubensitems wie auch die Items zu religiöser Zugehörigkeit zeigen einen Rückgang.

2.5.2 Holistische Spiritualität

Könnte es sein, dass die christliche Religiosität einfach durch holistische Spiritualität ersetzt wird?[33] Unsere Ergebnisse zeigen, dass dies – wenigstens für den von uns überblickbaren Zeitraum – nicht der Fall ist.[34] In Abb. 2.7 sehen wir die Einstellung zur Wirksamkeit von vier holistischen Methoden wie Glücksbringern, Wahrsager:innen, Horoskopen oder spiritueller Heilung. Auf der linken Seite der Abb. 2.7 sehen wir den Prozentanteil der Befragten, welche es für wahrscheinlich oder sehr wahrscheinlich halten, dass «manche Wahrsager [die] Zukunft vorhersagen [können]», dass «manche

---

[33] Luckmann (1991), Heelas und Woodhead (2004).

[34] Es könnte jedoch sein, dass christliche Religiosität durch andere Phänomene (z. B. säkulare Alternativen) ersetzt wird, s. hierzu Stolz und Tanner (2019).

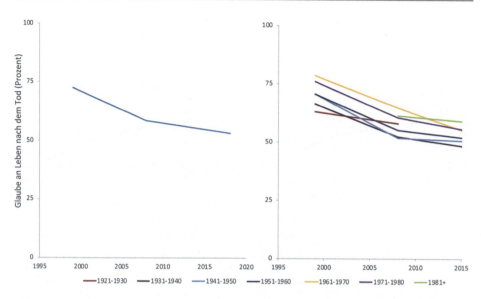

Abb. 2.6 Glaube an ein Leben nach dem Tod nach Umfragejahr und Kohorte. (Quelle: ISSP)

Wunderheiler übernatürliche Kräfte [haben]», dass, «Sternzeichen bzw. das Geburtshoroskop eines Menschen einen Einfluss auf den Verlauf seines Lebens [haben]» und dass «Glücksbringer tatsächlich manchmal Glück [bringen]». Insgesamt finden wir für alle vier Methoden weniger als 50 % der Befragten, welche diese Aussagen für wahr oder wahrscheinlich wahr halten. Für drei der vier Methoden werden die Befragten über die Zeit signifikant skeptischer, nur bei Glücksbringern zeigt sich ein leichter, statistisch jedoch nicht signifikanter Anstieg.

Das gleiche gilt für holistische Praxis (Abb. 2.7, rechts). Hier fällt die sehr unterschiedliche Verbreitung der fünf erhobenen Praktiken auf. Konsum alternativer Medizin (z. B. Bachblüten, Homöopathie) kam in irgendeiner Form bei rund 45 % der Befragten im Jahr der Befragung vor. Yoga und das Lesen von spirituellen Büchern spielt sich im Bereich zwischen rund 15 % und 20 % ab, während spirituelle Heilung oder der Besuch bei Wahrsager:innen bei weniger als 10 % der Befragten mindestens einmal im vergangenen Jahr vorgekommen ist. Uns interessiert aber vor allem der Trend – und hier sehen wir, dass zwei Items konstant bleiben, zwei abnehmen und ein Item – Yoga – deutlich zunimmt (von 13.3 % im Jahr 2008 auf 22 % im Jahr 2018). Insgesamt ist zu bedenken, dass gerade bei alternativer Medizin und Yoga nicht klar ist, inwieweit für die Befragten tatsächlich viel Spiritualität mit im Spiel ist.

2.5 Resultate

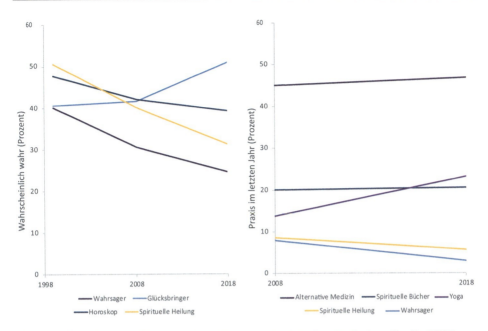

Abb. 2.7 Einstellung zur Wirksamkeit und Praxis von holistischen Methoden. (Quelle: ISSP)

Generell kann man sagen, dass von einer deutlichen Zunahme holistischer Spiritualität – wie es die Rede von einer spirituellen Revolution suggeriert – aufgrund dieser Daten keine Rede sein kann.[35]

Anzumerken bleibt, dass holistische Spiritualität – sei es in Bezug auf Glaubenseinstellungen oder Praxis – nicht der Logik einer Kohortenersetzung unterworfen ist (aus Platzgründen präsentieren wir die Grafiken hierzu nicht gesondert). Dennoch sind Kohorten wichtig. Es zeigt sich nämlich, dass holistische Spiritualität besonders eine Sache der zwischen 1951 und 1970 Geborenen ist, also etwas älterer Semester. Einzig Yoga ist eine Ausnahme: Es scheint bei der jüngsten beobachteten Kohorte (1981+) im letzten Jahrzehnt einen erstaunlichen Aufschwung erlebt zu haben.

2.5.3 Religiöse Praxis seit den 1930er-Jahren

In einem nächsten Schritt werfen wir einen Blick auf die religiöse Praxis seit den 1930er-Jahren. Hierfür verwenden wir retrospektive Daten. In den ISSP Daten wurde

---

[35] Für eine weiterführende Auseinandersetzung mit verschiedenen Formen der religiösen bzw. säkularen Spiritualität s. den Beitrag von Irene Becci und Zhargalma Dandarova-Robert in diesem Band. Darin kommen die Autorinnen zum Schluss, dass die Verwendung der Kategorie «Spiritualität» je nach sozialem Kontext mit anderen Bedeutungen und Vorstellungen aufgeladen ist.

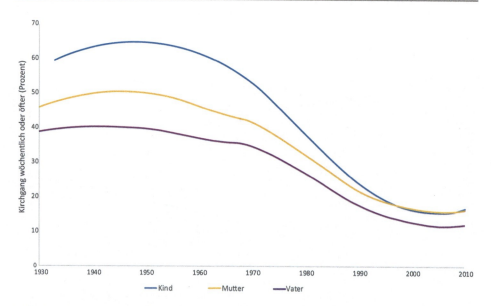

Abb. 2.8 Kirchgang der befragten Person, der Mutter und des Vaters, als die befragte Person ein Kind war nach Geburtsjahr + 12

gefragt, wie oft die Befragten in die Kirche gingen, «als sie ein Kind waren». Leider wird in der Frage keine genaue Altersangabe gemacht, wir können aber näherungsweise annehmen, dass die Befragten für ein Alter rund um das 12. Lebensjahr antworten. Nun können wir für die Befragten jeder Geburtskohorte die Kirchgangshäufigkeit im 12. Lebensjahr berechnen und grafisch darstellen (Abb. 2.8).

Die Säkularisierung der Gesellschaft erscheint hier sehr deutlich für Männer, Frauen und Kinder. Noch um 1930 gingen etwas mehr als 40 % der Mütter und etwas weniger als 40 % der Väter (fast) wöchentlich in die Kirche. Die Kinder gingen noch häufiger (um die 60 %).

Ein Rückgang des Kirchgangs ist seit den 1930er-Jahren für Mütter, Väter und Kinder zu beobachten; er scheint seit den 1960er-Jahren an Schwung gewonnen zu haben.

Hierbei müssen jedoch Konfessionsunterschiede berücksichtigt werden. Traditionellerweise gehen Katholik:innen häufiger in die Messe als Protestant:innen in den Gottesdienst. In Abb. 2.9 wird deutlich, wie stark diese Unterschiede in den vergangenen Jahrzehnten waren und in verminderter Form immer noch existieren. Bei den Reformierten gingen nie mehr als 30 % der Mütter und nie mehr als 20 % der Väter (fast) wöchentlich in den Gottesdienst (Abb. 2.9, links). Die Kinder schickte man aber häufiger in die Sonntagsschule und den Konfirmationsunterricht, sodass auch der Gottesdienstbesuch hier sehr viel höher ausfiel. Demgegenüber gingen in der für die Kirchen besten Zeit um 1955 rund 80 % der katholischen Mütter und 70 % der katholischen Väter (fast) wöchentlich in die katholische Messe (Abb. 2.9, rechts). Erneut finden wir

2.5 Resultate

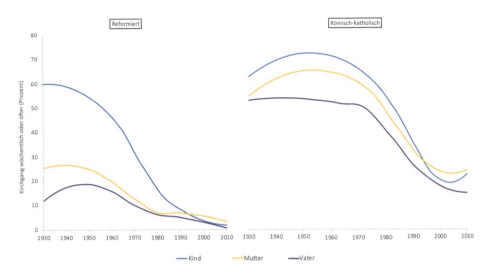

Abb. 2.9 Kirchgang der befragten Person, der Mutter und des Vaters, als die befragte Person ein Kind war nach Geburtsjahr + 12 und nach Konfession

die höchsten Werte bei den katholischen Kindern. Ein Rückgang des wöchentlichen Kirchgangs ab den 1960er-Jahren war aufgrund der höheren Ausgangswerte bei den Katholik:innen sehr viel stärker als bei den Reformierten.

2.5.4 Wie wichtig ist der Kohortensäkularisierungsmechanismus?

Bisher haben wir die Daten fast ausschließlich grafisch betrachtet, wobei wir immer drei Variablen gleichzeitig in den Blick genommen haben: die jeweils abhängige Religiositätsvariable (z. B. Kirchgang) sowie die unabhängigen Variablen Surveyjahr (Periode) und Kohorte. In diesem Abschnitt verwenden wir die sogenannte Firebaugh Methode, um numerisch abzuschätzen, wieviel der aggregierten Veränderung auf den Periodeneffekt und wieviel auf den Kohorteneffekt zuzurechnen ist (wir gehen davon aus, dass es keinen individuellen Lebenszykluseffekt gibt). Die Firebaugh-Methode beginnt mit dem Gesamtprozentsatz der Änderung einer abhängigen Variablen und zerlegt ihn in einen Teil, der durch einen Kohorteneffekt verursacht wird, und einen anderen Teil, der durch einen Periodeneffekt verursacht wird (zur weiteren Erklärung der Firebaugh Methode s. Anhang).

Wendet man dieses Verfahren auf unsere Daten an (Tab. 2.1), dann zeigt sich beispielsweise, dass die aggregierte Zugehörigkeitsänderung von 1987 bis 2015 bei − 28.4 % (Spalte 5) liegt. Die Methode zerlegt diesen Prozentsatz in einen Periodeneffekt (Individuelle Veränderung, Spalte 10): −23.3 % und ein Kohorteneffekt (Spalte 11): −9.1 %. Da die Beziehungen nicht perfekt linear sind, ist auch die Zerlegung nicht

Tab. 2.1 Dekomposition der aggregierten Trends: individuelle Veränderung und Kohorten-Ersetzung

		Zugehörigkeit	Kirchgang (fast wöchentlich)	Beten (täglich)	Gottesglaube (ganz sicher)	Leben nach Tod (eher wahr)
1	Beginn Jahr	1987	1987	1989	1999	1999
2	Ende Jahr	2015	2015	2018	2018	2018
3	Beginn %	96,5	18,1	42,8	29,3	72,5
4	Ende %	68	10,9	14,4	17,5	53,1
5	Aggregierte Veränderung	−28,4	−7,3	−28,4	−11,8	−19,3
6	Länge Periode	28	28	29	19	19
7	Differenz Mittelwert Geburtsjahr	23,4	23,4	22,0	13,9	13,9
8	Steigung innerhalb	−0,0083	0,1	−0,004	−0,003	−0,010
9	Steigung zwischen	−0,0039	−0,003	−0,007	−0,004	0,002
10	Individuelle Veränderung (Periode)	−23,3	0,1	−20,7	−8,0	−22,1
11	Kohorten Veränderung	−9,1	−7,5	−10,5	−4,2	3,3

perfekt, aber es zeigt sich in diesem Fall deutlich, dass die Änderung der Zugehörigkeit stärker durch einen Periodeneffekt als durch einen Kohorteneffekt erklärt werden muss. Der Rückgang des Kirchgangs um 7,3 % (Spalte 5) muss vollständig auf einen Kohorteneffekt zugerechnet werden. Der Rückgang des Betens um 28,4 % wird zu zwei Dritteln auf einen Periodeneffekt, zu einem Drittel auf einen Kohorteneffekt attribuiert. Auch der Gottesglaube ist etwa zu zwei Dritteln auf einen Periodeneffekt und einem Drittel auf einen Kohorteneffekt zugerechnet. Wie schon grafisch deutlich wurde, ist der Glaube an ein Leben nach dem Tod anders gelagert. Hier ist der Rückgang um 19,3 % durch einen Periodeneffekt zu erklären, wobei wir einen leichten positiven Kohorteneffekt sehen.

Insgesamt wird deutlich, dass der Kohorteneffekt zwar wichtig ist, aber bei verschiedenen Indikatoren unterschiedlich stark ins Gewicht fällt und den Rückgang an Religiosität nicht ausschließlich erklären kann. Auch Periodeneffekte weisen einen wichtigen Einfluss auf. Schließlich kann man sich fragen, ob die Bedeutung der Kohorteneffekte nennenswert durch eine Drittvariable, z. B. städtisches oder ländliches Umfeld, beeinflusst («moderiert») wird. Verschiedene Analysen zeigen allerdings, dass Kohorteneffekte in der Stadt und auf dem Land, in jeglicher Sprachregion, in traditionell protestantischen und traditionell katholischen Gegenden, in stark oder schwach regulierten Kantonen[36] und sowohl für Frauen als auch für Männer nachweisbar sind (hier aus Platzgründen nicht dargestellt).

2.6 Schluss

In diesem Artikel sind wir der Frage nachgegangen, wie sich christliche Religiosität und holistische Spiritualität in der Schweiz im Zeitverlauf entwickelt haben, welchen Anteil Generationeneffekte an dieser Veränderung hatten und ob es Anzeichen für einen Säkularisierungsschub in den 1960er-Jahren gibt. Die Tatsache, dass mittlerweile mehrere Zeitreihen für religiöse und spirituelle Indikatoren vorliegen, hat es uns ermöglicht, sehr viel genauer als bisher den religiösen Wandel in der Schweiz zu beschreiben. Fassen wir die Ergebnisse im Hinblick auf unsere vier Hypothesen zusammen:

1. *Die Kohorten-Säkularisierungsthese* wird für christliche Religiosität teilweise bestätigt. Die wichtigsten Indikatoren für christliche Religiosität – Konfessionszugehörigkeit, Kirchgang, Gebet und Gottesglaube – zeigen alle das gleiche Muster: Beginnend mit der ältesten von uns beobachteten Kohorte (–1920) ist jede jüngere Kohorte etwas weniger religiös als die jeweils vorhergehende. Insbesondere bei der religiösen Praxis (Kirchgang und Gebet) zeigt sich der Kohortenmechanismus sehr ausgeprägt. Dennoch ist er nicht allein für den Rückgang von Religiosität verantwortlich. Wir finden für die meisten Indikatoren (und vor allem für formale Zugehörigkeit) auch einen Periodeneffekt, der darauf hindeutet, dass individuelle Religiosität im Zeitverlauf bei allen Kohorten abnimmt. Holistische Spiritualität bleibt relativ stabil und folgt nicht einer Kohorten-Säkularisierungs-Logik.
2. Für die *Believing-without-belonging-These* finden wir in den Daten wenig Unterstützung. Gottesglaube, Glaube an die Bibel oder an Wunder nehmen genauso ab wie religiöse Zugehörigkeit (oder religiöse Praxis). Insgesamt gilt zunehmend «neither believing nor belonging». Interessanterweise zeigen die Indikatoren christlicher Religiosität ein je unterschiedliches Beharrungsvermögen. Säkularisierung wird zunächst im Sinken des Kirchgangs sichtbar, es folgen Glaubensitems, zuletzt sinkt die Konfessionszugehörigkeit. Es scheint, als gäben die Menschen «kostenintensive» Verhaltensweisen schneller auf. Der Glaube an ein Leben nach dem Tod scheint etwas anders gelagert als andere Items. Dieser nimmt im Lebensverlauf aller Kohorten ab, aber jüngere Kohorten weisen leicht höhere Werte auf. Möglicherweise ist hierfür die Populärkultur verantwortlich, die jüngere Menschen in diffuser Weise davon überzeugt, dass es möglicherweise nach dem Tod «noch etwas gebe».

---

[36] Zur religiösen Regulierung in verschiedenen Kantonen s. Becci (2001), Pahud de Mortanges (2007).

3. Der These einer spirituellen Revolution ergeht es nicht besser. Indikatoren für holistische Spiritualität, sei es bezüglich Glaubensaussagen oder Praxis, finden in der Population nur eine beschränkte Zustimmung; diese bleibt im beobachteten Zeitverlauf relativ konstant. Von einer Zunahme derart, dass die Verluste an christlicher Religiosität etwa aufgewogen würden, kann keine Rede sein.

Blickt man auf die internationale Literatur, so lässt sich abschließend festhalten, dass die Schweiz sich ganz offensichtlich in religiöser Hinsicht sehr ähnlich verhält wie fast alle westlichen Länder. Die Säkularisierung entsteht zu einem wichtigen Teil durch eine Ersetzung von Kohorten. Es handelt sich um «Generationen abnehmenden Glaubens».

Anhang

Im Artikel verwendete Daten

(Siehe Tab. A.1).

Erklärung der Firebaugh-Methode[37]

Die Methode verwendet eine gewichtete OLS-Regression:

$$y = b0 + b1 * \text{Erhebungsjahr} + b2 * \text{Kohorte} + e$$

Die Kohorten-Erhebungszeitjahr-Beobachtungen werden nach der Anzahl der sich in diesem Punkt befindlichen Personen gewichtet. Das Ziel besteht darin, die Gesamtänderung von y in einen Teil, der durch den Zeitablauf verursacht wird, und einen Teil, der durch die Geburtsjahrkohorte verursacht wird, aufzuteilen. In unserer Formel zeigt der Koeffizient b1 die durchschnittliche Änderung von y mit jedem weiteren Jahr im Laufe der Zeit (die entweder einem Lebenszyklus- oder einem Periodeneffekt zugeschrieben werden kann), wobei die Kohorte kontrolliert wird. Der b2-Koeffizient hingegen zeigt den Effekt eines zusätzlichen Geburtsjahres (Geburtsjahr-Kohorteneffekt). b0 ist der Achsenabschnitt und e ist Rauschen. Der Grad der Änderung aufgrund der beiden Mechanismen kann dann berechnet werden als

$$\text{Intrakohorten} - \text{Änderung} = b1\ (tT-t1).$$
$$\text{Kohortenersetzungs} - \text{Änderung} = b2\ (CT-C1).$$

---

[37] Firebaugh (1989), Voas und Chaves (2016).

2.6 Schluss

Tab. A.1 Zeitraum, Zeitpunkte, Indikatoren und n der Surveys/Surveyprogramme

	Zeitraum	Zeit-punkte	Indikatoren Christliche Religiosität	Indikatoren Holistische Spiritualität	n
Volkszählung/ Struktur-erhebung	1910–2018	19	Praxis: – Religiöse Zuge-hörigkeit		Aggre-gierte Daten
Sonderfall-Studie (Dubach/ Campiche 1993)	1988/89	1	Praxis: – Religiöse Zuge-hörigkeit – Kirchgang Befragter – Kirchgang Mutter, früher – Kirchgang Vater, früher – Kirchgang Befragter, früher		1315
RLS/ISSP (religion module)	1998 2008 2018	3	Glaube: – Gott – Leben nach Tod Praxis: – Religiöse Zuge-hörigkeit – Beten – Kirchgang Befragter – Kirchgang Mutter, früher – Kirchgang Vater, früher – Kirchgang Befragter, früher	Für-effektiv-halten: – Glücksbringer – Wahrsager – Horoskop – spirituelle Heilung Praxis[1]: – Wahrsagen, Astrologie – Yoga – Spiritueller Bücher – Spirituelle Heilung – Alternative Medizin	1561 (Jahr: 1998) 1229 (Jahr: 2008) 2350 (Jahr: 2018)
CARPE (EB, ESS, ISSP, EVS, WVS)	1987–2015	26	Praxis: Religiöse Zuge-hörigkeit Kirchgang		31.686

Bemerkung (1) Nur verfügbar für 2008 und 2018.

Wobei tT − t1 dem Bereich der abgedeckten Erhebungsjahre entspricht und CT das mittlere Geburtsjahr zum Zeitpunkt T bezeichnet; C1 bezeichnet das mittlere Geburtsjahr zum Zeitpunkt 1.

Literatur

Altermatt, Urs. 2009. *Konfession, Nation und Rom. Metamorphosen im schweizerischen und europäischen Katholizismus des 19. und 20. Jahrhunderts.* Frauenfeld: Huber.

Ammerman, Nancy T. 2013. Spiritual But Not Religion? Beyond Binary Choices in the Study of Religion. *Journal for the Scientific Study of Religion* 52 (2), S. 258–278.

Baumann, Martin, und Jörg Stolz. 2007. *Eine Schweiz – viele Religionen. Risiken und Chancen des Zusammenlebens.* Bielefeld: Transcript.

Becci, Irène. 2001. Entre pluralisation et régulation du champ religieux: Premiers pas vers une approche en termes de médiations pour la Suisse. *Social Compass* 48 (1), S. 95–112.

Becci, Irene, Christophe Monnot und Boris Wernli. 2021. Sensing «Subtle Spirituality» among Environmentalists: a Swiss Study. *Journal for the Study of Religion, Nature, and Culture. Special Issue: Toward a «Spiritualization» of Ecology? Sociological Perspectives from Francophone Contexts* 15 (3), S. 344–367.

Bell, Andrew, und Kelvyn Jones. 2014. Another «futile quest»? A simulation study of Yang and Land's Hierarchical Age-Period-Cohort model. *Demographic Research* 30, S. 333–360.

Biolcati, Ferruccio, Francesco Molteni, Markus Quandt, und Cristiano Vezzoni. 2019. *Church Attendance and Religious change Pooled European dataset* (CARPE). A small-scale harmonization project. Unpublished manuscript.

Bloch, Jon P. 1998. Individualism and Community in Alternative Spiritual «Magic». *Journal for the Scientific Study of Religion* 37 (2), S. 286–302.

Bochinger, Christoph. 1994. *«New Age» und moderne Religion. Religionswissenschaftliche Perspektiven.* Gütersloh: Kaiser/Gütersloher Verlagshaus.

Bréchon, Pierre. 2000. Les attitudes religieuses en France: quelles recompositions en cours? *Archives de sciences sociales des religions* 109 (janvier–mars), S. 11–30.

Bréchon, Pierre. 2018. La transmission des pratiques et croyances religieuses d'une génération à l'autre. *Revue de l'OFCE, Presses de Sciences Po, Aspects des transmissions familiales entre générations* 2 (156), S. 11–27.

Campbell, Colin. 1995 (1972). The Cult, the Cultic Milieu and Secularization. In *The Sociology of Religion. Volume II*, Hrsg. Steve Bruce, S. 58–75. Aldershot: Edward Elgar Publishing Limited.

Campiche, Roland J. 2004. *Die zwei Gesichter der Religion. Faszination und Entzauberung.* Zürich: TVZ.

Crockett, Alasdair, und David Voas. 2006. Generations of Decline: Religious Change in 20th-Century Britain. *Journal for the scientific study of religion* 45 (4), S. 567–584.

Davie, Grace. 1990. Believing without Belonging: Is this the future of Religion in Britain? *Social Compass* 37 (4), S. 455–69.

Davie, Grace. 1994. *Religion in Britain since 1945: Believing without Belonging.* Oxford: Blackwell.

De Graaf, Nan Dirk. 2013. Secularization: Theoretical Controversies Generating Empirical Research. In *Handbook of Rational Choice Social Research*, Hrsg. Rafael Wittek, Victor Nee und Tom A.B. Snijders, S. 322–354. Stanford: Stanford University Press.

Dubach, Alfred, und Roland Campiche Hrsg. 1993. *Jede/r ein Sonderfall? Religion in der Schweiz.* Zürich: NZN Buchverlag AG.

Firebaugh, Glenn. 1989. Methods for Estimating Cohort Replacement Effects. *Sociological Methodology* 19, S. 243–262.
Giordan, Giuseppe. 2007. Spirituality: From a Religious Concept to a Sociological Theory. In *A Sociology of Spirituality*, Hrsg. Kieran Flanagan and Peter C. Jupp, S. 161–180. Aldershot: Ashgate.
Glenn, Norval D. 1976. Cohort Analysts' Futile Quest: Statistical Attempts to Separate Age, Period and Cohort Effects. *American Sociological Review* 41, S. 900–904.
Hanegraaff, Wouter J. 1998. *New Age Religion and Western Culture. Esotericism in the Mirror of Secular Thought*. New York: State University of New York Press.
Heelas, Paul, und Linda Woodhead. 2004. *The Spiritual Revolution: Why Religion is Giving Way to Spirituality*. Walden: WileyBlackwell.
Höllinger, Franz, und Thomas Tripold. 2012. *Ganzheitliches Leben. Das holistische Milieu zwischen neuer Spiritualität und postmoderner Wellness-Kultur*. Bielefeld: transcript.
Huber, Stefan. 2004. Zentralität und multidimensionale Struktur der Religiosität: Eine Synthese der theoretischen Ansätze von Allport und Glock zur Messung der Religiosität. In *Religiosität: Messverfahren und Studien zu Gesundheit und Lebensbewältigung*, Hrsg. Christian Zwingmann und Helfried Moosbrugger, S. 79–104. Münster: Waxmann.
Huber, Stefan, und Odilo W. Huber. 2012. The Centrality of Religiosity Scale (CRS). *Religions* 3 (3), S. 710–724. doi: https://doi.org/10.3390/rel3030710.
Liedhegener, Antonius, Gert Pickel, Antonius Odermatt, Alexander Yendell, und Yvonne Jaeckel. 2019. *Wie Religion «uns» trennt – und verbindet. Befunde einer Repräsentativbefragung zur gesellschaftlichen Rolle von religiösen und sozialen Identitäten*. Luzern/Leipzig.
Luckmann, Thomas. 1991. *Die unsichtbare Religion*. Frankfurt am Main: Suhrkamp.
Maissen, Thomas. 2010. *Geschichte der Schweiz*. Baden: hier+jetzt.
Marzi, Eva. 2020. *Credo. Une cartographie de la diversité religieuse vaudoise*. Lausanne: Antipodes.
Mayer, Jean-François. 1993. *Les Nouvelles Voies Spirituelles. Enquête sur la religiosité parallèle en Suisse*. Lausanne: Editions L'Age d'Homme.
Mayer, Jean-François. 2007. Salvation Goods and the Religious Market in the Cultic Milieu. In *Salvation Goods and Religious Markets. Theory and Applications*, Hrsg. Jörg Stolz, S. 257–274. Bern: Peter Lang.
McClendon, David, und Conrad Hackett. 2014. When people shed religious identity in Ireland and Austria: Evidence from censuses. *Demographic Research* 31, S. 1297–1310.
Monnot, Christophe. 2013. *Croire ensemble. Analyse institutionnelle du paysage religieux en Suisse*. Zürich: Seismo, http://archive-ouverte.unige.ch/unige:76531.
Pahud de Mortanges, René. 2007. System und Entwicklungstendenzen des Religionsverfassungsrechts der Schweiz und des Fürstentums Liechtenstein. *Zeitschrift für evangelisches Kirchenrecht* 52 (3), S. 495–523.
Pickel, Gert. 2011. *Religionssoziologie. Eine Einführung in zentrale Themenbereiche*. Wiesbaden: VS Verlag.
Pollack, Detlef, und Gergely Rosta. 2015. *Religion in der Moderne. Ein internationaler Vergleich*. Frankfurt/New York: Campus.
Pollack, Detlef, und Gergely Rosta. 2017. *Religion and Modernity. An International Comparison*. Oxford: Oxford University Press.
Rademacher, Stefan. 2009. Les spiritualités ésotériques et alternatives. diversité de la religiosité non organisée en Suisse. In *La nouvelle Suisse religieuse. Risques et chances de sa diversité*, Hrsg. Martin Baumann and Jörg Stolz, S. 264–282. Genève: Labor et Fides.
Rademacher, Stefan. 2010. Makler: Akteure der Esoterik-Kultur als Einflussfaktoren auf Neue religiöse Gemeinschaften. In *Fluide Religion: neue religiöse Bewegungen im Wandel:*

theoretische und empirische Systematisierungen, Hrsg. Dorothea Lüddeckens und Rafael Walthert, S. 119–148. Bielefeld: Transcript.

Ryder, Norman B. 1965. The Cohort as a Concept in the Study of Social Change. *American Sociological Review* 30, S. 843–861.

Stolz, Jörg. 2020a. Secularization theories in the 21st century: Ideas, evidence, problems. Presidential address. *Social Compass* 67 (2), S. 282–308.

Stolz, Jörg, Ferruccio Biolcati-Rinaldi, and Francesco Molteni. 2021. Is France exceptionally irreligious? A comparative test of the cohort replacement theory *L'Année sociologique* (71), S. 337–367.

Stolz, Jörg, Judith Könemann, Mallory Schneuwly Purdie, Thomas Englberger und Michael Krüggeler. 2014. *Religion und Spiritualität in der Ich-Gesellschaft. Vier Gestalten des (Un-) Glaubens*. Zürich: TVZ/NZN.

Stolz, Jörg, Detlef Pollack und Nan Dirk De Graaf 2020. Can the State accelerate the Secular Transitition? Secularization in East- and West Germany as a Natural Experiment. *European Sociological Review* 36 (4). doi: https://doi.org/10.1093/esr/jcaa014.

Stolz, Jörg, und Pascal Tanner. 2017. Elements of a Theory of Religious-Secular Competition. *Política & Sociedade* 36 (May-August). doi: http://dx.doi.org/https://doi.org/10.5007/2175-7984.2017v16n36p295.

Stolz, Jörg, und Pascal Tanner. 2019. Elemente einer Theorie religiös-säkularer Konkurrenz. In *Abbrüche – Umbrüche – Aufbrüche. Gesellschaftlicher Wandel als Herausforderung für Glaube und Kirche*, Hrsg. Ursula Schumacher, S. 57–78. Münster: Aschendorff.

Van Hove, Hildegard. 1999. L'émergence d'un «marché spirituel». *Social Compass* 46 (2), S. 161–172.

Voas, David, und Steve Bruce. 2007. The Spiritual Revolution: Another False Dawn for the Sacred. In *A Sociology of Spirituality*, Hrsg. Kieran Flanagan and Peter C. Jupp, S. 43–62. Ashgate.

Voas, David, und Mark Chaves. 2016. Is the United States a Counterexample to the Secularization Thesis? *American Journal of Sociology* 121 (5), S. 1517–1556.

Voas, David, und Alasdair Crockett. 2005. Religion in Britain: Neither Believing nor Belonging. *Sociology* 39 (1), S. 11–28.

Wolf, Christof. 2008. How secularized is Germany? Cohort and Comparative Perspectives. *Social Compass* 55, S. 111–126.

Open Access Dieses Kapitel wird unter der Creative Commons Namensnennung 4.0 International Lizenz (http://creativecommons.org/licenses/by/4.0/deed.de) veröffentlicht, welche die Nutzung, Vervielfältigung, Bearbeitung, Verbreitung und Wiedergabe in jeglichem Medium und Format erlaubt, sofern Sie den/die ursprünglichen Autor(en) und die Quelle ordnungsgemäß nennen, einen Link zur Creative Commons Lizenz beifügen und angeben, ob Änderungen vorgenommen wurden.

Die in diesem Kapitel enthaltenen Bilder und sonstiges Drittmaterial unterliegen ebenfalls der genannten Creative Commons Lizenz, sofern sich aus der Abbildungslegende nichts anderes ergibt. Sofern das betreffende Material nicht unter der genannten Creative Commons Lizenz steht und die betreffende Handlung nicht nach gesetzlichen Vorschriften erlaubt ist, ist für die oben aufgeführten Weiterverwendungen des Materials die Einwilligung des jeweiligen Rechteinhabers einzuholen.

Selbstbezeichnungen und ihre Bedeutungsnuancen

Zur kontextsensitiven Interpretation der Bezeichnungen «religiös» und «spirituell» in Umfragen

Irene Becci und Zhargalma Dandarova Robert

Zusammenfassung

Vor dem Hintergrund der aktuellen Veränderungen der globalen sozio-religiösen Landschaften, die die Bedeutungen und kulturellen Aneignungen des Begriffs der Spiritualität verändern (Fedele und Knibbe 2013), wird in diesem Artikel näher untersucht, welche Unterschiede und Gemeinsamkeiten zwischen «spirituell» und «religiös» tatsächlich auszumachen sind. Mit der Analyse der Antworten von Personen, die in der Querschnittsbefragung MOSAiCH (2009 und 2018) zu den Werten und Einstellungen der Schweizer Bevölkerung zu einer Vielzahl von gesellschaftlichen Themen angeben, ob sie sich zu einer Religion bekennen oder nicht, oder ob sie sich als eine spirituelle Person betrachten oder nicht, folgen die Autorinnen dem Anspruch, eine soziostrukturelle Perspektive in die Religionswissenschaft zu bringen. Die kontextuelle soziale Dimension der Unterscheidungen zwischen diesen Identifikationen wird in struktureller Hinsicht hinterfragt, wobei insbesondere ein demografisches Profil der Gruppen erstellt wird. Die Autorinnen kommen zu dem Schluss, dass es notwendig ist, die Verwendung der aktuellen Kategorie «Spiritualität» in ihrem tatsächlichen sozialen und sprachlichen Kontext zu verorten und einzubetten.

3.1 Einleitung

Den religiösen Wandel des letzten Jahrhunderts[1] durch quantitative Erhebungen zu erfassen, stellt für die Sozialwissenschaften eine große Herausforderung dar. Von entscheidender Bedeutung ist es, über qualitativ hochwertige Daten zu verfügen, die den Wandel sowohl auf wissenschaftlicher als auch auf politischer und gesellschaftlicher Ebene sichtbar und schließlich begreifbar machen. In der wissenschaftlichen Erforschung dieser religiösen Veränderungen im sozialen Leben entstehen differenzierte Kategorien, um diese komplexen Prozesse zu bezeichnen. Die Einführung neuer Fragen, z. B. zur Ermittlung von Unterschieden zwischen den Geschlechtern, wurde häufig durch wachsende gesellschaftliche Sensibilität und Besorgnis ermöglicht. In der MOSAiCH Umfrage finden sich Fragen aus der Debatte zu den Kategorien «spirituell, aber nicht religiös». Im Hintergrund dieses Beitrags steht die Frage nach der Relevanz der Unterscheidung zwischen spirituell und religiös und ihrem empirischen Wert.

Wir können hier nur eine kurze Kontextualisierung der langen Diskussion über die sich verändernde Bedeutung von Spiritualität in der westlichen Kultur[2] anbieten wie sie auf verschiedenen Ebenen geführt wurde (Mainstream, Wissenschaft, Theologie). In den Sozialwissenschaften wird der Begriff Spiritualität wie derjenige der Religion aus konstruktivistischer[3] Perspektive behandelt. Mehrere Studien belegen, dass durch den kulturellen Austausch zwischen dem Westen und dem Osten seit Beginn des 20. Jahrhunderts, insbesondere durch die Verbreitung von Praktiken wie Yoga und Meditation nach dem Ende der Weltkriege, ein breites Verständnis von Spiritualität eingeführt und dann von einem liberalen Diskurs aus erweitert[4] wurde. Einige gegenkulturelle Bewegungen, wie die *New Age-Bewegung* in den 1960er- und 1970er-Jahren, brachten den Begriff Spiritualität mit der Idee institutioneller und dogmatischer Unabhängigkeit in Verbindung. Dieses Verständnis steht eindeutig im Widerspruch zu dem, was wir aus historischer Sicht über die christlichen Vorstellungen von Spiritualität im 17. Jahrhundert wissen, als die monastische Tradition viele Überlegungen zur persönlichen religiösen Erfahrung[5] anstellte. Während der Begriff in der Vergangenheit mindestens zwei verschiedene Bedeutungen hatte, vervielfachen sich die Unterscheidungen, wenn man die Perspektive auf verschiedene sprachliche und konfessionelle Kontexte ausweitet.[6] Die gesellschaftlichen Auswirkungen der gegenkulturellen Bewegungen waren von Land zu

---

[1] Eine der wichtigsten Veröffentlichungen über den hier thematisierten Wandel am Ende des 20. Jahrhunderts stammt von Charles Taylor 2007.
[2] Für einen schnellen Überblick Huss 2014.
[3] Beckford 2003.
[4] Holz 2010.
[5] Für eine längere Geschichte Jacques Le Brun, in: Bert 2015.
[6] Siegers 2012, S. 176.

3.1 Einleitung

Land unterschiedlich, wobei der angelsächsische Raum den Ton angab. Andere Länder haben eine stärkere Säkularisierung erlebt. Im deutschsprachigen Raum bietet beispielsweise das Wort «geistlich» die Möglichkeit, den Begriff «religiös» über «spirituell» hinaus zu nuancieren.

Um den Prozess zu bezeichnen, durch den die religiöse Identität immer weniger durch die konfessionelle Zugehörigkeit und immer mehr durch subjektives und emotionales Empfinden[7] definiert wird, werden in der Soziologie eher die Begriffe von «Subjektivierung»[8], «Individualisierung»[9] oder «schrumpfenden Transzendenzen»[10] verwendet. Erst in den letzten Jahren hat sich der Begriff Spiritualität auch im weltweiten akademischen Austausch als «eine Trope der säkularisierten Gesellschaften durchgesetzt, die an die Stelle des Begriffs der Religion getreten ist»[11], was vor allem auf eine gewisse Popularisierung[12] einer Spiritualität verweist, die vor einem halben Jahrhundert marginal war, als sie mit Esoterik oder exotischer Mystik[13] assoziiert wurde. Einige Forschende fragen sogar, ob wir nicht gar eine «spirituelle Revolution» erleben.[14] Wie Géraldine Mossière schreibt, umfasst Spiritualität heute «ein breites Spektrum ethischer Praktiken und Haltungen, die sich auf eine Suche nach Transzendenz, Wahrheit und Authentizität zu beziehen scheinen, wie sie sich in der Immanenz manifestieren»[15]. «Spiritualität» beschränkt sich nicht mehr auf den religiösen Bereich, sondern kann «auch eine Lebensphilosophie bedeuten, die die Ähnlichkeiten zwischen den Menschen in ihrem Zustand und ihrer Beschaffenheit hervorhebt, also ihr konvergentes Streben nach Transzendenz sowie den Wunsch, Unterschiede zu überwinden, die als bloße Produkte des Sozialen und Kulturellen wahrgenommen werden»[16]. Um den Begriff der Religion zu vermeiden, den die säkularen Institutionen eindeutig beiseitegeschoben haben, scheint der Begriff der «Spiritualität nun eine einvernehmliche semantische Wahl zu sein». Schließlich «ist der Begriff der Spiritualität in einem globalisierten neoliberalen Umfeld zu einer Frage des sozialen Unterschieds und der ‚Kommerzialisierung' geworden»[17]. Es ist daher von Interesse und nützlich, diese Veränderungen bei der Verwendung des Begriffs der Spiritualität in soziologischen Umfragen zu berücksichtigen, insbesondere wenn es um

---

[7] Champion und Hervieu-Léger 1990.
[8] Berger und Luckmann 1967.
[9] Zur «Individualisierung» siehe u. a. Campiche 1993.
[10] Luckman 2014.
[11] Mossière 2018, S. 61. Dieses Zitat sowie die folgenden sind von Irene Becci übersetzt worden.
[12] Knoblauch, in: Lüddeckens und Walthert 2009.
[13] Laut der von Altglas und Veronique 2014 entwickelten These.
[14] Heelas et al. 2005.
[15] Mossière 2018, S. 63.
[16] Ebd.
[17] Ebd.

die Selbstidentifikation der Befragten in Bezug auf Religion und Spiritualität geht. Wenn sich nämlich die Bedeutung des Begriffs Spiritualität je nach sozialer Situation ändert, dann dürften sowohl strukturelle als auch kulturelle Faktoren für die soziale Verwendung des Begriffs bedeutsam sein. Es ist daher wichtig, dass wir die Ergebnisse empirischer Studien genauer untersuchen, und dabei die unterschiedlichen Assoziationen mit den Kategorien des Spirituellen und Religiösen in der Schweiz analysieren und berücksichtigen.

Um den sprachlichen und kulturellen Kontext der wissenschaftlichen Debatten über diesen Begriff zu verdeutlichen, beginnen wir mit einem kurzen Überblick über die Literatur und orientieren uns dabei nach Sprachgebieten.

3.2 Internationaler Überblick über die empirische Forschung

In angelsächsischen Kontexten wurden zahlreiche Studien[18] durchgeführt, welche die Bedeutung von «spirituell» vor allem außerhalb des institutionalisierten religiösen Bereichs analysieren. Der Soziologe Wade Clark Roof führte in den 1980er- und 1990er-Jahren Erhebungen durch, die auf ausführlichen Tiefeninterviews basierten, um zu untersuchen, «wie sich das religiöse Terrain selbst verändert und wie die Trends, die jetzt bei den Mitgliedern dieser Generation zu beobachten sind, unsere grundlegendsten Vorstellungen von Religion und Spiritualität, unsere Interpretationen historischer religiöser Überzeugungen und Symbole und vielleicht sogar unser Verständnis des Heiligen selbst verändern können»[19]. Robert C. Fuller schreibt, dass die Unterscheidung zwischen Personen, die sich als spirituell, aber nicht religiös betrachten, im 19. Jahrhundert erscheint, als eine Reihe von Bewegungen wie Mesmerismus, Schwedenborgianismus, Transzendentalismus, Theosophie, christliche Wissenschaft, Spiritualität des Unbewussten und alternative Medizin, die in den Vereinigten Staaten ein «großes metaphysisches Erwachen» auslösten.[20] Menschen außerhalb der Kirchen (die «Unkirchlichen»[21]) bringen ihre Erfahrungen mit dem Heiligen auf unterschiedliche Weise zum Ausdruck. Nach Roof, in den 1980er-Jahren, haben andere prominente Soziologen diese Überlegungen fortgesetzt, darunter Robert Wuthnow (1998) und Robert Bellah (2008), die die neuen Formen der Spiritualität im Zusammenhang mit der Babyboom-Generation beschrieben.

Die quantitativen Daten für die USA, die die Frage der Identifikation mit dem Begriff «Spiritualität» enthalten, sind beachtlich. Heinz Streib weist darauf hin, dass sich bereits

---

[18] Siehe zum *World Value Survey* Houtman und Aupers 2007 sowie Höllinger und Tripold 2012.
[19] Roof 1999, S. 3.
[20] Fuller 2001, S. 23.
[21] Fuller 2001, S. 13.

3.2 Internationaler Überblick über die empirische Forschung

in den frühen 2000er-Jahren etwa 20 % der amerikanischen Bevölkerung mit der Kategorie «spirituell, aber nicht religiös» identifizierte,[22] ein Prozentsatz, der seither wächst. Mehrere Soziolog:innen, wie zuletzt Nancy Ammerman (2013), stellen fest, dass sich die Menschen zwar zunehmend als spirituell, aber nicht als religiös bezeichnen, die Definition und Auslegung des Begriffs «spirituell» jedoch von Person zu Person unterschiedlich ist.[23]

In der Religionssoziologie in England wird die Debatte über Menschen, die «spirituell, aber nicht religiös» sind, zunächst unter dem Aspekt des Glaubens und der Zugehörigkeit geführt. Die Soziologin Grace Davie entwickelt in einem 1990 veröffentlichten Artikel und dann in einem 1994 erschienenen Buch die Idee, dass immer weniger Menschen in Großbritannien Gottesdienste besuchen und damit auch immer weniger am politischen und sozialen Leben teilnehmen. Im Allgemeinen entfernten sich das Privatleben sowie der Glaube der Bürger:innen von den Autoritätsstrukturen. Diese subjektive Veränderung ist der Ausgangspunkt der Studie von Paul Heelas, Linda Woodhead et al. in der englischen Kleinstadt Kendal. Die Forschenden stellen fest, dass es im religiösen Bereich zwei Milieus gibt, die sich durch Unterschiede in der verwendeten Sprache und der Art der ausgeübten Praxis unterscheiden. Die Veränderungen betreffen vor allem die Werte und das Verhältnis zur Autorität. Das erste Milieu, das hauptsächlich aus Religionsangehörigen besteht, die vordefinierten Rollen folgen (beschrieben als «life-as»[24]), findet sich insbesondere in christlichen Kirchengemeinden. Die Individualität wird durch diese sozialen Rollen geprägt, es herrscht ein gewisser Moralismus vor und die Gottesfigur ist männlich. Da in diesem Milieu das Durchschnittsalter sehr hoch ist, zeigt sich ein Trend des Rückgangs. Demgegenüber steht ein «spirituelles» Milieu – jung und überwiegend weiblich –, in dem die «subjektive» Erfahrung, die Ethik, die Suche nach Selbstverwirklichung, die Einzigartigkeit der Person, die Individualisierung und Privatisierung von Begegnungen im Vordergrund stehen. Diese «Spirituellen» praktizieren Yoga, Reiki, Reflexzonenmassage, Tai-Chi, Homöopathie usw. Dieses spirituelle Milieu ist zwar klein, birgt aber nach Ansicht der Forschenden, die sich fragen, ob es sich um eine «spirituelle Revolution» handelt, ein sehr großes Entwicklungspotenzial.[25]

---

[22] Streib 2008, S. 57. Die Autoren beziehen sich auf Marler und Hadaway 2002.
[23] Bei ihren Untersuchungen stellte sie fest, dass sich die verschiedenen Interpretationen um eine Reihe von Bedeutungsclustern gruppieren: Ethik, Glaube an Gott, Art der Praxis, Mysterium, ultimative Bedeutung, eine ganzheitliche Vorstellung von Verbindung, Rituale, Emotionen und Wunder, das Selbst. Durch die Gruppierung kommt sie zu dem, was sie als semantische «Pakete» bezeichnet, d. h. zu einer Reihe von Bedeutungen, die dem Begriff «Spiritualität» gegeben werden: «theistisch, außertheistisch, ethisch, Glaube und Zugehörigkeit» (Ammerman 2013).
[24] Heelas et al. 2015, S. 16.
[25] Diese Hypothese wurde von anderen englischen Soziolog:innen kritisch bewertet (siehe Voas 2007).

Seitdem sind verschiedenste Aspekte dieser Analysen diskutiert worden. Abby Day (2011) hat Grace Davies These relativiert, indem sie die vielschichtige christliche Identität von Gläubigen untersucht hat. Kaya Oakes (2015) hat dokumentiert, auf welch vielfältige Weise Amerikaner:innen, insbesondere solche katholischen Glaubens, «dazugehören, ohne zu glauben». Andere Forschungsarbeiten haben die komplexen Verbindungen zwischen Zugehörigkeit, Praxis, Glauben und religiöser Identität hervorgehoben.[26] Laut den Pew Religious Landscape Studies ist beispielsweise die Meditation, deren wöchentliche Praxis zwischen 2007 und 2014 von 39 % auf 47 % gestiegen ist, unabhängig von Religionszugehörigkeit, Herkunft und Schichtzugehörigkeit. Während viele Buddhist:innen regelmäßig meditieren, gilt dies auch für Zeugen Jehovas, Mormon:innen, Evangelikale, Katholik:innen, Juden und Jüdinnen und in geringerem Maße auch für Menschen ohne religiöse Zugehörigkeit. Allen diesen Bevölkerungsgruppen ist gemeinsam, dass die Menschen, die am meisten meditieren, auch diejenigen sind, die an Gott glauben.[27] Laut Bron Taylor, Autor einer Studie über Umweltaktivist:innen mit dem Titel «Dark Green Religion», besteht die Tendenz, dass «diejenigen, die sich selbst als spirituell, aber nicht als religiös betrachten, Spiritualität im Allgemeinen als der Religion überlegen ansehen»[28]. Der Begriff Spiritualität scheint daher heute mehr in Mode zu sein als der Begriff Religion. Was meinen diese Begriffe nun also in einem gegebenen Kontext und inwiefern schließt der eine den anderen aus oder bezieht sich auf ihn?

Untersuchungen in Europa haben gezeigt,[29] dass das säkulare Profil der Gesellschaft als Ganzes eindeutig bestätigt wird. Die Ergebnisse der Europäischen Werteerhebung (EVS) weisen darauf hin, dass die Zahl der religiös nicht gebundenen Menschen in Frankreich weiter ansteigt, von einem Viertel seit den 1980er-Jahren auf mehr als die Hälfte der Bevölkerung im Jahr 2018.[30] Darüber hinaus ist auch die Zahl der Personen, die sich als religiös bezeichnen, von 55 % im Jahr 1981 auf 41 % zurückgegangen, während sich der Anteil der «überzeugten Atheist:innen» seit 1981 von 11 % auf 23 % mehr als verdoppelt hat. Laut der ISSP-Umfrage (International Social Survey Program) von 2018 geben 36 % der Franzosen und Französinnen an, weder religiös noch spirituell zu sein, und 18 % bezeichnen sich als nicht-religiös, aber spirituell, offen für das Heilige und Übernatürliche. Zu den entscheidenden soziodemografischen Faktoren gehören Geschlecht, Alter und Bildungsniveau, aber auch die politische Orientierung und die Zugehörigkeit (oder Nicht-Zugehörigkeit) zu autoritären und familiären Werten. Für

---

[26] Houtman und Aupers 2006, Bender 2010, Flanagan 2009, Zwissler 2007.
[27] White 2021.
[28] Taylor 2010, S. 3.
[29] Siehe zuletzt Fedele und Knibbe 2020, Palmisano und Pannofino 2020, Berghuijs et al. 2013, Marshall und Olson 2018.
[30] Bréchon und Zwilling 2020.

3.2 Internationaler Überblick über die empirische Forschung

Deutschland bietet der *Religionsmonitor* (Bertelsmann-Stiftung)[31] interessante Daten über die Selbsteinschätzung als «eher spirituell als religiös». Dieses Item schließt eine Überschneidung mit der Religionszugehörigkeit nicht aus. Diejenigen, die sich als «eher spirituell als religiös» bezeichnen, machen 10 % der Mitglieder der evangelischen Kirche aus, 9 % der römisch-katholischen, 5 % der christlichen Freikirchen (z. B. Methodist:innen), 17 % der anderen christlichen Gemeinschaften (Orthodoxe, Pfingstler:innen und Charismatiker:innen) und 10 % der Menschen ohne Religionszugehörigkeit. Menschen ohne Religionszugehörigkeit machen inzwischen fast ein Drittel der deutschen Bevölkerung aus. Nach den Analysen von Heinz Streib (2008) beinhaltet diese Identifikation mit der Kategorie «eher spirituell als religiös» eine Offenheit für vielfältige religiöse Erfahrungen und persönliche Entwicklung, für Fremdheit und interreligiösen Dialog sowie eine Ablehnung von Autoritarismus und religiöser Wahrheit. Zu beachten ist auch, dass in Deutschland diejenigen, die sich als spirituell bezeichnen, die Bezeichnung Esoterik eher ablehnen und sich davon distanzieren, im Gegensatz zu der in den USA anzutreffenden «Spiritualität». Diese ist gekennzeichnet durch den Glauben an eine nicht-materielle Dimension der Existenz und ist verbunden mit dem Glauben an höhere Wesen oder Kräfte in einer sehr umfassenden Weise. Sie wird als persönliche Erfahrung durch Praktiken wie Meditation gelebt.

Für die Schweiz liegen dank der eidgenössischen Volkszählung Daten zur Religionszugehörigkeit auf Bundesebene vor. Diese Daten umfassen die französische, deutsche, italienische und rätische Sprachregion des Landes. Sie werden seit 1850 erhoben und sind, in Ergänzung zu soziologischen Studien mit großen Stichproben,[32] sehr nützlich. Seit 2010 ist die umfassende dezentralisierte Volkszählung jedoch zwei Arten von Erhebungen gewichen. Zum einen gibt es eine Strukturerhebung bei einer Stichprobe von mindestens 20.000 Personen pro Jahr mit einer Frage zur Religion, zum anderen die BFS-Erhebung «Sprachen, Religionen, Kulturen», die alle fünf Jahre durchgeführt wird. Während die Strukturerhebung deutlich zeigt, dass die Kategorie der Personen ohne Religionszugehörigkeit stetig zunimmt (von knapp 1 % vor 50 Jahren auf ein Viertel der Bevölkerung heute), erfassen die thematischen Erhebungen[33] von 2014 und 2019 auf der Grundlage einer Stichprobe von rund 16.000[34] Personen mehr Nuancen. Neben einer starken Diversifizierung der Religionszugehörigkeit zeigt sich, dass sich religiöse Gruppen nach soziodemografischen Faktoren, insbesondere Nationalität und Geschlecht,

---

[31] Siehe Streib 2008.
[32] Boltanski 1966, Campiche 1993, Stolz et al. 2014.
[33] Die Studie konzentriert sich auf Praktiken, Überzeugungen, religiöse Beteiligung und die Bedeutung der Religion im Alltag und zeigt, dass diese Dimensionen nicht linear miteinander verbunden sind. Siehe https://www.bfs.admin.ch/bfs/de/home/statistiken/bevoelkerung/sprachen-religionen/religionen.html (15.12.2020), siehe auch Stolz und Baumann 2009.
[34] 13'417 Personen für 2019. Siehe https://www.bfs.admin.ch/hub/api/dam/assets/15023004/ris (15.12.2020).

unterscheiden. Die Strukturerhebungen beschreiben auch den Anteil der Schweizer Bevölkerung detaillierter,[35] der sich eher mit metaphysischen Überzeugungen und alternativen Spiritualitäten identifiziert. Seit dem Jahr 2000 enthält die BFS-Umfrage auch eine Frage zur Identifikation mit «spirituell». Dabei hat sich gezeigt, dass sich insbesondere Angehörige religiöser Minderheiten oft als spirituell bezeichnen und sich gleichzeitig als religiös betrachten.

Abschließend sei noch auf die Studie von Jörg Stolz et al. hingewiesen, die sowohl auf quantitativen als auch auf qualitativen Daten[36] beruht. Zwei Dimensionen wurden von den Autoren bevorzugt, um die Befragten zu kategorisieren: institutionelle Religiosität (christliche Kirche) und alternative Spiritualität (Distanzierung von der christlichen Kirche). Der Begriff der Spiritualität ist in diesem Schema stark mit der alternativen Sphäre verbunden. Anhand dieser beiden Dimensionen unterteilen die Autor:innen dann die Befragten in vier Typen. Die größte Gruppe (57 %) sind die *Distanzierten* (Personen, die zwar an eine höhere Macht, aber nicht unbedingt an Gott glauben und für die Religion keinen wichtigen Platz in ihrem Leben einnimmt), gefolgt von den *Institutionellen* (Kirchenmitglieder mit kirchlich-religiöser Praxis). Mit 17,5 % ist diese letzte Gruppe nur geringfügig größer als die *alternative* Gruppe (Personen, die eher von «Spiritualität» als von Religion sprechen: Esoterik, Wahrsagetechniken usw.), die 13,4 % ausmacht. Die kleinste Gruppe (11,7 %) besteht aus *Säkularisierten* (ohne Glaube oder religiöse Praxis). Diese Kategorisierung ist für unsere Studie sehr interessant, auch wenn sich die vorgeschlagenen Kategorien indirekt auf den Begriff der «Spiritualität» beziehen, und zwar durch die Erzählungen, die während der qualitativen Interviews gesammelt wurden. Wir werden im Folgenden auf diese Kategorisierung zurückkommen, um unsere Ergebnisse miteinander in Beziehung zu setzen.

3.3 Wer sind die Spirituellen, die Religiösen, die «Religiös-Spirituellen» und die «Weder Religiösen noch Spirituellen» in der Schweiz?

Die Daten, die wir aus der MOSAiCH-Umfrage[37] gewinnen können, erlauben es uns, den Begriff der Spiritualität näher zu untersuchen und festzustellen, dass eine Assoziation ausschließlich mit dem «alternativen» Bereich – ob negativ oder positiv – in der gegenwärtigen religiösen Landschaft zu kurz greift. Dies setzt zum einen das Vorhandensein einer dominanten religiösen Norm im sozialen Bereich voraus. Die Forschenden gehen oft von einer historischen Norm aus, wonach sich religiöse

---

[35] Bundesamt für Statistik Schweiz, Neuchâtel, S. 6.

[36] 1'229 Personen füllten einen Fragebogen aus und 73 Personen nahmen an ausführlichen Interviews teil (Stolz et al. 2014, S. 5).

[37] Ernst et al. 2019. https://doi.org/10.23662/FORS-DS-962-3 (15.12.2020).

Akteur:innen in unterschiedlichen strukturellen Positionen befinden, und «Etablierte»[38], das heißt mit dem Staat verbundene Akteur:innen, zentraler sind. Allerdings gibt es auch andere soziale Normen, welche zum Beispiel religiöse Akteur:innen, die mit der neoliberalen Logik unserer Konsumgesellschaften[39] im Einklang stehen, bevorzugen.

Es scheint uns daher entscheidend bei der Analyse der Unterscheidung zwischen religiös und spirituell, den sozialen Kontext stärker zu berücksichtigen, das «Soziale» wieder einzuführen, wie Véronique Altglas und Matthew Wood schreiben.[40] Auch ist es wichtig, die Instrumente zu entwickeln, die es uns ermöglichen, diese Kategorien in zukünftige Analysen einzubeziehen. Es geht also darum, zu verstehen, was die Unterscheidung zwischen denen, die sich als religiös, sowie denen, die sich als spirituell bezeichnen, oder denen, die beides zu sein behaupten, aus soziologischer Sicht aussagt.

3.3.1 Gruppenbildung und Sprachfragen

Für die Analyse, die wir hier vorschlagen, sind wir von der Zustimmung zu den Aussagen ausgegangen, spirituell zu sein, ohne religiös zu sein, oder sowohl religiös als auch spirituell zu sein oder keines von beiden. Diese Unterscheidungen beruhen auf einer Frage aus dem MOSAiCH-Fragebogen, deren Wortlaut wir hier in drei Landessprachen wiedergeben (der Fragebogen wurde in der Schweiz in vier Landessprachen verteilt, aber die Zahl der rätoromanischen Antworten ist sehr klein, sodass wir dazu keine Aussagen machen können).

> **Übersicht**
>
> A.
> (F) *J'obéis aux préceptes religieux, et je considère que je suis une personne pleine de spiritualité, intéressée par le sacré ou le surnaturel.*
> (G) *Ich bekenne mich zu einer Religion und betrachte mich als eine spirituelle Person, die sich für das Göttliche oder Übersinnliche interessiert.*
> (I) *Seguo una religione e mi considero una persona spirituale interessata al sacro o al soprannaturale.*
> B.
> (F) *J'obéis aux préceptes religieux, sans pour autant considérer que je suis une personne pleine de spiritualité, intéressée par le sacré ou le surnaturel.*

---

[38] In dem Sinne, den José Casanova ihr zuschreibt, d. h. rechtlich und kulturell anerkannt (siehe Casanova 1994).
[39] Dawson 2011, Jain 2014.
[40] Altglas und Wood 2018.

> (G) *Ich bekenne mich zwar zu einer Religion, betrachte mich aber nicht als eine spirituelle Person, die sich für das Göttliche oder Übersinnliche interessiert.*
> (I) *Seguo una religione, ma non mi considero una persona spirituale interessata al sacro o al soprannaturale.*
> C.
> (F) *Je n'obéis à aucun précepte religieux, mais je considère que je suis une personne pleine de spiritualité, intéressée par le sacré ou le surnaturel.*
> (G) *Ich bekenne mich zu keiner Religion, betrachte mich aber als eine spirituelle Person, die sich für das Göttliche oder Übersinnliche interessiert.*
> (I) *Non seguo una religione, ma mi considero una persona spirituale interessata al sacro o al soprannaturale.*
> D.
> (F) *Je n'obéis à aucun précepte religieux et je considère que je ne suis pas non plus une personne pleine de spiritualité, intéressée par le sacré ou le surnaturel.*
> (G) *Ich bekenne mich weder zu einer Religion noch betrachte ich mich als eine spirituelle Person, die sich für das Göttliche oder Übersinnliche interessiert.*
> (I) *Non seguo nessuna religione e non mi considero una persona spirituale interessata al sacro o al soprannaturale.*

Einige Bemerkungen zu den Formulierungen dieser Fragen und den Unterschieden in den drei Sprachen sind angebracht. In allen drei Sprachen wird der Begriff Religion unmittelbar mit zu befolgenden Geboten oder Richtlinien, mit Bekenntnis oder Gehorsam assoziiert. Die Begriffe deuten also auf eine passive Haltung hin. Andererseits schlägt die Formulierung vor, Spiritualität als eine persönliche Eigenschaft zu betrachten, die in den Bereich des Interesses fällt, Fülle bietet, dem Göttlichen, dem Heiligen, dem Übernatürlichen nahe ist. Darüber hinaus werden die Aussagen zur Spiritualität als Ausdruck einer individuellen Identität formuliert. Die Formulierungen enthalten also bereits ein Vorverständnis von den Begriffen Religion und Spiritualität und den unterschiedlichen semantischen Feldern, die sie eröffnen. Würde man versuchen, die Begriffe Spiritualität und Religion so zu ersetzen, dass sie umgekehrt assoziiert werden, würde man wahrscheinlich andere Antworten erhalten.

Eine weitere Schwierigkeit, die bei der Bearbeitung der Antworten Vorsicht gebietet, sind die unterschiedlichen Sprachen. In den deutschen und französischen Formulierungen beziehen sich die Begriffe auf die traditionelle religiöse Sprache. Religion wird im Französischen mit Geboten, die befolgt werden oder nicht, und im Deutschen mit dem Glaubensbekenntnis in Verbindung gebracht, während die italienische Version viel neutraler ist und nur die Tatsache erwähnt, dass man einer Religion folgt. Der Begriff des Spirituellen ist in dieser Frage mit einem Interesse am Heiligen oder Übernatürlichen im Französischen und Italienischen, am Göttlichen oder Übersinnlichen im Deutschen verbunden. Es ist offensichtlich, dass die Nuancen unterschiedlich sind. Es ist durchaus plausibel, bestimmte Ergebnisse, wie z. B. die höhere Zahl von Personen in der französischsprachigen Schweiz, die sich als spirituell bezeichnen, durch die unterschiedlichen Sensibilitäten zu erklären, die die Formulierung der Fragen anspricht.[41]

Aufgrund der Antworten auf die obige Frage[42] wurden vier Gruppen (n = 2161) gebildet. Wir haben diese Gruppen auf einem Kontinuum angeordnet, welches mit den ausschließlich Religiösen beginnt, dann über diejenigen, die Religiöses und Spirituelles kombinieren, und die ausschließlich Spirituellen reicht und mit der Gruppe von Menschen endet, die sich von beiden Optionen distanzieren:

1. *Die nicht-spirituellen Religiösen (RnS, n = 725)* sind diejenigen, die sich mit der Aussage A identifizieren. Dies ist die größte Gruppe in unserer Analyse, obwohl sie seit der MOSAiCH-Erhebung 2009[43] von 40 % auf 34 % zurückgegangen ist (siehe Abb. 3.1). Sowohl inhaltlich als auch von der Größe her ist diese Gruppe mit den «Distanzierten» in der Studie von Jörg Stolz et al. vergleichbar, da sie aus Personen besteht, die eine gewisse formale Zugehörigkeit zu einer religiösen Gruppe beanspruchen, ohne ihr notwendigerweise innig anzugehören. Fast die Hälfte der Distanzierten (49 %) gab an, «religiös, aber nicht spirituell» zu sein. Das soziodemografische Profil dieser Gruppe ist in erster Linie dadurch gekennzeichnet, dass mit 51 % Männern das Geschlecht fast gleichmäßig verteilt ist; ein deutlicher Unterschied zu anderen Gruppen. Diese Gruppe zeichnet sich auch durch die höchste Anzahl von Rentner:innen aus (27 %), obwohl das mediane Alter nicht das höchste ist (52 Jahre). Auch im Vergleich zu den anderen Gruppen finden wir hier die höchste Anzahl von Personen, die auf dem Land leben (57 %) und die in einer Partnerschaft leben (58 %), aber die niedrigste Anzahl von Personen mit einem Hochschulabschluss (24 %)[44].
2. *Die Religiösen und Spirituellen (RS, n = 341)* bevorzugen Aussage B. 15,8 % der Stichprobe wählten diese Antwort. Diese Gruppe ist mit den Institutionellen der Studie von Jörg Stolz et al. (2014/5) vergleichbar, denn es geht um die Befolgung religiöser Gebote, die also von einer Institution vorgegeben werden. Im Gegensatz zur Studie von Stolz et al. sehen wir hier, dass der Begriff der Spiritualität auch innerhalb einer religiösen Institution verortet werden kann. In diesem Fall handelt es sich

---

[41] Wir betrachten Texte als aktiv im Sinne von Dorothy Smith 1990. Für eine kritische Betrachtung von Übersetzungsfragen in internationalen Erhebungen siehe Becci und Bovay 1998.

[42] Von den 2'350 Teilnehmenden an der MOSAiCH-Umfrage 2018 haben 35 Personen die Frage, die sie interessiert, nicht beantwortet, und 154 Personen konnten sich nicht zwischen den vorgeschlagenen Aussagen entscheiden.

[43] An der MOSAiCH-Umfrage 2009 nahmen 1'148 Personen teil, von denen 81 (6,6 %) auf die Frage nach der Identifikation, die uns interessiert, mit «Ich weiß es nicht» antworteten. Joye et al. 2020. https://doi.org/10.23662/FORS-DS-559-3

[44] Dritte Ausbildungsstufe.

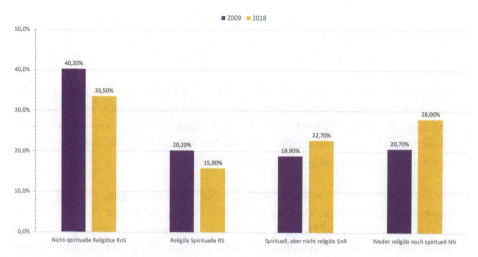

Abb. 3.1 Entwicklung zwischen 2009 und 2018

um eine enge Bindung an die Überzeugungen, Dogmen oder das Leben der religiösen Institution. Die Größe dieser Gruppe ist seit 2009, als sie 20 % betrug, geschrumpft. Sie ist überwiegend weiblich (59 %) und älter (Median 54 Jahre). Fast ein Viertel dieser Bevölkerung war zum Zeitpunkt der Erhebung im Ruhestand (24 %). Mehr als die Hälfte dieser Gruppe lebt in einer Partnerschaft (56 %) und nur 18 % sind alleinstehend, was der niedrigste Anteil aller Gruppen ist. Die überwiegende Mehrheit dieser Gruppe, die hauptsächlich in Dörfern lebt, stammt aus der Deutschschweiz (80 %), während die Zahl der Personen aus der Romandie im Vergleich zu den anderen Gruppen am geringsten ist (13 %). Mit 30 % der Personen, die einen Hochschulabschluss haben, zeichnet sich diese Gruppe im Vergleich zu den anderen Gruppen auch durch die höchste Anzahl von Personen mit einem niedrigen persönlichen Einkommen aus (36 % verdienen weniger als 3800 Franken[45] pro Monat und nur 26 % erhalten mehr als 6300 Franken pro Monat), was sich durch die höhere Anzahl von Frauen und Rentner:innen in dieser Gruppe erklären lässt.

3. Wir bezeichnen diejenigen, die mit C geantwortet haben, als *spirituell, aber nicht religiös (SnR, n = 490)*. Sie machen 23 % der Gesamtbevölkerung aus, ein Prozentsatz, der seit 2009 gestiegen ist, als er nur 19 % betrug. Wir betrachten diese Gruppe als ähnlich wie die «Alternativen» in der Studie von Jörg Stolz et al. (2014/5): 39 % davon sehen sich als «spirituell, aber nicht religiös». In dieser Gruppe ist der Anteil der Frauen mit 62 % am höchsten. Diese Überzahl wurde auch bei den Alternativen in der Studie von 2015 festgestellt (Stolz et al.). Auch hier handelt es sich um jüngere

---

[45] Zu beachten ist, dass der Medianlohn in der Schweiz im Jahr 2018 bei rund 6'500 Fr. lag.

Personen (Durchschnittsalter = 45 Jahre) als bei den beiden vorherigen Gruppen. Daraus ergibt sich, dass die meisten von ihnen berufstätig sind (66 %), weniger sind im Ruhestand (11 %) und ein etwas höherer Anteil befindet sich zum Zeitpunkt der Umfrage in der Aus- oder Weiterbildung (9 %). Diese Gruppe hat die höchste Anzahl von Personen (37 %) mit einem Hochschulabschluss. Obwohl sie erwerbstätig und jung sind, gibt es auch hier mehr Personen (23 %), die über ein persönliches Einkommen von weniger als 2700 Franken pro Monat verfügen, als in den anderen drei Gruppen. Die «Spirituellen» zeichnen sich auch dadurch aus, dass sie im Vergleich zu den anderen drei Gruppen die geringste Anzahl von Personen haben, die in einer Partnerschaft leben (37 %), und die höchste Anzahl von Geschiedenen (12 %). Eine weitere Besonderheit dieser Gruppe ist der höhere Anteil an Einwohner:innen der Romandie (34 % der Bevölkerung der Romandie). Dies ist der höchste Anteil im Vergleich zu den anderen Gruppen.

4. Schließlich sind die «*weder religiös noch spirituellen*» *(NN, n = 605)*[46] Menschen diejenigen, die der Aussage D zustimmen. Dies ist die zweitgrößte Gruppe, die 28 % ausmacht und seit 2009 am meisten zugenommen hat (21 %). Sie liegt nahe bei der Gruppe der «Säkularen» in der Studie von Stolz et al., die überwiegend mit «weder religiös noch spirituell» antworteten. In beiden Studien waren die meisten Angehörigen dieser Gruppe männlich. Obwohl das Geschlecht in deutlichem Gegensatz zu den «spirituell-nicht religiösen» steht, haben beide Gruppen viele soziodemografische Merkmale gemeinsam. Erstens das Alter: Diese Bevölkerungsgruppe ist genauso jung wie die vorherige (Medianalter = 45 Jahre). Die meisten von ihnen sind berufstätig (68 %), es gibt nur wenige Rentner:innen (13 %) und sie haben einen hohen Bildungsgrad: 37 % der Befragten haben einen Hochschulabschluss. Die Zahl der Alleinstehenden (ein Drittel) und Geschiedenen (12 %) ist fast gleich hoch und fast ein Drittel (30 %) lebt in der Westschweiz. Ein Merkmal dieser Gruppe ist, dass mehr Menschen in Städten leben: insgesamt 57 %, von denen wiederum 17 % in Großstädten leben, der höchste Anteil aller Gruppen. Ein weiteres Merkmal ist, dass es mehr Personen (39 %) mit einem Einkommen von mehr als 6'300 Franken pro Monat und deutlich weniger Personen (16 %) mit einem niedrigen persönlichen Nettoeinkommen (weniger als 2'700 Franken) gibt.

3.3.2 Der Erfolg des Begriffs des Spirituellen

Wenn wir die Befragten aus der Umfrage 2018 zusammenfassen, wählen insgesamt etwa 49 % unserer Stichprobe (ausschließlich oder nicht) den Begriff religiös und 51 % den Begriff spirituell. Im Jahr 2009 betrug das Verhältnis 60 zu 39. Die Tendenz, sich als

---

[46] Dieser Prozentsatz übersteigt die in den USA gemessene Größe dieser Kategorie, die zwischen 17 % und 25 % liegt; siehe Putnam (2012).

«religiös-nicht-spirituell» zu bezeichnen, ist jedoch am stärksten rückläufig, während «spirituell-nicht-religiös» und «weder/noch» deutlich zunehmen. Die «religiösen» und «spirituellen» Gruppen überschneiden sich teilweise, aber in einer Bewegung, in der das Religiöse abnimmt und das Spirituelle zunimmt, wenn es nicht mit dem Religiösen verbunden ist.[47]

Dieser Abwärtstrend bestätigt sich auch für die «institutionellen» und «distanzierten» Gruppen der Studie von Jörg Stolz et al. (2014/5), allerdings nur, wenn wir die distanzierte Gruppe betrachten, die sich als «nicht-spirituell, religiös» (RnS) bezeichnet. Andererseits haben die beiden anderen Gruppen, die mit «alternativ» (hier die spirituelle Gruppe) und «säkular» (vierte Gruppe) übereinstimmen könnten, zugenommen. Insgesamt steigt die Zahl der Menschen, die sich als spirituell bezeichnen, unabhängig davon, ob sie einer Religion angehören oder nicht, ganz leicht an. Diese Daten stimmen weitgehend mit den Beobachtungen von Stolz und Senn überein, die im vorliegenden Band über den Säkularisierungsprozess in der Schweiz berichten, allerdings liegt dort der Schwerpunkt auf der Unterscheidung zwischen spirituell und religiös.[48]

Im Folgenden wird eine Analyse der religiösen Profile der vier Gruppen vorgestellt, die durch eine Reihe von Fragen zu Mitgliedschaft, Glaube und Praktiken ermittelt wurden. Dazu zeigen wir einige Ergebnisse unserer vergleichenden Analyse dieser vier Gruppen zu verschiedenen Themen (subjektive Gesundheit, Fatalismus, Glück usw.), wobei auch soziodemografische Faktoren berücksichtigt werden. Insgesamt ist dabei zu beachten, dass die MOSAiCH-Stichprobe eine Verzerrung zugunsten der Schweizer:innen enthält, deren Anteil höher ist als im Schweizer Durchschnitt.[49] Dies deutet darauf hin, dass bei diesen Analysen die Menschen mit Migrationshintergrund, die einen großen Teil der religiösen Vielfalt des Landes ausmachen, wahrscheinlich nicht ausreichend berücksichtigt werden: Für die Minderheitengruppen – sowohl sprachliche als auch religiöse – sind die Zahlen zu gering, um eine Analyse zu ermöglichen.

3.4 Religiöse Zugehörigkeit, Praktiken und Überzeugungen der vier Gruppen

3.4.1 Religiös, aber nicht spirituell (RnS): Tradition und Abstand

Die nicht-spirituellen Religiösen sind die einheitlichste Gruppe in Bezug auf die Religionszugehörigkeit. Diese Gruppe setzt sich hauptsächlich aus Christ:innen zusammen, in erster

---

[47] Siehe für eine Analyse dieser Kategorie den Beitrag von Pascal Tanner in diesem Buch.
[48] Vergleiche den Beitrag von Jörg Stolz und Jeremy Senn in diesem Buch.
[49] 85 % der MOSAiCH-Stichprobe haben die Schweizer Staatsangehörigkeit, was höher ist als der nationale Durchschnitt von 75 % im Jahr 2018 (vgl. Bundesamt für Migration 2020).

Linie aus Katholik:innen (48 %) und dann aus Reformierten (39 %). Die restlichen 10 % verteilen sich fast gleichmäßig auf orthodoxe Christ:innen (3 %) und Muslime (2 %). Die anderen Religionszugehörigkeiten machen jeweils weniger als 1 % aus.

Obwohl sich die Befragten in dieser Gruppe als religiös bezeichnen, herrscht eine gewisse Skepsis gegenüber *religiösen Überzeugungen*. Nur 19 % sind von der Existenz Gottes überzeugt, während 32 % eher an eine Art höhere Macht als an einen persönlichen Gott glauben. Mehr als ein Drittel dieser Gruppe (36 %) gibt an, dass sie manchmal Zweifel haben und nur zu bestimmten Zeiten an Gott glauben, zu anderen nicht. Außerdem sind 9 % der Befragten Agnostiker:innen und 4 % glauben überhaupt nicht an Gott. Die eher gegenüber christlichen Glaubensaussagen skeptische Position dieser Gruppe im Vergleich zu den Menschen, die sich zusätzlich als spirituell bezeichnen, zeigt sich in dem viel geringeren Anteil derer, die an ein Leben nach dem Tod, an den Himmel, an religiöse Wunder und noch weniger an die Hölle oder an übernatürliche Kräfte der verstorbenen Vorfahren glauben (siehe Tab. 3.1). An dieser Stelle sei darauf hingewiesen, dass nur wenige Menschen in dieser Frage eine feste Überzeugung haben: Die Antwortquote für «wahrscheinlich» ist drei bis vier Mal höher als für «sicher». Zwar glaubt gut die Hälfte dieser Gruppe, dass die Bibel das inspirierte Wort Gottes ist, aber nicht wörtlich genommen werden sollte (55 %), aber ein Drittel dieser Gruppe (35 %) hält die Bibel eher für ein altes Buch mit Geschichten, Legenden und Moralvorstellungen, und die Zahl derer, für die die Bibel das eigentliche Wort Gottes enthält und wörtlich genommen werden sollte, ist viel geringer als bei der religiös-spirituellen Gruppe (nur 3 %). Eine Identifikation mit dem Spirituellen, wie sie in der Auswahl dieses Artikels formuliert ist, auszuschließen, bedeutet in der Tat, ein Interesse, eine gläubige Identität mit dem Göttlichen, dem Übernatürlichen, dem Sakralen auszuschließen.

Religiöse Zweifel und eine gewisse Schwäche der religiösen Überzeugungen gehen bei den «religiös nicht-spirituellen» Befragten mit einer geringeren Gebetspraxis und einem selteneren Besuch von Gottesdiensten einher: Nur 15 %[50] beten mindestens einmal am Tag, 41 % tun dies nur einmal oder einige Male im Jahr und 17 % beten nie. Was die Teilnahme an Gottesdiensten betrifft (ohne besondere Anlässe wie Hochzeiten oder Beerdigungen), so besucht die Hälfte der Befragten diese einmal im Jahr, 17,6 % nie, fast 10 % ein- bis dreimal im Monat und nur 4 % mindestens einmal pro Woche. In diesem Zusammenhang ist es nicht überraschend, dass von den «religiös nicht-spirituellen» Menschen nur 21 % sagen, dass sie den Kirchen oder anderen religiösen Organisationen sehr oder vollständig vertrauen, während 30 % ihnen wenig oder gar nicht vertrauen.[51] Wir haben es hier also mit einer Haltung zu tun, die man durchaus als distanziert bezeichnen kann, ohne dass distanziert spirituell bedeutet.

---

[50] Summe der Antworten «mehrmals am Tag» und «einmal am Tag».

[51] Bemerkenswert ist, dass ebenso viele Katholik:innen wie Reformierte ihren kirchlichen Einrichtungen vertrauen, während Katholik:innen misstrauischer sind als Reformierte (30 % gegenüber 28 %).

Tab. 3.1 Glaubensüberzeugungen

Glaubensüberzeugungen	Religiös – nicht spirituell	Religiös – spirituell	Spirituell - nicht religiös	Weder religiös noch spirituell
Alle Antworten: «ja, sicher» und «ja, wahrscheinlich»				
Glaube an ein Leben nach dem Tod	56 %	92,3 %	67,2 %	21,3 %
Glaube an den Himmel	50,3 %	83,2 %	37,7 %	14,2 %
Glaube an die Hölle	22,5 %	56,2 %	16,5 %	6,2 %
Glaube an religiöse Wunder	52,6 %	90,5 %	47 %	12,2 %
Glaube an übernatürliche Kräfte verstorbener Vorfahren	30,9 %	55,1 %	55,2 %	12,6 %
Glücksbringer bringen manchmal Glück	55,6 %	46,4 %	59,2 %	38,4 %
Wahrsager können die Zukunft sehen	22,6 %	39,3 %	42,5 %	14,5 %
Religiöse Heiler haben gottgegebene Heilungskräfte	34,4 %	60,4 %	42,1 %	12,5 %
Einfluss des Horoskops auf die Zukunft	39,1 %	44,1 %	54,4 %	24,6 %
Glaube an die Reinkarnation	19,1 %	33,9 %	49,5 %	10,5 %
Glaube an das Nirvana	9,2 %	23,5 %	35,4 %	4 %

In der Studie von Jörg Stolz et al. identifizierten sich etwa eine Hälfte der Institutionellen mit «religiös und spirituell» (47 %) die andere mit «religiös, aber nicht spirituell» (48 %).[52] Die Autor:innen fanden in den Antworten, die sie durch die qualitative Erforschung erhielten, Interpretationshinweise für diese doppelte Identifikation. Sie bemerkten eine negative und eine positive Sichtweise des Begriffs der Spiritualität je nachdem ob der Begriff «spirituell» mit magischen, obskurantistischen und esoterischen Praktiken in Verbindung gebracht wurde oder nicht. In Bezug auf die sogenannten «alternativen» Überzeugungen und Praktiken haben wir in unserer Analyse festgestellt, dass die Hälfte der «religiösen Nicht-Spirituellen» angibt, dass Glücksbringer manchmal Glück bringen,[53] mehr als ein Drittel glaubt an Astrologie, und ein gutes Drittel glaubt, dass manche Heiler:innen gottgegebene Kräfte haben (siehe Tab. 3.1). Im Gegensatz zur Gruppe der «spirituell-religiösen» Menschen ist es jedoch unwahrscheinlicher, dass diese Gruppe an Reinkarnation und Nirvana glaubt. Ebenso

---

[52] Stolz et al. 2015, 97.

[53] Insgesamt 55,6 % der Antworten waren «absolut zutreffend» und «wahrscheinlich zutreffend».

Tab. 3.2 Häufigkeit der religiösen/spirituellen Praktiken

Praktiken	Religiös – nicht spirituell	Religiös – spirituell	Spirituell – nicht religiös	Weder religiös noch spirituell
Alle Antworten: von «Mehrmals täglich» bis «ungefähr 1–3 Mal pro Monat»				
Gebet	42,1 %	82,2 %	27,9 %	4,3 %
Alle Antworten: «Einmal pro Woche oder öfter im letzten Jahr», «Mehrmals pro Monat im letzten Jahr», «Einige Male im letzten Jahr»				
Besuch heiliger Orte	19,4 %	38,5 %	8,4 %	1,9 %
Beteiligung an kirchlichen Aktivitäten	22,6 %	47,8 %	6,5 %	2,3 %
Meditation	18,1 %	45.1 %	50,7 %	13,5 %
Yoga-, Tai Chi-, Qi Gong-Übungen	8,9 %	10,9 %	31 %	13,3 %
Nutzung alternativer Medizin	26 %	39,7 %	51,6 %	21,4 %
Besuch eines religiösen Heilers oder Mitwirkung an einem religiösen Heilungsritual	1,2 %	5,5 %	7,1 %	1,4 %
Beratung durch einen Wahrsager oder einen Astrologen	1,1 %	2,1 %	3,9 %	0,2 %
Lesen von Büchern oder Zeitschriften zu spirituellen oder esoterischen Themen	4,5 %	31,8 %	29,2 %	2,4 %

üben nur sehr wenige Befragte in dieser Gruppe regelmäßig Meditation, Yoga, Tai Chi oder Qi Gong aus (siehe Tab. 3.2). Andererseits besteht ein gewisses Interesse an alternativen Arzneimitteln wie Homöopathie, Ayurveda und chinesischer Medizin, da ein gutes Viertel von ihnen diese «einmal pro Woche oder öfter» bis «einige Male im letzten Jahr» gebraucht hat.

3.4.2 Religiös und spirituell (RS): Intensität und Zugehörigkeit

Die Gruppe «Religiös und spirituell» besteht zwar hauptsächlich aus Monotheist:innen, aber vor allem aus Zugehörigen christlicher Kirchen, allen voran Katholik:innen (43 %), gefolgt von Reformierten (26 %) und Zugehörigen evangelikaler Kirchen. Mit 12 % ist der Anteil der Evangelikalen in dieser Stichprobe im Vergleich zu den anderen drei Gruppen am höchsten. Das viertgrößte Segment in dieser Gruppe (8 %) sind die Muslime. Es folgen die orthodoxen Christ:innen mit 2 % und die anderen Konfessionen mit jeweils weniger als 1 %.

Da die Gruppe fast ausschliesslich von Angehörigen monotheistischer Religionen geprägt ist,[54] geht damit eine gewisse Konvergenz der Überzeugungen einher. Mehr als die Hälfte dieser Gruppe (61 %) ist von der Existenz Gottes überzeugt und zweifelt nicht daran. Für 78 % der Befragten (Antworten «stimme zu» und «stimme eher zu») hat dieser Gott ein persönliches Interesse an jedem Menschen. Wie stark der Glaube an Gott ist, zeigt sich auch an der relativ großen Anzahl von Menschen, die der Aussage zustimmen, dass das Leben nur deshalb sinnvoll ist, weil es Gott gibt.[55] Fast alle Befragten in dieser Gruppe glauben auch an ein Leben nach dem Tod, an den Himmel und an religiöse Wunder[56] (siehe Tab. 3.1). Mehr als die Hälfte dieser Gruppe glaubt an die Hölle und an die übernatürlichen Kräfte der verstorbenen Vorfahren (Tab. 3.1). Während die meisten dieser Gruppe (62 %) der Meinung sind, dass die Bibel das inspirierte Wort Gottes darstellt, aber nicht wörtlich genommen werden sollte, vertritt ein beträchtlicher Anteil (17 %) in diesem Punkt eine sehr strikte Haltung und glaubt, dass die Bibel das eigentliche Wort Gottes ist und wortwörtlich genommen werden sollte.

Wie die «Institutionellen» in der Typologie von Jörg Stolz et al.[57] misst diese Gruppe ihrer religiösen Praxis große Bedeutung bei: Nur 4 % antworten, dass sie nie beten, und 13 % tun dies selten (einmal oder ein paar Mal im Jahr), während etwa jede:r Dritte (29 %) mehrmals am Tag und jede:r Fünfte (19 %) einmal am Tag betet. Fast die Hälfte der «religiösen und spirituellen» Personen nimmt regelmäßig an Gottesdiensten teil (wobei besondere Anlässe wie Hochzeiten oder Beerdigungen nicht mitgezählt werden): 26 % tun dies einmal oder mehrmals pro Woche und 19 % mindestens einmal im Monat. Die Befragten dieser Gruppe sind auch in ihren Religionsgemeinschaften gut eingebunden und nehmen regelmäßig an Aktivitäten und Veranstaltungen außerhalb der Gottesdienste teil.[58] Gleich zu Beginn zeigt sich, dass die «Religiösen und Spirituellen» gut in ihre Religionsgemeinschaften integriert sind und Vertrauen in ihre religiösen Institutionen haben: 47 % geben an, dass sie sehr großes oder völliges[59] Vertrauen haben.

Trotz ihres recht traditionellen monotheistischen Profils steht ein Großteil dieser Gruppe den verschiedenen Glaubensrichtungen und Praktiken, die in den vorangegangenen Studien als alternativ angesehen wurden, recht offen gegenüber: Fast die Hälfte glaubt, dass Glücksbringer manchmal Glück bringen, und akzeptiert, dass Stern-

---

[54] Vgl. den Beitrag von Oliver Wäckerlig, Eva Baumann-Neuhaus und Arnd Bünker in diesem Band.
[55] Insgesamt 52 % der Antworten lauteten «stimme voll und ganz zu» und «stimme eher zu».
[56] Antworten von «definitiv» und «wahrscheinlich».
[57] Stolz et al. 2015.
[58] Nur 17,9 % antworteten, dass sie dies nie tun, während 23,2 % dies mindestens einmal im Monat und 24,7 % mehrmals im Jahr tun.
[59] Nur 2 % dieser Gruppe gaben an, dass sie kein Vertrauen haben, 10 % hatten wenig Vertrauen. Mehr Katholik:innen (13 %) als Reformierte (6 %) äußern wenig oder kein Vertrauen, während die Evangelikalen das meiste Vertrauen haben (54 %).

zeichen den Verlauf des Lebens einer Person beeinflussen können (Tab. 3.1). Fast zwei Drittel glauben, dass manche Heiler:innen gottgegebene Kräfte haben, und mehr als ein Drittel glaubt an Reinkarnation und ist der Meinung, dass manche Hellsehende die Zukunft vorhersagen können (Tab. 3.1). Diese Offenheit für alternative Überzeugungen wird auch durch die Tatsache bestätigt, dass fast ein Viertel der Gruppe an das Nirvana glaubt. Diese Tatsache ist überraschend, da die Zahl der Personen, die sich als Buddhist:innen und Hindus bezeichnen, in dieser Gruppe sehr gering ist.[60] Wir können auch feststellen, dass das Interesse an Meditation ziemlich groß ist (Tab. 3.2). Darüber hinaus nimmt mehr als ein Drittel der «religiösen und spirituellen» Gruppe regelmäßig alternative Arzneimittel wie Homöopathie, Ayurveda und chinesische Medizin in Anspruch (Tab. 3.2). Die Befragten in dieser Gruppe lesen auch am häufigsten Bücher oder Zeitschriften, die sich mit Spiritualität oder Esoterik befassen: 32 % haben dies im letzten Jahr mindestens ein paar Mal getan.

In dieser Gruppe laufen also verschiedene Überzeugungen zusammen. Traditionelle und institutionelle Inhalte koexistieren mit populären, alternativen Glaubensvorstellungen. Es folgt die doppelte Identifikation mit den beiden Kategorien religiös und spirituell.[61] Angesichts der hohen Präsenz von Evangelikalen und Muslimen in dieser Kategorie ist es möglich, dass «spirituell sein» für diese Gruppe eine intensive religiöse Praxis und starke religiöse Überzeugungen bedeutet. Was in dieser Gruppe zu fehlen scheint, sind esoterische, orientalische oder ganzheitliche Praktiken: nur 11 % praktizieren regelmäßig (wöchentlich oder mehrmals im Monat) Yoga, Tai Chi oder Qi Gong (Tab. 3.2).

3.4.3 Nicht-religiöse Spirituelle (NRS): Verschiebung der Grenzen

Wie erwartet, gab ein Großteil (57 %) dieser Gruppe an, keiner Religion anzugehören. Diejenigen, die sich mit einer der Religionen identifizieren, sind, wie in allen anderen Gruppen, mehrheitlich Katholik:innen (20 %), gefolgt von Reformierten (15 %). Dann finden wir Buddhist:innen, was nicht überrascht, da der Buddhismus von seinen westlichen Anhängern oft nicht als Religion betrachtet wird. Mit einem eher geringen Prozentsatz (3 %) liegen sie dennoch an dritter Stelle in dieser Gruppe. Darüber hinaus betrachten sich mehr als die Hälfte aller Buddhist:innen (die an dieser Umfrage teilgenommen haben) als nicht religiös, aber als spirituell. Ein großer Teil davon sind

---

[60] Insgesamt 0,9 % dieser Gruppe oder drei Personen. Die Anzahl der Buddhist:innen in der Gesamtstichprobe und ihre Verteilung auf die vier Gruppen ist in Abb. 3.4 dargestellt.
[61] Die Frage «Inwieweit stimmen Sie der folgenden Aussage zu oder nicht zu? Meine Religionszugehörigkeit ist mir wichtig» wurde einer kleineren Stichprobe zu einem zweiten Zeitpunkt gestellt. Dies wird hier nicht berücksichtigt. Eine Analyse der Stärke dieser Reaktion würde einen Hinweis darauf geben, ob unsere Analyse bestätigt wird.

Buddhist:innen mit Schweizer Staatsangehörigkeit (77 %), vielleicht bekehrte Schweizer:innen oder eingebürgerte Migrant:innen, die schon lange im Land leben. Bei den anderen Religionsgemeinschaften liegt der Anteil der Befragten, die sich zugehörig fühlen nicht über 1 %.

Es überrascht nicht, dass mehr als die Hälfte dieser Nicht-religiösen Spirituellen (52 %) erklärt, dass sie nicht an einen persönlichen Gott, sondern an eine Art höhere Macht glaubt; nur ein kleiner Teil (11 %) dieser Gruppe glaubt an Gott und zweifelt nicht an ihm. 12 % nehmen eine agnostische Haltung ein und 11 % leugnen die Existenz Gottes ganz. Der Glaube an ein Leben nach dem Tod (67 % der Antworten «sicher» und «wahrscheinlich»), an die übernatürlichen Kräfte der verstorbenen Vorfahren (55 %), an die Reinkarnation (50 %), an das Nirwana (35 %) und an religiöse Wunder (47 %) ist dagegen in dieser Bevölkerungsgruppe sehr weit verbreitet, während der Glaube an den Himmel (38 %) und die Hölle (17 %, vgl. Tab. 3.1) weniger verbreitet ist. Es überrascht auch nicht, dass dieser Teil der Bevölkerung der Bibel eher skeptisch gegenübersteht: Mehr als die Hälfte (55 %) hält die Bibel eher für ein uraltes Buch mit Geschichten, Legenden und Moralvorstellungen. Dennoch hält fast ein Drittel der Gruppe (31 %) die Bibel für das inspirierte Wort Gottes, das jedoch nicht wörtlich zu nehmen ist. In Bezug auf andere Arten von religiösen Überzeugungen glaubt diese Gruppe, wie auch die «Alternativen»[62], eher als die beiden vorherigen Gruppen an die Wirksamkeit von Glücksbringern (59 % der Antworten «trifft absolut zu» und «trifft wahrscheinlich zu»), an Astrologie (54 %) und an die Vorhersagen von Wahrsagenden (43 %). Dies deutet darauf hin, dass sich der Begriff «spirituell» für diese Gruppe in keiner Weise auf einen Glauben an Gott bezieht, während religiöse und spirituelle Menschen den Glauben an Gott mit dem Begriff «spirituell» verbinden. Was die Praktiken betrifft, so zeigt sich auch, dass ein Großteil dieser Gruppe nicht häufig betet: 40 % beten nie, 32 % einmal oder einige Male im Jahr. Dies gilt auch für die Teilnahme an Gottesdiensten: Mehr als die Hälfte (58 %) geht nie, und nur 1 % geht mehr oder weniger regelmäßig[63] zum Gottesdienst. Diese Abkehr von traditionellen Praktiken wird durch ein weiteres Merkmal der «nicht-religiösen, aber spirituellen» Menschen verstärkt: das mangelnde Vertrauen in Kirchen und religiöse Einrichtungen. Die vorliegende Umfrage zeigt, dass nur 5 % dieser Gruppe starkes oder absolutes Vertrauen in Kirchen und religiöse Einrichtungen haben, während etwa zwei Drittel kein (30 %) oder nur ein sehr geringes (37 %) Vertrauen haben.

Andererseits sind Praktiken wie Meditation oder Yoga für die Befragten in dieser Gruppe sehr bedeutsam. So wird Meditation von fast einem Drittel dieser Gruppe[64]

---

[62] Stolz et al. 2015.

[63] Das heißt, mindestens einmal im Monat, wenn man die Antworten «ein paar Mal pro Woche», «einmal pro Woche», «2–3 Mal im Monat» und «einmal im Monat» zusammenzählt.

[64] 30 % – Summe der Antworten «Einmal pro Woche oder öfter im letzten Jahr» und «Mehrmals pro Monat im letzten Jahr».

und Yoga, Tai Chi und Qi Gong von einem Viertel der nicht-religiösen Spirituellen regelmäßig praktiziert (Tab. 3.2). Diese Menschen greifen auch viel häufiger als die anderen Gruppen zu alternativer Medizin[65] und nutzen Literatur und Zeitschriften zu Spiritualität oder Esoterik.[66]

Die Kategorie der nicht-religiösen Spirituellen kann mit dem in der US-amerikanischen Literatur als metaphysische Religion bezeichneten Begriff in Verbindung gebracht werden, der auf eine recht heterogene Gruppe von Menschen hinweist, die sich von den etablierten Religionen distanzieren, aber an eine höhere Macht glauben und religiöse Erfahrungen stark mit der Erfahrung von Wohlbefinden und Heilung in Verbindung bringen.

3.4.4 Nicht religiös – nicht spirituell (NN): in Richtung Säkularität

Wie nicht anders zu erwarten, erklären sich fast drei Viertel der Gruppe der Nicht-Religiösen und Nicht-Spirituellen (72 %) als «religionslos» und ein Viertel als Mitglied einer religiösen Organisation. Letztere sind hauptsächlich Reformierte und Katholik:innen (jeweils 13 %). Weitere 1 % entfallen auf orthodoxe Christ:innen, und die anderen Konfessionen machen jeweils weniger als 1 % aus. Obwohl diese Gruppe Religion und Spiritualität insgesamt ablehnt, ist sie weder homogen noch fest in dieser Überzeugung: Nur 40 % sagen, dass sie nicht an Gott glauben, 22 % sind Agnostiker:innen, 27 % glauben noch an eine höhere Macht, 6 % glauben manchmal an Gott und manchmal nicht, 3 % haben Zweifel, glauben aber auch noch an Gott, und 2 % sind überzeugt, dass Gott existiert. Während der Großteil dieser Gruppe alles Religiöse im Allgemeinen ablehnt, bestätigt mehr als jede fünfte Person, dass sie an ein Leben nach dem Tod glaubt («ja, auf jeden Fall» und «ja, wahrscheinlich»), fast jede Siebte glaubt an den Himmel, jede Achte an Wunder und jede Zehnte an die Reinkarnation (Tab. 3.1). Außerdem sind in dieser Gruppe esoterische Überzeugungen vergleichsweise beliebter als andere Überzeugungen: 38 % glauben an die Wirksamkeit von Glücksbringern, 25 % an die Astrologie und 15 % an die Vorhersagen von Wahrsagenden (Tab. 3.1).

Obwohl die überwiegende Mehrheit (78 %) der weder religiös noch spirituellen Menschen nie betet, gibt etwa ein Viertel zu, dies von Zeit zu Zeit zu tun. Im Vergleich zu den anderen drei Gruppen sind die Befragten dieser Gruppe sehr wenig an Meditation, Yoga, Tai Chi, Qi Gong interessiert; sie nehmen auch weniger alternative Medizin in Anspruch als die anderen Gruppen (Tab. 3.2). Die areligiöse oder sogar anti-

---

[65] 51,6 % aller Antworten, wobei die Häufigkeit von «einmal pro Woche oder öfter» bis «ein paar Mal im letzten Jahr» reichte.

[66] 29,2 % haben dies zumindest einige Male im vergangenen Jahr getan.

religiöse Haltung (hier sehen wir die Parallele zu den «Säkularisierten» in der Typologie von Jörg Stolz et al. 2015) wird auch durch die Haltung des Misstrauens gegenüber den Kirchen und religiösen Institutionen bestätigt: Drei Viertel dieser Personen haben kein oder sehr wenig Vertrauen in sie und 23 % nur «etwas» Vertrauen.

Die beiden folgenden Tabellen, in denen die Ergebnisse für die religiösen Überzeugungen und Praktiken der vier Gruppen zusammengefasst sind, zeigen die unterschiedlichen Antworten und somit sowohl die Unterschiede als auch die Gemeinsamkeiten.

3.5 Querschnittsprofile

In diesem Abschnitt wird ein Vergleich der soziodemografischen Profile der vier Gruppen vorgestellt, um zu untersuchen, welche Rolle bestimmte strukturelle Faktoren bei der Verteilung der Stichprobe auf diese Gruppen spielen.

Aus der Analyse geht zunächst hervor, dass sich die strukturellen Faktoren Alter, Geschlecht, Sprachregion und Bildung auf die Zusammensetzung der Gruppen auswirken. Während die beiden Gruppen, die sich mit «religiös» identifizieren (R und RS), mehr aus älteren Menschen bestehen (Durchschnittsalter 54 bzw. 52 Jahre und ein hoher Anteil an Rentner:innen), sind die ausschließlich spirituellen und die weder religiösen noch spirituellen Gruppen jünger (Durchschnittsalter = 45 in beiden Gruppen). Die Selbstidentifikation mit der Religion nimmt also mit dem Alter zu. Auch wenn die Bedeutung des religiösen Glaubens und das Interesse daran bei einem Teil der Befragten gering ist (dies gilt für die erste Gruppe der religiösen, aber nicht spirituellen Menschen), stellen wir einmal mehr fest, dass religiöse Bezüge für die kulturelle Identifikation der älteren Generationen in der Schweiz wichtig sind.[67] Was die Identifikation mit dem Begriff des Spirituellen betrifft, so können wir zwei Tendenzen annehmen. Einerseits gibt es einen Teil der Bevölkerung, für den Religion und Spiritualität komplementär sind: Dies ist die eher ältere Bevölkerung (mit Ausnahme bestimmter religiöser Minderheitengruppen wie Evangelikale und Muslime). Auf der anderen Seite sind es ausschließlich spirituelle, jüngere Menschen, die sich mit Spiritualität identifizieren und Religion ablehnen. Dieser Trend folgt den Tendenzen, die in mehreren anderen westeuropäischen Ländern[68] und in den USA zu beobachten sind.[69]

Was das Geschlecht betrifft, so bezeichnen sich zwar Männer und Frauen gleichermaßen als religiös, aber es gibt deutlich mehr Frauen, die sich als spirituell

---

[67] So hat eine aktuelle Studie in der Westschweiz gezeigt, wie wichtig die religiöse Dimension für die kulturelle Selbstbestimmung älterer Menschen im EMS ist (Dandarova et al. 2016).
[68] Houtman und Aupers 2007, Berghuijs et al. 2013.
[69] McClure 2017.

3.5 Querschnittsprofile

Abb. 3.2 Verteilung des Geschlechts auf die vier Gruppen

bezeichnen, unabhängig davon, ob sie auch religiös sind oder nicht, und deutlich mehr Männer, die sich mit keinem der beiden Bereiche identifizieren (Abb. 3.2).[70] Diese Beobachtung deckt sich auch mit den Daten einer Studie, die in der Schweiz[71] und anderen westlichen Ländern[72] durchgeführt wurde.

Neben Alter und Geschlecht gibt es auch einen Unterschied im Bildungsniveau zwischen «nicht-religiöse Spirituellen» und nicht-religiösen Personen (ausschließlich spirituell und weder noch). Unsere Analysen zeigen, wie auch andere Studien, dass sowohl die «nicht-religiösen Spirituellen» als auch die Säkularen (weder noch) gebildeter sind als die beiden sogenannten «religiösen» Gruppen ($p < 0{,}001$, Cramer's $V = 0{,}13$).

Schließlich haben wir auch festgestellt, dass es einen geringen statistisch signifikanten Unterschied zwischen der Verteilung der Gruppen[73] nach Sprachregionen gibt ($p < 0{,}001$, Cramer's $V = 0{,}16$). Die beiden religiösen Gruppen (R und RS) setzen sich überwiegend aus Personen (80 %) aus der Deutschschweiz zusammen, während es deutlich weniger Personen aus der Westschweiz gibt (Abb. 3.3). Wir haben bereits darauf hingewiesen, dass die in den drei Landessprachen verwendeten Begriffe unterschiedliche Konnotationen mit sich bringen. Die italienische Übersetzung enthält eine neutralere und

---

[70] Der Chi-Quadrat-Test bestätigt diese Beziehung ($p < 0{,}001$, Cramer's $V = 0{,}15$), obwohl die Stärke der Beziehung nach Cramer's V gering ist.
[71] Zemp und Liebe 2019.
[72] Aune 2015.
[73] Die Zahl der rätoromanisch sprachigen Teilnehmer:innen an der Umfrage war sehr gering ($n = 2$), sodass wir sie von dieser Analyse ausgeschlossen haben.

Abb. 3.3 Aufschlüsselung der vier Gruppen nach Sprachgebieten

daher wahrscheinlich einheitlichere Auffassung des Begriffs «religiös». Im Deutschen wird das Spirituelle eher mit dem Göttlichen und Übernatürlichen assoziiert, was von vornherein weniger Menschen anspricht. Darüber hinaus wirkt sich die Verwendung des Verbs «gehorchen» in der französischen Fassung wahrscheinlich abstoßend auf die Wahl von Französischsprachigen, insbesondere von Jugendlichen, aus. Laut Larousse bedeutet das französische Verb «obéir» Unterwerfung unter den Willen einer Person, einer Regel oder einer Kraft, während das italienische Verb «seguire» eine neutralere Bedeutung hat (folgen) und der deutsche Begriff «bekennen» eine eher enge – monotheistische – religiöse Konnotation beinhaltet.

Der Faktor Bildung hängt mit dem Alter und dem Geschlecht zusammen. Wir haben festgestellt, dass es sich vor allem um junge, städtische Männer mit einem hohen Bildungsniveau und einem guten Gehalt handelt, die keiner Religion angehören und sich nicht als religiös oder spirituell bezeichnen. Diese Gruppe unterscheidet sich von den ausschließlich spirituellen Menschen, die über ein niedrigeres Durchschnittseinkommen verfügen, in weniger städtischen Gebieten leben und meist Frauen sind. Die Personen, die sich als religiös und spirituell oder nur religiös bezeichnen, sind älter, fast genauso viele Frauen wie Männer (der Anteil der Frauen ist bei den RS höher, aber da die gesamte Stichprobe eine höhere Anzahl von Frauen aufweist, ist dies für uns von geringer Bedeutung), weniger urban, weniger gebildet und leben nicht allein.

Neben den Unterschieden in den Inhalten der religiösen Überzeugungen und Praktiken ist es interessant, die Verteilung der Religionszugehörigkeit in unseren vier Gruppen genauer zu betrachten. Obwohl religiöse Minderheiten in dieser Umfrage nicht sehr präsent sind, können wir feststellen, dass die Religionszugehörigkeit auch bei der Identifikation mit dem Spirituellen oder Religiösen eine Rolle spielt. So können wir in Abb. 3.4 einen Unterschied zwischen verschiedenen Christ:innen erkennen.

3.5 Querschnittsprofile

Abb. 3.4 Religionszugehörigkeit nach Identifikation mit vier spirituellen/religiösen Gruppen

Katholik:innen identifizieren sich etwas häufiger sowohl mit religiös als auch mit spirituell, ebenso wie die meisten Evangelikalen und Muslime. Reformierte und Orthodoxe lehnen sowohl die religiöse als auch die spirituelle Seite etwas häufiger ab. Diese Daten decken sich mit den Beobachtungen von Soziolog:innen, die zeigen, dass die reformierte Kirche in der Schweiz immer mehr Gläubige verliert, während die katholische und die evangelikalen Kirchen der Säkularisierungswelle besser standhalten können.[74]

Was die Buddhist:innen betrifft, so scheinen sie den Begriff spirituell mehr zu mögen als den Begriff Religion. Wir haben jedoch nur wenige Buddhist:innen in unserer Stichprobe, und außerdem sind sie mit großer Wahrscheinlichkeit bekehrte Schweizer (mindestens 77 %).[75]

Fasst man die Analyse der Profile der vier Gruppen zusammen, so wird deutlich, dass die Trennlinie zwischen denjenigen, die sich als spirituell, und denjenigen, die sich als religiös bezeichnen, sozial durch strukturelle Faktoren geprägt ist. Aus diesen Analysen lässt sich in Bezug auf die strukturellen Faktoren kurz zusammenfassen:

- Für die Identifikation mit dem Begriff Spiritualität ist das Geschlecht wichtig. Frauen identifizieren sich mehr damit.

---

[74] Siehe BfS 2020.

[75] In dieser Stichprobe gab nur eine Person an, aus Südasien zu stammen, während es bei den anderen schwierig ist, die genaue Herkunft zu bestimmen: 6 Personen gaben an, dass ihre Väter in Asien geboren wurden, und 7 Personen (in einigen Fällen möglicherweise dieselben Personen) gaben an, dass ihre Mütter in Asien geboren wurden.

- Bei der Frage, wer sich mit dem Begriff Religion identifiziert, ist das Alter ausschlaggebend; je höher das Alter, desto wahrscheinlicher ist eine solche Identifikation.

Wenn also die Identifikation mit dem Begriff Spiritualität zunimmt, kann man sich vorstellen, dass es sich um Menschen handelt, die innovativ sind und den traditionellen Rahmen der Religion sprengen. Sie stellen den Wandel in der religiösen Landschaft dar, den es ernst zu nehmen gilt. Die Forschung im Bereich Gesundheit und Wohlbefinden unterstreicht, wie wichtig es ist, den Begriff des Spirituellen in differenzierter Weise zu berücksichtigen. Im folgenden Abschnitt stellen wir abschließend einige Überlegungen dazu an.

3.6 Gesundheit und Wohlbefinden im Fokus: kleine Unterschiede zwischen religiös und spirituell

Die positive Auswirkung von Religiosität und Spiritualität auf die Gesundheit ist in der umfangreichen wissenschaftlichen Literatur gut belegt. Die Begriffe «Religiosität» und «Spiritualität» wurden in diesen Studien jedoch synonym verwendet, wobei im Allgemeinen nicht zwischen religiösen und nicht-religiösen Spirituellen unterschieden und die Religiosität anhand von Indizes wie Religionszugehörigkeit und/oder Häufigkeit der Religionsausübung gemessen wurde. Die Frage, ob ein positiver Effekt der Spiritualität auf die Gesundheit auch bei nicht-religiösen, aber spirituellen Menschen besteht, bleibt offen. Man könnte erwarten, dass die ausschließlich spirituellen Menschen, eine Gruppe, die jünger ist und eher verschiedene gesundheitsbezogene Praktiken (Yoga, Meditation usw.) anwendet, nach ihrer eigenen Einschätzung gesünder sind. Überraschenderweise ist dies nicht der Fall. Der Unterschied zwischen den Gruppen ist nicht signifikant und scheint eher die Auswirkungen des Alters als die Anwendung dieser Praktiken widerzuspiegeln (Abb. 3.5). Auch hier muss mehr Forschung im Gesundheitsbereich betrieben werden, wobei klar zwischen verschiedenen Bevölkerungsgruppen unterschieden werden muss, um herauszufinden, ob Spiritualität in ihrer heutigen Bedeutung für die körperliche und geistige Gesundheit förderlich sein kann. In einer nordamerikanischen Studie (N = 1711) wurde beispielsweise festgestellt, dass in therapeutischen Gruppen für Menschen mit Suchtproblemen mehr nicht-religiöse Spirituelle vertreten waren als Menschen, die sich als religiös-spirituell und nicht-religiös identifizierten.[76]

Die Forschung über den Zusammenhang zwischen Religion und Glücksbefinden ist ebenfalls sehr umfangreich und zeigt eher eine positive Auswirkung der Religiosität auf das Glücksniveau, die Lebenszufriedenheit und den Lebenssinn. Aber auch diese Studien unterscheiden in ihrem Studiendesign nicht zwischen verschiedenen Arten

---

[76] McClure und Wilkinson 2020.

3.6 Gesundheit und Wohlbefinden …

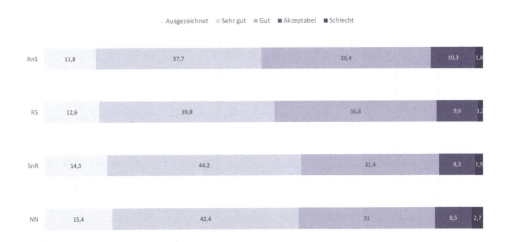

Abb. 3.5 Subjektiver Gesundheitszustand nach vier Gruppen

von Spiritualität und Religiosität. In einer in der Schweiz durchgeführten Studie wurde gezeigt, dass das Niveau des.

subjektiven Wohlbefindens bei Reformierten und Katholik:innen (andere Konfessionen wurden aufgrund der geringen Teilnehmerzahl aus der Stichprobe ausgeschlossen) signifikant höher war als bei Personen, die keiner Konfession angehören (Steiner et al. 2010). Darüber hinaus hat diese Studie gezeigt, dass der Besuch von Gottesdiensten positiv mit dem Wohlbefinden zusammenhängt, was jedoch nicht für die Häufigkeit des individuellen Gebets gilt. In unserer Studie ergab die Chi-Quadrat-Analyse keine statistisch signifikanten Ergebnisse. Wir stellen fest, dass der Unterschied zwischen den vier Gruppen vor allem im Grad der Zufriedenheit liegt (sehr oder eher zufrieden). In diesem Sinne geben religiös-spirituelle Menschen im Vergleich zu den anderen Gruppen etwas häufiger an, dass sie sehr glücklich sind (34 %) (Abb. 3.6). Die positive Einstellung dieser Gruppe spiegelt sich auch in der stärkeren Ablehnung des Gedankens wider, dass das Leben keinen bestimmten Zweck hat: 82 % stimmen dem stark und eher nicht zu.[77] Während die «religiös Spirituellen» sich etwas glücklicher fühlen und häufiger einen Sinn im Leben finden, sind es die «nicht-religiös Spirituellen», die am meisten die Vorstellung ablehnen, dass Menschen nicht viel tun können, um den Verlauf ihres Lebens zu ändern.[78] Die «nicht-Religiösen nicht-Spirituellen» (NN in der Abbildung) teilen diese Position eher, im Gegensatz zu den beiden religiösen Gruppen,

---

[77] Der Unterschied zwischen den Gruppen bleibt jedoch statistisch gering (p< 0,001, Cramer's V = 0,16). Die anderen Gruppen waren ebenfalls weniger begeistert: 51 % von NN und 67–68 % der anderen.

[78] 86 % stimmen eher und stark nicht zu.

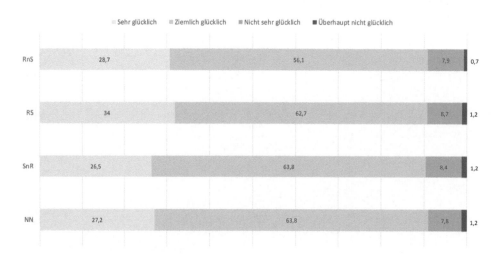

Abb. 3.6 Glücksniveau nach vier Gruppen

die in dieser Frage fatalistischer sind (73 % bis 75 %). Der statistisch signifikante, aber geringe Unterschied ($p < 0{,}001$, Cramer's $V = 0{,}14$) bestätigt im Großen und Ganzen die Beobachtungen von Paul Heelas, Linda Woodhead et al. (2005) in ihrer Studie in Kendal über einen optimistischen Hintergrund mit einem gewissen kulturellen und wirtschaftlichen Kapital.

3.7 Schlussfolgerung

Ein Vergleich der Umfragedaten von 2009 und 2018 zeigt, dass sich die religiöse Landschaft in der Schweiz weiter verändert: Die institutionalisierte Religion nimmt ab, zumindest bezogen auf die beiden traditionellen Schweizer Kirchen (katholisch und reformiert), während die Zahl der Menschen, die sich als nicht religiös, aber spirituell bezeichnen, zunimmt, vor allem in der jüngeren Generation. Die Erforschung der Besonderheiten der nicht-religiösen Spiritualität als eigenständiges Konstrukt steht noch am Anfang. In unserer Studie haben wir versucht, ein erstes Profil dieser Population zu skizzieren, indem wir die vier Gruppen, die sich aus der Identifikation mit spirituell, religiös, beides oder keines von beidem ergeben, mit den zuvor verwendeten Kategorien institutionell, distanziert, alternativ und säkular verglichen haben. Es scheint uns wichtig zu sein, von nun an die Begriffe «religiös» und «spirituell» zu unterscheiden, wenn wir empirische Untersuchungen über die Auswirkungen von Religion/Spiritualität auf verschiedene Aspekte des menschlichen Lebens und der Gesellschaft, wie Gesundheit oder Wohlbefinden, durchführen.

Unsere Analysen zeigen auch, dass die Assoziation des Begriffs «spirituell» mit «esoterisch» zu einer Verkürzung geführt hat und die Gefahr besteht, dass ein verzerrtes

3.7 Schlussfolgerung

Bild der Menschen entsteht, die sich mit dem Begriff «spirituell» identifizieren. Wir haben nämlich festgestellt, dass Menschen, die eine Religion mehr oder weniger intensiv praktizieren (institutionalisiert, wie es bei Katholik:innen, Reformierte, Orthodoxen, Evangelikalen und Muslimen in unserer Studie der Fall ist), sich zunehmend den Begriff «spirituell» aneignen, während Nicht-Praktizierende, auch solche, die sich zu einer Religion bekennen, von dieser «spirituellen» Welle, die zunehmend den öffentlichen und privaten Raum erobert, Abstand halten.

In Bezug auf den Glauben haben wir festgestellt, dass Personen, die sich nicht als spirituell bezeichnen, am stärksten gegen Hellsehende, Glücksbringer und Heilende sind, während bei allen Personen, die sich als spirituell bezeichnen (S und RS), der Glaube unterschiedlich sein kann (an Gott, Leben nach dem Tod, Himmel, Hölle, Wunder, Schicksal, Glücksbringer, die Macht von Heiler:innen). Bei religiösen Praktiken (Pilgerreisen, aber auch Meditation, Yoga oder Thai-Chi, Gebet) machen wir die gleiche Feststellung. Die Grenzen zwischen rein spirituell oder auch religiös sind durch das Festhalten an der Idee der Reinkarnation, an der Lektüre esoterischer Zeitschriften und am Gebet markiert.

Das Wort «religiös» wiederum ist nicht mehr im Trend, vor allem nicht bei den jüngeren Generationen, die es als veraltet ansehen und oft negativ konnotieren im Zusammenhang mit institutionalisierter, strenger, konservativer Tradition. Es ist also nicht mehr der Begriff «spirituell», der negativ besetzt ist, sondern eher der Begriff «religiös», wenn auch sprachlich differenziert. Die Identifikation mit Spiritualität ermöglicht es jüngeren Menschen, sich von früheren Generationen und deren geschlechtsspezifischen Vorurteilen abzusetzen und eine Reihe von neuen Ideen in Bezug auf transzendenzbezogene Vorstellungen des menschlichen Lebens vorzubringen. Diese Vorstellung ist nicht nur das Ergebnis einer «narzisstischen» und konsumorientierten Sichtweise, die seit langem mit der zeitgenössischen Spiritualität verbunden wird.[79] Sie wird vielmehr zu einem Projektionsraum, in dem verschiedene Assoziationen möglich sind. Die exklusiv «Spirituellen» sind zum Beispiel am offensten dafür ist, dass jemand mit anderer Religion hat oder ganz anderen religiösen Ansichten als man selbst ein Mitglied der eigenen Familie heiratet. Die Unterschiede in den religiösen Praktiken sind nicht groß, aber sie existieren: Die Praktiken der «spirituellen, nicht-religiösen» Menschen sind intensiver und vielfältiger. Diese Unterschiede hängen weitgehend mit den strukturellen Faktoren zusammen, die diesen Gruppen zugrunde liegen, d. h. Alter, Geschlecht, Einkommensniveau und Bildung. Dies veranlasst uns, die Bedeutung eines wirklich soziologischen Ansatzes für die Untersuchung des religiösen Wandels zu betonen.

---

[79] Clot-Garrell und Griera 2019.

Literatur

Altglas, Véronique. 2014. *From Yoga to Kabbala. Religious exoticism and the logics of bricolage.* New York: Oxford University Press.

Altglas, Véronique, und Matthew Wood, Hrsg. 2018. *Bringing Back the Social into the Sociology of Religion. Critical Approaches.* Leyde, Boston: Brill.

Ammerman, Nancy. 2013. Spiritual But Not Religious? Beyond Binary Choices in the Study of Religion. *Journal for the Scientific Study of Religion,* 52, S. 258–278.

Aune, Kristin. 2015. Feminist spirituality as lived religion: How UK feminists forge religio-spiritual lives. *Gender & Society,* 29 (1), S. 122–145.

Becci, Irene, und Claude Bovay. 1998. ISSP religion et valeurs en Suisse: problèmes et choix méthodologiques. *Cahier de l'Observatoire des religions en Suisse.* N° 1 Lausanne.

Beckford, James. 2003. *Social Theory & Religion.* Cambridge: Cambridge University Press.

Bellah, Robert Neelly et al. 2008. *Habits of the heart: individualism and commitment in American life.* Berkeley: University of California Press.

Bender, Courtney. 2010. *The New Metaphysicals. Spirituality and the American Religious Imagination.* University of Chicago Press.

Berger, Peter, L., und Thomas Luckmann. 1967. Aspects sociologiques du pluralisme. *Archives de sociologie des religions,* N° 23, S. 117–127.

Berghuijs, Joantine et al. 2013. Being 'Spiritual' and Being 'Religious' in Europe: Diverging Life Orientations. *Journal of Contemporary Religion,* 28 (1), S. 15–32.

Boltanski, Luc. 1966. *Le bonheur suisse.* Paris: Éditions de Minuit.

Bréchon, Pierre, und Anne-Laure Zwilling. 2020. *Indifférence religieuse ou athéisme militant? Penser l'irréligion aujourd'hui.* PUG.

Campiche, Roland. 1993. Individualisation du croire et recomposition de la religion. *Archives de sciences sociales des religions,* 81 (janvier-mars), S. 117–131.

Casanova, José. 1994. *Public Religions in the Modern World.* Chicago: University of Chicago Press.

Champion, Françoise, und Danièle Hervieu-Léger, Hrsg. 1990. *De l'émotion en religion. Renouveaux et traditions.* Paris: Le Centurion.

Clot-Garrell, Anna, und Mar Griera. 2019. Beyond Narcissism: Towards an Analysis of the Public, Political and Collective Forms of Contemporary Spirituality. *Religions* 10, S. 579.

Dandarova Robert, Zhargalma et al. 2016. Spiritualité et bien-être chez des personnes âgées: le cas des résidents dans une institution en Suisse. *INTERAÇÕES – CULTURA E COMUNIDADE,* 11 (20), S. 9–30.

Davie, Grace. 1990. Believing without Belonging: Is This the Future of Religion in Britain? *Social Compass.* 37(4), S. 455–469.

Dawson, Andrew. 2011. Consuming the Self: New Spirituality as 'Mystified Consumption. *Social Compass,* 58 (3).

Day, Abby. 2011. *Believing in Belonging. Belief and Social Identity in the Modern World.* Oxford: University Press.

Ernst Staehli, Michèle et al. 2019. *MOSAiCH 2018. Measurement and Observation of Social Attitudes in Switzerland. Study on Religion and related topics* . Distributed by FORS, Lausanne, 2019. https://doi.org/10.23662/FORS-DS-962-3

Fedele, Anna, und Kim Knibbe. 2020. *Secular Societies, Spiritual Selves? The Gendered Triangle of Religion, Secularity and Spirituality.* Routledge: Academic Press.

Flanagan, Kieran, und Peter C. Jupp. 2007. *A Sociology of Spirituality.* Aldershot/Burlington: Ashgate.

Fuller, Robert C. 2001. *Spiritual but not Religious: Understanding Unchurched America.* New York: Oxford University Press.
Heelas, Paul, et al. 2005. *The Spiritual Revolution: Why religion is giving way to spirituality.* Malden: Blackwell.
Höllinger, Franz, und Thomas Tripold. 2012. *Ganzheitliches Leben. Das holistische Milieu zwischen neuer Spiritualität und postmoderner Wellness-Kultur.* Bielefeld: transcript.
Houtman, Dick, und Stef Aupers. 2007. The spiritual turn and the decline of tradition: The spread of post-Christian spirituality in 14 Western countries, 1981–2000. *Journal for the Scientific Study of religion* 46 (3), S. 305–320.
Huss, Boaz. 2014. Spirituality: The Emergence of a New Cultural Category and its Challenge to the Religious and the Secular. *Journal of Contemporary Religion* 29 (1), S. 47–60.
Jain, Andrea. 2014. *Selling Yoga: From Counterculture to Pop Culture.* New York: Oxford University Press.
Joye Dominique, et al. 2009. *MOSAiCH: Enquête sur la religion, les inégalités sociales et la citoyenneté* . Schweizer Kompetenzzentrum Sozialwissenschaften – FORS, Lausanne. Distributed by FORS, Lausanne, 2010. https://doi.org/10.23662/FORS-DS-559-3
Knoblauch, Hubert. 2010. Vom New Age zur populären Spiritualität. In *Fluide Religion. Neue religiöse Bewegungen im Wandel. Theoretische und empirische Systematisierungen*, Hrsg. Dorothea Lüddeckens und Rafael Walthert, S. 149–174. Bielefeld: transcript.
Le Brun, Jacques. 2015. «La spiritualité» dans l'histoire religieuse et l'anthropologie. De saint Paul à Michel Foucault. In *Michel Foucault et les religions*, Hrsg. Jean-Francois Bert et al., S. 107–136. Paris: Le Manuscrit.
Luckman, Thomas. 2014. Rétrécissement de la transcendance, diffusion du religieux ? *Archives de sciences sociales des religions*, 167 (juillet–septembre), S. 31–46.
Marler, Penny Long, und C. Kirk Hadaway. 2002. »Being Religious" or »Being Spiritual" in America: A Zero-Sum Proposition? *Journal for the Scientific Study of Religion* 41 (2), S. 289–300.
McGuire, Meredith B. 2011. *Lived Religion: Faith and Practice in Everyday Life.* Oxford: Oxford University Press.
McClure, Paul K., und Lindsay R. Wilkinson. 2020. Attending Substance Abuse Groups and Identifying as Spiritual but not Religious. *Review of Religious Research* 62, S. 197–218.
McClure, Paul K. 2017. Something besides Monotheism: Sociotheological Boundary Work among the Spiritual, but not Religious. *Poetics* 62, S. 53–65.
Mossière, Géraldine. 2018. Des esprits et des hommes: regard anthropologique sur le sujet spirituel. *Théologiques* 26 (2), S. 59–80.
Oakes, Kaya. 2015. *The nones are alright: a new generation of believers, seekers, and those in between.* New York: Orbis Books.
Office fédéral de la statistique (BFS). 2020. *Pratiques et croyances religieuses et spirituelles en Suisse. Premiers résultats de l'Enquête sur la langue, la religion et la culture 2019.* Neuchâtel: Office fédéral de la statistique.
Office fédéral de la statistique (BFS). 2020. *Migration – Intégration – Participation. Panorama de la société suisse 2020. Migration – Intégration – Participation 2016–2000.* Neuchâtel: Office fédéral de la statistique.
Palmisano, Stefania, und Nicola Pannofino. 2020. *Contemporary Spiritualities: Enchanted Worlds of Nature, Wellbeing and Mystery in Italy.* London: Routledge.
Putnam, Robert. 2012. *American Grace: How Religion Divides and Unites Us.* New York: Simon & Schuster.
Roof, Wade Clark. 1999. *Spiritual Marketplace. Babyboomers and the Remaking of American Religion.* Princeton: Princeton University Press.

Siegers, Pascal. 2012. *Alternative Spiritualitäten. Neue Formen des Glaubens in Europa: eine empirische Analyse. Akteure und Strukturen*. Frankfurt/New York: Campus Verlag.
Smith, Dorothy. 1990. *Texts, Facts and Femininity*. London: Routledge.
Steiner, Lasse, et al. 2010. Economics, religion and happiness. *Zeitschrift für Wirtschafts- und Unternehmensethik* 11 (1), S. 9–24.
Stolz, Jörg, und Martin Baumann. 2009. La diversité religieuse en Suisse: chiffres, faits et tendances. In *La nouvelle Suisse religieuse. Risques et chances de sa diversité*, Hrsg. Jörg Stolz und Martin Baumann, S. 44–71. Genève: Labor et Fides.
Stolz, Jörg, et al. 2014. *Religion und Spiritualität in der Ich-Gesellschaft. Vier Gestalten des (Un-) Glaubens*. Zürich: TVZ/NZN. En français: *Religion et spiritualités à l'ère de l'ego*, Genève: Labor et Fides, 2015.
Streib, Heinz. 2008. More spiritual than religious: changes in the religious field require new approaches. In *Lived Religion – Conceptual, Empirical and Practical-Theological Approaches. Essays in Honor of Hans-Günter Heimbrock*, Hrsg. Heinz Streib et al., S. 54–67. Leiden: Brill.
Taylor, Bron. 2010. *Dark Green Religion: Nature, Spirituality and the Planetary Future*. Berkeley, CA: University of California Press.
Taylor, Charles. 2007. *A secular age*. Cambridge, Mass.: Belknap Press of Harvard University Press.
Voas, David, und Bruce Steve. 2007. The Spiritual Revolution: Another False Dawn for the Sacred, In *A Sociology of Spirituality*, Hrsg. Kieran Flanagan und Peter C. Jupp, S. 43–62. Aldershot: Ashgate.
White, Christopher. 2021. Introduction. In: *The Future of metaphysical religion in America*, Hrsg. Christopher White und Mark Silver, S. 12–20. Heidelberg: Springer.
Wood, Matthew. 2010. The Sociology of Spirituality: Reflections on a Problematic Endeavor. In *The New Blackwell Companion to the Sociology of Religion*, Hrsg. Bryan S. Turner, S. 267–285. Oxford: Blackwell.
Wuthnow, Robert. 1998. *After heaven: spirituality in America since the 1950s*. Berkeley: University of California Press.
Zemp, Annika, und Ulf Liebe. 2019. *Exploring the relationship between holistic spirituality and gender essentialism among Swiss university students*. Social Compass, 66 (2), S. 238–255.
Zwissler, Laurel. 2007. Spiritual, But Religious. *Culture and Religion*, 8 (1), S. 51–69.

Open Access Dieses Kapitel wird unter der Creative Commons Namensnennung 4.0 International Lizenz (http://creativecommons.org/licenses/by/4.0/deed.de) veröffentlicht, welche die Nutzung, Vervielfältigung, Bearbeitung, Verbreitung und Wiedergabe in jeglichem Medium und Format erlaubt, sofern Sie den/die ursprünglichen Autor(en) und die Quelle ordnungsgemäß nennen, einen Link zur Creative Commons Lizenz beifügen und angeben, ob Änderungen vorgenommen wurden.

Die in diesem Kapitel enthaltenen Bilder und sonstiges Drittmaterial unterliegen ebenfalls der genannten Creative Commons Lizenz, sofern sich aus der Abbildungslegende nichts anderes ergibt. Sofern das betreffende Material nicht unter der genannten Creative Commons Lizenz steht und die betreffende Handlung nicht nach gesetzlichen Vorschriften erlaubt ist, ist für die oben aufgeführten Weiterverwendungen des Materials die Einwilligung des jeweiligen Rechteinhabers einzuholen.

Religionslose Personen in der Schweiz

Soziologisches Porträt einer wachsenden Bevölkerungsgruppe

Pascal Tanner

Zusammenfassung

Immer mehr Menschen in der Schweiz sagen von sich selbst, dass sie keiner Konfession oder Religion angehören. Aktuell bilden sie zusammen mit reformiert zugehörigen und katholisch zugehörigen Personen eine der drei größten Gruppen – je nach Datensatz und Erhebungsmethode seit Kurzem sogar die größte von allen. In diesem Beitrag stehen religionslose Personen und damit das Phänomen der *individuellen Religionslosigkeit* im Mittelpunkt. Vertieft untersucht werden die beiden folgenden Aspekte: Einerseits schlägt der Beitrag eine Brücke zum allgemeinen Forschungsdiskurs über Religionslosigkeit. Er fragt danach, wie sich in der Schweiz wohnhafte religionslose Personen aktuell beschreiben lassen in Bezug auf Soziodemografie, Spiritualität, Religiosität und Sozialisation. Dabei wird deutlich, was sich bereits an anderer Stelle zeigte: Religionslose sind vergleichsweise jung und überdurchschnittlich gut gebildet. Ebenfalls tritt dabei ein Phänomen in Erscheinung, das bislang erst ansatzweise untersucht wurde: Religionslose weisen überproportional häufig einen Migrationshintergrund auf. Andererseits vertieft dieser Beitrag den für die Säkularisierungsforschung zentralen Aspekt der Sozialisation. Er stellt ein Modell vor, das Aufschluss über typische Sozialisationserfahrungen religionsloser Personen gibt. Als wichtigstes Resultat aus der Modellbildung geht hervor, dass Religionslosigkeit typischerweise dort ihren Anfang nimmt, wo auch Sozialisation beginnt: Bei den Eltern der befragten Personen und deren Verhältnis zum Religiösen. Alle ausgeführten Analysen basieren auf den Daten der MOSAiCH-Befragung von 2018 und wurden mit den Werkzeugen der quantitativen Sozialforschung erarbeitet.

4.1 Religionslosigkeit als Forschungsgegenstand

Seit mehreren Jahrzehnten lässt sich für westlich-moderne Gesellschaften beobachten, dass immer mehr Menschen religionslos sind. Einige unter ihnen sind es im Laufe ihres Lebens geworden, andere waren nie religiös zugehörig. Zugleich lässt sich ein Zerfall von religiösen Institutionen konstatieren. Während diese Aspekte eines gesamtgesellschaftlichen Wandels seit jeher wichtige Bezugspunkte der religionssoziologischen Forschung bilden, ist das Phänomen der individuellen Religionslosigkeit erst in den letzten gut zehn Jahren zu einem eigenständigen Forschungsfeld avanciert.[1] Insbesondere mit Blick auf die gesellschaftliche Individualebene sind seither diverse Studien und Diskurse entstanden, welche die Gruppe der Religionslosen sowie das Phänomen der individuellen Religionslosigkeit analytisch fassen, beschreiben und Erklärungen für dessen Ausweitung entwerfen.

Innerhalb dieses neuerdings entstandenen Forschungsgebietes werden insbesondere zwei Themen verhandelt:

Erstens sind viele der Beiträge darauf ausgerichtet, *Unterschiede und Gemeinsamkeiten* zu verschiedenen Formen von Religiosität oder Zugehörigkeit auszuarbeiten. Dabei zeigt sich, dass religionslose Personen ein typisches soziodemografisches Profil aufweisen. Sie sind typischerweise jung,[2] gut gebildet und im urbanen Raum wohnhaft.[3] Ebenfalls typisch (und aus naheliegenden Gründen auch wenig überraschend) ist, dass sie keine religiöse Praxis pflegen und keine Glaubensüberzeugungen haben.[4]

Zweitens liegt ein anderer Fokus auf der Frage, welche *Varianten und Nuancen* sich innerhalb des Phänomenbereichs der Religionslosigkeit beschreiben lassen. Diesbezüglich zeigt sich, dass Religionslosigkeit sehr unterschiedliche Formen annehmen kann:[5] Das Spektrum reicht von alternativer Spiritualität im Sinne von individuell gelebten Praktiken[6] oder Formen des säkularen Glaubens[7], über religiöse Indifferenz[8] bis hin zum organisierten Antiklerikalismus[9].

---

[1] Maßgeblich zur Institutionalisierung dieses Forschungsprogramms beigetragen hat Lee (2012), eine der frühen Studien stammt von Hunsberger und Altemeyer (2006).
[2] Woodhead (2017).
[3] Voas und McAndrew (2012).
[4] Stolz et al. (2014, S. 77 ff.).
[5] Kosmin und Keysar (2007), Lim et al. (2010), Beyer (2015).
[6] Mercadante (2014).
[7] Ledewitz (2009).
[8] Quack und Schuh (2017).
[9] Pasquale (2010), Schröder (2018).

Bezogen auf die Schweiz lässt sich festhalten, dass das Phänomen der Religionslosigkeit erst neuerdings Beachtung findet.[10] Obwohl entsprechende Daten bereits seit den 1960er-Jahren zu Verfügung stehen (die Kategorien «ohne religiöse Zugehörigkeit» und «keine Angabe» werden vom BfS seither erhoben),[11] wurden sie lange Zeit nicht ausgewertet.[12] Dies mag vor allem daran liegen, dass die Anzahl religionsloser Personen über lange Zeit zu niedrig war, als dass man diese Bevölkerungsgruppe einer statistisch aussagekräftigen Analyse hätte zuführen können.

Mit zunehmender Säkularisierung und dem Erscheinen der Studie von Stolz et al. (2014) ändert sich dies schließlich. In dieser Studie beschreiben die Autor:innen vier Typen des «(Un)Glaubens», wobei eine davon die der «Säkularen» ist. Einige wichtige Resultate zum Typus der Religionslosen sind: Sie sind vergleichsweise jung, gut gebildet und leben im urbanen Raum. Sie lassen sich in zwei Subgruppen einteilen. Die Subgruppe der «Indifferenten» ist gegenüber Religion und Religionsthemen gleichgültig. Ihr gehört die überwiegende Mehrheit aller religionslosen Personen an. Für die kleinere Gruppe der «Religionsgegner» wiederum ist bezeichnend, dass sie sich kritisch über Kirche und Glaube äußern und sich in dieser Sache zuweilen gar engagieren.[13]

Ebenfalls aufgegriffen wird das Phänomen der Religionslosigkeit in diversen statistischen Berichten des Bundesamtes für Statistik.[14] Diese Berichte bestätigen oder verfeinern, was in der Studie von Stolz et al. bereits beschrieben und modelliert wurde: Religionslosigkeit ist ein Phänomen, das sich immer weiter ausbreitet, wobei Sozialisationsprozesse dabei eine zentrale Rolle spielen.[15] Der auf die Schweiz bezogene Forschungsdiskurs ist damit primär auf Beschreibung von *Unterschieden und Gemeinsamkeiten* zu anderen Gruppen ausgerichtet. In der Studie von Stolz et al. wird zwar auch auf *Varianten und Nuancen* von Religionslosigkeit eingegangen, dies allerdings nur am Rande.

4.1.1 Fragestellung

Das Ziel dieses Beitrags ist es zunächst, das bisherige Vorwissen zu individueller Religionslosigkeit weiter zu vertiefen. Deshalb wird einerseits untersucht, ob sich

---

[10] S. dazu in diesem Band den Beitrag von Antonius Liedhegener mit Blick auf Auswirkungen der Religionslosigkeit auf die politische Landschaft der Schweiz.

[11] Zur Entwicklung der Kategorie «religiöse Zugehörigkeit» in der statistischen Datenerhebung für die Schweiz siehe Bovay (1997).

[12] In diesem Zusammenhang zu nennen sind insbesondere die *Sonderfallstudien,* aus denen mehrere Publikationen hervorgegangen sind. Siehe dazu Dubach und Campiche (1993), Dubach (2001), Campiche (2004), Dubach und Fuchs (2005). Alle diese Beiträge gehen nicht ein auf das Phänomen der Religionslosigkeit.

[13] Siehe dazu auch Stolz und Tanner (2019).

[14] Rausa und Flaugergues (2015), Flaugergues (2016), Roth und Müller (2020).

[15] Flaugergues und Csonka (2018).

Unterschiede zu Beschreibungen finden lassen, die in anderen westlich-modernen Ländern entstanden sind, und ob sich bereits bestehende Beschreibungen weiter differenzieren lassen. In einem zweiten Schritt vertieft dieser Beitrag den Aspekt der Sozialisation. Dazu schlägt er ein Modell der typischen Sozialisation vor, basierend auf einer logistischen Regressionsanalyse. Bearbeitet werden diese beiden Aspekte von Religionslosigkeit in drei aufeinanderfolgenden Schritten:

1. Deskriptive Annäherung: Wie unterscheiden sich religionslose Personen von religiös zugehörigen Personen hinsichtlich Soziodemografie, Religiosität/Spiritualität und Sozialisation?
2. Sozialisation religionsloser Personen im Vergleich: Inwiefern unterscheiden sich religionslose Personen untereinander hinsichtlich ihrer Sozialisation? Welchen Unterschied macht es, ob eine heute religionslose Person bereits religionslos aufgewachsen ist oder nicht?
3. Modellbildung Sozialisation religionsloser Personen: Welche Sozialisationseinflüsse sind hauptsächlich dafür verantwortlich, dass jemand heute religionslos ist bzw. schon immer war?

Ausgearbeitet werden Beschreibungen und Modell anhand von Kontingenztabellen und logistischen Regressionen. Dazu verwendet wird die Analysesoftware «R.» (Version 4.1.1). Gezeigte und in Beschreibungen übertragene Visualisierungen wurden mithilfe des Paketes «ggplot 2» (Version 3.3.5) erstellt. Die Regressionen wurden mithilfe der Funktion «glm()» gerechnet. Wie in der Dokumentation zum Datensatz vorgeschlagen,[16] werden die Daten ohne Verwendung einer Gewichtungsvariable ausgewertet.

4.1.2 Analysezugang und Datengrundlage

Religionslosigkeit ist ein vielschichtiges Phänomen,[17] das, je nach Forschungsstil und methodischer Vorgehensweise, auf andere Art und Weise empirisch greifbar gemacht wird. Quantitativ ausgerichtete Forschungsbeiträge orientieren sich typischerweise an den Dimensionen *Zugehörigkeit* (beziehungsweise *Identifikation*), *Glaube*, *Praxis* (insbesondere *Beten* und *Kirchgang* beziehungsweise *Gottesdienstbesuch*) sowie *Sozialisation*, um Religionslosigkeit zu messen.[18] Im Kontext einer so gewählten Herangehensweise hat sich bereits mehrfach gezeigt, dass die Dimension der *Zugehörigkeit* am deutlichsten anzeigt, wie religionsfern jemand ist.[19] So gibt es zwar Personen, die

---

[16] Stähli et al. (2018).
[17] Stolz und Tanner (2017).
[18] Flaugergues und Csonka (2018), Voas und Crockett (2005).
[19] Pickel et al. (2017), Woodhead (2017).

Tab. 4.1 Verteilung der Gruppenvariable *Zugehörigkeit* im MOSAiCH-Datensatz

Übersicht Datengrundlage	Anzahl Fälle	Anteile in % zugehörig	Anteile in % nach Zugeh
Religionslos	800	34,8 %	34,8 %
Religiös zugehörig	1'502	65,2 %	–
Katholische Zugehörigkeit[20]	709	–	30,8 %
Evangelisch-reformierte Zugehörigkeit	554	–	24,1 %
Andere christliche Zugehörigkeit	116	–	5,0 %
Muslimische Zugehörigkeit	66	–	2,9 %
Jüdische Zugehörigkeit	5	–	0,2 %
Andere Zugehörigkeit	52	–	2,3 %
Total Fälle ausgewertet	2'063	100 %	100 %
Keine Angabe/fehlend	48	–	–
Total Fälle insgesamt	2'350	–	–

sich als zugehörig identifizieren, obwohl sie wenig oder gar nicht beten und religiöse Sinnvorstellungen ablehnen. Umgekehrt kommt es jedoch deutlich seltener vor, dass eine nicht zugehörige Person betet und an Gott glaubt. Deshalb lässt sich die Dimension der Zugehörigkeit als letzte und vermutlich wichtigste Grenzziehung zwischen «religiös» und «religionslos» bezeichnen.

Dieser quantitativ ausgerichtete Beitrag wählt seinen Zugang über die Dimension der Zugehörigkeit. Als empirische Grundlage dient die 2018 erhobene Welle zu Religion des Datensatzes «Measurement and Observation of Social Attitudes in Switzerland» (MOSAiCH). Dieser Datensatz besteht aus Querschnittsdaten mit insgesamt 2'350 Fällen (siehe Tab. 4.1). Er wurde auf Deutsch, Französisch und Italienisch unter Personen erhoben, die in einem Schweizer Privathaushalt leben und mindestens 18 Jahre alt sind.[21] Gebildet wird die im Folgenden untersuchte Gruppe der Religionslosen aus all jenen Personen im Datensatz, die von sich selbst sagen, dass sie «keiner Konfession oder Religionsgemeinschaft» angehören (800 Fälle). Dieser Gruppe der Religionslosen gegenübergestellt werden jene Personen, die von sich selbst sagen, dass sie sich einer Religionsgemeinschaft oder Konfession zugehörig fühlen (1'502 Fälle).

---

[20] Ebenfalls Teil dieser Gruppe sind jene 149 Personen, die in der Befragung geantwortet haben, dass sie sich dem Christkatholizismus zugehörig fühlten. Diese Personen wurden zur Gruppe der katholisch Zugehörigen hinzugeschlagen, weil die methodischen Erläuterungen der MOSAiCH-Erhebung dies nahelegen (Validität der Messung).

[21] Ausgewählt wurden die Fälle anhand einer einfachen und randomisierten Stichprobenziehung auf nationaler Ebene durch das Bundesamt für Statistik (Bevölkerungsregister: Stichprobenrahmen für Personen- und Haushaltserhebungen).

Die drei größten Gruppen im eben vorgestellten Datensatz bilden reformiert zugehörige Personen, katholisch zugehörige Personen sowie religionslose Personen. Die Religionslosen sind mit einem Anteilswert von 34,8 % vertreten, die katholisch Zugehörigen mit 30,8 % und die reformiert Zugehörigen mit 24,1 %. Damit zeigt sich: Eine sich über Jahrzehnte hinziehende Entwicklung hat schließlich dazu geführt, dass die Gruppe der Religionslosen die grösste von allen ist – zumindest im hier ausgewerteten Datensatz. Denn: Vergleicht man diese Anteilswerte mit Zahlen aus anderen Datensätzen, relativiert sich dieser Befund wieder. Aus den Daten der Strukturerhebung (Volkszählung) von 2018 geht eine leicht andere Verteilung hervor: Darin ist die Gruppe der Religionslosen mit 27,9 % vergleichsweise kleiner, die der Katholik:innen ist mit 35, 1 % größer und die der Reformierten mit 23,1 % beinahe gleich groß.[22]

Zurückzuführen sind diese Unterschiede vor allem darauf, dass der Volkszählung eine andere Erhebungsstrategie zugrunde liegt (Messung sowie Auswahl der befragten Personen). Welches nun die «besseren» Daten sind, ist eine Frage, die situativ geklärt werden muss. Mit Blick auf die nun folgenden Analysen bieten sich die MOSAiCH-Daten aus zwei Gründen an. Einerseits ist die Befragung von 2018 mit vielen gut auswertbaren und bewährten Items zu Religion und Religiosität bestückt. Und andererseits wurde das Item für Zugehörigkeit so formuliert, dass es zur hier bearbeiteten Fragestellung passt. So wurden die teilnehmenden Personen gefragt: «Fühlen Sie sich einer bestimmten Religion oder Konfession zugehörig? Wenn ja, welcher?» Gemessen wird damit die Identifikation mit einer Religionsgemeinschaft oder Konfession, während andere Aspekte von Zugehörigkeit – wie beispielsweise die je nach Kanton anders geregelte Frage der formalen Zugehörigkeit – wegfallen.

4.2 Religionslose und religiös zugehörige Personen im Vergleich

Vergleicht man die Gruppe von religionslosen Personen mit der Gruppe aller religiös zugehörigen Personen, zeigen sich hinsichtlich der drei Dimensionen Soziodemografie, Religiosität und religiöser Sozialisation verschieden stark ausgeprägte Unterschiede. In Bezug auf die soziodemografischen Merkmale (siehe Tab. 4.2) wird deutlich, dass religionslose Personen vergleichsweise jung sind. Mit durchschnittlich 44,6 Jahren sind sie signifikant jünger als die Angehörigen der Vergleichsgruppe (51,0 Jahre). In Bezug auf die Verteilung der Geschlechteranteile besteht nur ein schwach ausgeprägter Unterschied, der statistisch nicht signifikant ist. Fast genau die Hälfte aller Religionslosen sind männlich (50,1 %), während es bei den religiös zugehörigen Personen 47,5 % sind.

---

[22] Roth und Müller (2020).

4.2 Religionslose und religiös zugehörige Personen im Vergleich

Tab. 4.2 Vergleich soziodemografischer Merkmale religionsloser und religiös zugehöriger Personen

Soziodemografie	Religionslos	Zugehörig	p-Wert
Alter (Mittelwert)	44,6 Jahre	51,0 Jahre	<0,001
Geschlecht (männlich)	50,1 %	47,5 %	NS
Migration			
Erste Generation (keine Staatsangehörigkeit in der Schweiz)	18,4 %	12,9 %	<0,01
Zweite Generation (beide Elternteile nicht in der Schweiz geboren)	10,9 %	13,3 %	<0,01
In fester Partnerschaft lebend	72,4 %	76,7 %	<0,05
Wohnhaft im städtischen Raum[23]	64,8 %	60,7 %	<0,05

Viele religionslose Personen haben einen Migrationshintergrund. 18,4 % von ihnen sind selbst migriert (erste Generation)[24] und haben keine Staatsangehörigkeit in der Schweiz. Unter den religiös zugehörigen Personen ist dieser Anteil signifikant tiefer, er liegt bei 12,9 %. Schwächer ausgeprägt sind diese Werte in Bezug auf die Migration der Eltern der befragten Personen (zweite Generation). Bezüglich Partnerschaft und Wohnhaftigkeit im städtischen Raum zeigen sich zwar signifikante, aber schwach ausgeprägte Unterschiede: Religionslose Personen leben etwas seltener in einer festen Partnerschaft (72,4 % zu 76,7 %), sind dafür etwas urbaner (64,8 % zu 60,7 %).

Bezüglich der wichtigsten Dimensionen von Religiosität (Zugehörigkeit, Selbstbeschreibung, Glaube und Praxis) unterscheiden sich die Religionslosen durchgehend, deutlich und signifikant von der Vergleichsgruppe (siehe Tab. 4.3). Abgesehen von der religiösen Zugehörigkeit – diese Variable wurde als Gruppenvariable verwendet und lässt sich deshalb nicht weiter auswerten – ist der Unterschied hinsichtlich der Selbstbeschreibung als «religiös» besonders stark ausgeprägt. Lediglich 4,7 % aller religiös nicht zugehörigen Personen würden sich trotzdem als «religiös» beschreiben, 10,6 %

---

[23] Die hier verwendete Raumtypologie des Bundesamtes für Statistik umfasst die drei Ausprägungen städtisch, intermediär und ländlich (siehe Goebel und Kohler (2014)).

[24] Zur Unterscheidung zwischen Migration in erster und zweiter Generation, wie sie auch in anderen religionssoziologischen Studien verwendet wird, siehe Lindemann und Stolz 2018 sowie Müller 2013. Mit Blick auf die hier gezeigten Zahlen ist auch anzumerken, dass andere Studien zu ganz anderen Resultaten gelangen. Siehe dazu weiterführend Bünker et al. 2018, 89 ff. sowie Roth und Müller 2020, S. 8.

Tab. 4.3 Vergleich Religiosität und Spiritualität zwischen religionslosen Personen und religiös zugehörigen Personen

Religiosität/Spiritualität	Religionslos	Zugehörig	p-Wert
Keine religiöse Zugehörigkeit (als Gruppen-variable verwendet)	100 %	0 %	–
Selbstbeschreibung			
«religiös»	4,7 %	44,7 %	<0,001
«spirituell»	38,2 %	38,3 %	NS
«Ich glaube nicht an Gott.»	84,0 %	27,0 %	<0,001
Religiöse Praxis			
Häufigkeit Gottesdienstbesuch heute (nie)	78,9 %	22,1 %	<0,001
Häufigkeit Beten heute (nie)	70,7 %	19,4 %	<0,001

beschreiben sich als «weder/noch» und eine große Mehrheit von 84,6 % als «nicht religiös». In der Vergleichsgruppe beträgt der Anteil religiöser Personen 44,7 %.[25]

Bezüglich des Gottesglaubens zeigt sich ein ähnliches und ebenfalls deutlich signifikantes Resultat. 84,0 % der Religionslosen sagen, dass sie nicht an Gott glauben, in der Vergleichsgruppe liegt dieser Anteil bei 27,0 % und ist damit deutlich tiefer. Ebenfalls pflegen die meisten Religionslosen keine religiöse Praxis: 78,9 % von ihnen besuchen nie einen Gottesdienst und 70,7 % sagen, dass sie nie beten. In der Vergleichsgruppe der religiös zugehörigen Personen sind diese beiden Werte deutlich tiefer (22,1 % beziehungsweise 19,4 %). Eine Ausnahme von diesen deutlich hervortretenden Unterschieden bildet die Selbstbeschreibung «spirituell». Sie wird von Religionslosen gleich häufig verwendet (38,2 %) wie von religiös zugehörigen Personen (38,3 %).[26]

In Bezug auf die religiöse Sozialisation der verglichenen Gruppen werden wiederum verschieden stark ausgeprägte Differenzen sichtbar (siehe Tab. 4.4). Das wohl markanteste Merkmal ist hier die Bildung: Vergleichsweise sehr viele Religionslose geben an, ihren höchsten Abschluss auf der tertiären Bildungsstufe erworben zu haben. 40,6 % haben eine Fachhochschule, eine pädagogische Hochschule, eine Universität oder eine Eidgenössisch-Technische Hochschule (ETH) besucht. Bei den religiös Zugehörigen ist dieser Anteilswert signifikant tiefer, er liegt bei 27,2 %.

---

[25] Die im Grunde genommen ebenfalls schwach ausgeprägte Religiosität von religiös zugehörigen Personen lässt sich insbesondere damit erklären, dass dieser Vergleichsgruppe viele Personen angehören, die sich zwar als Zugehörig identifizieren, die aber religionsfern leben. Für eine weiterführende Beschreibung dieser «Distanzierten» siehe Stolz et al. (2014, S. 75 ff.).

[26] Dieses Resultat ist jedoch mit Vorsicht zu interpretieren, da es auf einer ungeformten Variable basiert, welche die Selbstbeschreibung «spirituell» in Kombination bzw. in Abgrenzung zu religiöser Zugehörigkeit erfasst. Dennoch deckt es sich mit Befunden aus anderen Studien.

4.2 Religionslose und religiös zugehörige Personen im Vergleich

Tab. 4.4 Vergleich Sozialisation religionslose Personen und religiös zugehörige Personen

Sozialisation	Religionslos	Zugehörig	p-Wert
Höchster Bildungsabschluss (tertiäre Stufe)[27]	40,6 %	27,2 %	<0,001
Religionslose Eltern (ein Elternteil oder beide Elternteile)	15,0 %	2,0 %	<0,001
Religionsferne Erziehung	27,3 %	4,5 %	<0,001
Häufigkeit Gottesdienstbesuch als Kind (nie oder weniger als einmal pro Jahr)	39,4 %	13,4 %	<0,001

Mit Blick auf die eigene Kindheit berichten 15,0 % aller heute religionslosen Personen, dass einst zumindest ein Elternteil religionslos gewesen sei. Obwohl dieser Anteil nicht besonders hoch ist, unterscheiden sich die Religionslosen diesbezüglich ebenfalls markant von den religiös Zugehörigen. Hier sagen nur 2,0 %, dass ein Elternteil oder beide Elternteile religionslos gewesen seien. Ebenfalls vergleichsweise hoch ist der Anteil religionsloser Personen, die sagen, sie seien in keiner Glaubensrichtung erzogen worden und also religionslos aufgewachsen (27,3 %). Bei heute religiös zugehörigen Personen ist dieser Wert mit 4,5 % auch deutlich tiefer. Und schließlich sagen 39,4 % der Religionslosen, dass sie als Kind nie oder weniger als einmal pro Jahr an einem Gottesdienst teilgenommen hätten. In der Gruppe der religiös zugehörigen Personen kommt es deutlich weniger oft vor, dass jemand den Gottesdienst nicht oder nur selten besuchte. Der entsprechende Prozentwert liegt bei 13,4 %.

Zusammenfassen und interpretieren lassen sich die Ergebnisse dieses ersten und beschreibend ausgerichteten Teils wie folgt: Religionslose Personen sind typischerweise jung. Im Anschluss an die Theorie der *Kohorten-Säkularisierung*[28] scheint dies ein naheliegender Befund zu sein. Zudem erscheint dann die individuelle Religionslosigkeit – und mit ihr der Prozess einer sich ausbreitenden Säkularisierung – als Resultat einer Dynamik, die ihren Ausgangspunkt beim Zerfall der Institution der religiösen Sozialisation nimmt.[29] Demnach verliert diese Institution aufgrund von verschiedenen Entwicklungen immer mehr an Einfluss, weshalb jüngere Generationen weniger stark religiös sozialisiert werden als ältere (Kohorteneffekt). Dies hat zur Folge, dass Gesellschaften Schritt für Schritt säkularer werden.

Wie sich weiter gezeigt hat, ist Religionslosigkeit kein dezidert urbanes Phänomen. In diesem Punkt decken sich die Resultate nur bedingt mit dem vorangehenden Wissensstand. Aufgrund der vorhandenen Daten lassen sich diese räumlichen Aspekte von

---

[27] Unter der dritten von drei Kategorien zum höchsten erworbenen Bildungsabschluss sind alle Abschlüsse von Fachhochschulen, Pädagogischen Hochschulen, Universitäten und Technischen Hochschulen zusammengefasst.
[28] Crockett und Voas (2006).
[29] Siehe dazu den Beitrag von Jörg Stolz und Jeremy Senn in diesem Band.

Religionslosigkeit jedoch leider nicht weiter auswerten. Ein weiterer Befund ist, dass viele Religionslose über einen tertiären Bildungsabschluss verfügen. In diesem Befund spiegelt sich einerseits, dass säkulare Bildungsinstitutionen wie Hochschulen und Universitäten an der Verbreitung sowie der Reproduktion von Religionslosigkeit beteiligt sind. Andererseits wird deutlich, dass eine bildungsintensive Sozialisation eher in die Richtung von Religionslosigkeit als in die entgegengesetzte Richtung führt.

Ebenfalls deutlich wurde, dass sich die beiden verglichenen Gruppen hinsichtlich Religiosität sehr stark unterscheiden, während bezüglich Spiritualität keine Unterschiede sichtbar werden. Die Selbstbezeichnung «spirituell» liegt quer zur Selbstbezeichnung «religiös» sowie zu allen ebenfalls untersuchten Dimensionen von Religiosität. Sie tritt damit als vielschichtige Identitätskategorie in Erscheinung, welche zwischen individualisiertem Glauben, esoterischem Wissen und allgemeiner Sinnsuche oszilliert.[30]

Schliesslich fällt auf, dass die Gruppe der Religionslosen zu einem überdurchschnittlich hohen Anteil aus Personen besteht, die einen Migrationshintergrund aufweisen (erste Generation). Während bereits hinlänglich bekannt ist, dass Migration in vielfältiger Art und Weise auf die Religionslandschaft der Schweiz einwirkt,[31] wurde dieser spezifische Zusammenhang zwischen Migration und Religionslosigkeit gemäß aktuellem Wissensstand noch nicht systematisch untersucht. In einer ersten Annäherung lassen sich die oben freigelegten Befunde so interpretieren, dass Migration einen Bruch mit Zugehörigkeit nach sich zieht. Demnach ist anzunehmen, dass der Anteil migrierter Personen deshalb überdurchschnittlich hoch ist, weil diese in ihrem neuen Umfeld keinen Anschluss mehr finden (oder suchen) an ihnen vertraute Zugehörigkeiten oder religiöse Sinnwelten. Wie sich nun migrationsbezogene Religionslosigkeit von anderen Formen der Religionslosigkeit unterscheidet, wäre in weiterführenden Analysen zu klären. Ebenfalls zu untersuchen wäre dabei, warum sich dieses Phänomen nur für Migration in erster Generation beobachten lässt.

4.3 Sozialisation im Vergleich

Der folgende Abschnitt vertieft zunächst, wie religiöse Sozialisation und Religionslosigkeit zusammenhängen (Deskription innerhalb der Gruppe der Religionslosen). Anschließend setzt er unterschiedliche Sozialisationseinflüsse miteinander in Beziehung

---

[30] Siehe dazu vertiefend den Beitrag von Irene Becci und Zhargalma Dandarova-Robert in diesem Band, den Forschungsdiskurs zu «SBNR» (spiritual but not religious) bei Mercadante 2014 und weiteren sowie die Studien zum holistischen Milieu der Esoterik von Höllinger und Tripold 2012.

[31] Eines der markantesten Resultate aus dieser Forschung ist, dass die Großgruppe der katholisch Zugehörigen dank Zuwanderung vergleichsweise langsamer schrumpft in der Schweiz (Flaugergues 2016, S. 6 f.). Ebenfalls hat Migration in den letzten Jahrzehnten maßgeblich dazu beigetragen, dass die Religionslandschaft der Schweiz heterogener wurde (Bochinger 2012).

4.3 Sozialisation im Vergleich

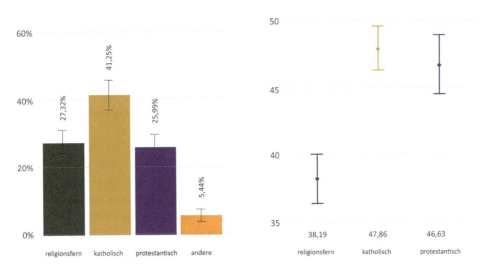

Abb. 4.1 Religiöse Sozialisation bei heute religionslosen Personen, ausgewertet nach Konfessionshintergrund (links). Und durchschnittliches Alter von heute religionslosen Personen, ebenfalls ausgewertet nach Konfession (rechts).

Anzahl ausgewertete Fälle: 754 (links) und 712 (rechts). In beiden Auswertungen angegeben sind die 95 % Konfidenzintervalle

und vergleicht deren Einflussstärke (Regressionsmodell). Diese vertiefende Analyse beschränkt sich auf die Gruppe der religionslosen Personen (800 Fälle) und interessiert sich für Unterschiede in der Art und Weise, wie jemand sozialisiert wurde. Aus den verfügbaren Daten ergeben sich die vier folgenden Subgruppen: heute religionslose Personen, die eine *katholische* (erstens) oder eine *reformierte Sozialisation* (zweitens) erfahren haben, Religionslose, die eine *religionsferne Sozialisation* (drittens) erlebt haben und religionslose Personen, die eine *andere religiöse Sozialisation* (viertens) erfahren haben.

Bezieht man diese Unterscheidung nach Sozialisation ein und wertet die bereits untersuchten Variablen noch einmal aus, so zeigen sich vor allem zwei markante Resultate: Mit 41,2 % wurden die meisten der heute konfessionslosen Personen katholisch sozialisiert. Deutlich weniger Religionslose sagen entweder, sie seien religionsfern (27,3 %) oder reformiert erzogen worden (26,0 %). Mit 5,4 % ist der Anteil von in einer anderen Religion erzogenen Personen sehr klein (siehe Abb. 4.1). Vergleicht man das durchschnittliche Alter dieser vier Gruppen, so fällt zudem auf, dass religionsfern sozialisierte Personen deutlich jünger sind als Personen, die religiös erzogen worden sind. Erstere sind im Schnitt 38,2 Jahre alt, während katholisch und reformiert sozialisierte Religionslose (47,9 Jahre bzw. 46,6 Jahre) signifikant älter sind (siehe ebenfalls Abb. 4.1).³² Alle weiteren Auswertungen nach Soziodemografie, Religiosität oder Sozialisation fördern höchstens Tendenzen, aber keine signifikanten Unterschiede mehr zutage. Ansatzweise sichtbar wird, dass religionsfern sozialisierte Religionslose etwas urbaner sind. Hinsichtlich Geschlechterverteilung und in Bezug auf Partnerschaft lässt sich kein Unterschied zwischen den untersuchten Gruppen feststellen. Bezüglich Religiosität zeigt sich, dicht zusammengefasst, dass konfessionell sozialisierte Religionslose in ihrer Religionslosigkeit etwas religiöser sind als religionsferne.³³

Sowohl das Ausbleiben von weiteren Unterschieden als auch die deutlich hervortretende Altersdifferenz zwischen religionsfern sozialisierten und konfessionell sozialisierten Religionslosen stützen die Interpretation der *Kohorten-Säkularisierung*. Ebenfalls zeigt sich, dass die Gruppe der Religionslosen größtenteils aus Personen besteht, die katholisch sozialisiert sind – genauso wie die Gruppe der religiös zugehörigen Personen. Der Katholizismus ist damit auf beiden Seiten der eingangs untersuchten abhängigen Variablen überproportional stark vertreten. Dies lässt sich nicht für die Zugehörigkeitskategorie des Protestantismus feststellen. Sowohl unter religionslosen Personen als auch unter religiös zugehörigen ist der Protestantismus deutlich schwächer. Dies war jedoch nicht immer so. Eine plausible Interpretation für den aktuell feststellbaren Unterschied zwischen diesen beiden Konfessionen lässt sich aus der Theorie der *multiplen Säkularitäten*³⁴ herleiten. Eine Pointe dieses Theoriemodells besteht darin, dass sich Säkularität auf unterschiedlichen Pfaden und in zeitlicher Verschiebung entwickelt.³⁵ Demnach sind der Katholizismus und der Protestantismus als zwei voneinander zu unterscheidende Kultursphären zu verstehen, die sich hinsichtlich des Tempos und der Mechanismen des Wandels jeweils anders verhalten. Dies zeigt sich dann unter anderem darin, dass der Prozess der Säkularisierung auf reformierter Seite schon wesentlich weiter fortgeschritten ist.³⁶

Will man den Zusammenhang zwischen Zugehörigkeit und Sozialisation multivariat modellieren, so empfiehlt sich aufgrund der nicht ausreichenden Anzahl von Fällen im verwendeten Datensatz eine Rückkehr zur dichotomen Unterscheidung zwischen den Ausprägungen *religionslos* und *zugehörig* (abhängige Variable). Mithilfe einer logistischen Regression lässt sich dann berechnen, wie stark jeder zuvor bereits unter-

---

³²Für die Gruppe der heute religionslosen Personen, die in die Kategorie der «anderen religiösen Sozialisation» fallen, lassen sich aufgrund der sehr tiefen Fallzahlen leider keine sinnvoll interpretierbaren Aussagen machen. Deshalb wurden sie aus dieser Auswertung entfernt.

³³In der Forschungsliteratur wird in diesem Zusammenhang gelegentlich von «Restreligiosität» gesprochen.

³⁴Wohlrab-Sahr (2016).

³⁵Burchardt et al. (2015).

³⁶Während der Datenanalyse wurden diese Unterschiede auch an anderen Stellen sichtbar: Der Altersunterschied zwischen zugehörigen Reformierten und religionslosen Personen ist besonders groß (erstere sind im Schnitt 54,1 Jahre alt). Und reformiert sozialisierte Personen gehen oder gingen in ihrer Kindheit viel seltener in die Kirche als katholisch sozialisierte.

4.3 Sozialisation im Vergleich

Tab. 4.5 Logistische Regression mit exp(β)-Koeffizienten für die Voraussage der Zugehörigkeit zur Gruppe der Religionslosen (Referenzgruppe: alle religiös zugehörigen Personen)[37]

Sozialisation	Religionslos	p-Wert
Höchster Bildungsabschluss		
Primäre Stufe	1 (Referenz)	–
Sekundäre Stufe	1,67 (1,12–2,55)	<0,05
Tertiäre Stufe	2,65 (1,75–4,09)	<0,001
Religionsferne Erziehung	3,39 (2,38–4,86)	<0,001
Religionslose Eltern (ein Elternteil oder beide Elternteile)	3,68 (2,20–6,30)	<0,001
Häufigkeit Gottesdienstbesuch als Kind (nie oder weniger als einmal pro Jahr)	2,23 (1,71–2,90)	<0,001
Kontrollvariablen		
Alter	0,99 (0,98–0,99)	<0,001
Geschlecht (männlich)	1,14 (0,93–1,41)	NS
Wohnhaft im ländlichen Raum	1 (Referenz)	–
Wohnhaft im intermediären Raum	1,29 (0,91–1,82)	NS
Wohnhaft im städtischen Raum	1,16 (0,86–1,58)	NS

Nicht signifikante Koeffizienten sind mit «NS» gekennzeichnet, in Klammern werden die 95 % Konfidenzintervalle ausgewiesen. Es wurden 1'924 Fälle ins Modell einbezogen, fehlende Werte sind listenweise gestrichen worden

suchte Aspekt von Sozialisation zur Wahrscheinlichkeit beiträgt, dass jemand in die Gruppe der Religionslosen fällt (siehe Tab. 4.5). Berechnet werden die entsprechenden Wahrscheinlichkeits-Koeffizienten für die Gruppe der Religionslosen und in Abgrenzung zur Referenzgruppe der religiös zugehörigen Personen. Auf der Seite der unabhängigen Variablen werden alle oben untersuchten Aspekte von Sozialisation ins Modell aufgenommen: höchster erworbener Bildungsabschluss, religionsferne Erziehung, Religionslosigkeit der Eltern und die Häufigkeit des Gottesdienstbesuches als Kind. Die jeweils zu wählenden Referenzkategorien werden so gesetzt, dass alle Koeffizienten in die gleiche Richtung zeigen. So lässt sich das Ergebnis einfacher lesen. Als Kontrollvariablen werden zusätzlich die wichtigsten soziodemografischen Merkmale ins Modell aufgenommen. Es sind dies: Alter, Geschlecht und die bereits verwendete Raumtypologie.

In einer Begutachtung des Modells fällt auf, dass alle untersuchten Einflussgrößen signifikant sind (beziehungsweise: geblieben sind). Dies bedeutet einerseits, dass alle berechneten Koeffizienten aussagekräftig sind und miteinander verglichen werden können. Zugleich heißt dies, dass die ins Modell einbezogenen Variablen eine jeweils

---

[37] Die hier in Anschlag gebrachte Variante der Regressionsanalyse ist in Anschluss an den Beitrag von Lehmann et al. (2015) entstanden.

andere Dimension von Sozialisation messen und also nebeneinanderstehen können. Ebenfalls zeigen die Koeffizienten alle in dieselbe Richtung: Jede der berechneten Ausprägungen erhöht die Wahrscheinlichkeit, dass eine Person der Gruppe der Religionslosen angehört. Nur tut sie dies in unterschiedlich starkem Maße. Sinnvoll interpretieren lassen sich die berechneten Koeffizienten auch deshalb, weil die dazugehörigen Konfidenzintervalle alle über 1 liegen. Es ist damit auch unter Einbezug von zufallsbedingten Schwankungen nicht möglich, dass sich eine berechnete Wahrscheinlichkeit umgekehrt manifestiert als vom Modell vorausgesagt.

Aus dem Modell gehen folgende Befunde hervor: Bezogen auf eine bildungsintensive Sozialisation wird deutlich, dass Personen mit einem tertiären Bildungsabschluss mit einer 2,65 Mal höheren Wahrscheinlichkeit der Gruppe der Religionslosen angehören. Eine religionsferne Erziehung erhöht die gleiche Wahrscheinlichkeit um das 3,39-fache. Falls ein oder beide Elternteile während des Heranwachsens der befragten Person religionslos wahren, so ist die Möglichkeit, dass diese Person der Gruppe der Religionslosen angehört, 3,68 Mal höher. Und jene Personen, die als Kind nie oder nur selten einen Gottesdienst besucht haben, sind mit einer 2,23-fach höheren Wahrscheinlichkeit religionslos.

Vergleicht man diese Koeffizienten miteinander, so zeigt sich, dass der weiter oben beschriebene Einfluss einer bildungsintensiven Sozialisation nach wie vor zu beobachten ist. Im direkten Vergleich mit anderen Einflussfaktoren verliert er jedoch an Bedeutung. Wenn es darum geht, die Wahrscheinlichkeit der Zugehörigkeit zur Gruppe der Religionslosen vorauszusagen, sticht vor allem ein Koeffizient besonders deutlich ins Auge: die religiöse Zugehörigkeit der Eltern der befragten Personen. Dieser Wahrscheinlichkeits-Koeffizient ist der höchste unter allen berechneten. Daraus lässt sich schließen: Ob jemand heute religionslos ist oder nicht, hat sich primär in der Familie und über die Eltern-Kind-Beziehung entschieden. Dabei genügt es bereits, wenn ein Elternteil religiös nicht zugehörig ist. Auch dieses Resultat lässt sich gut mit der Theorie einer *Kohorten-Säkularisierung* verbinden. Demnach kommt es, so lautet eine entsprechende Interpretation, durch fehlende Zugehörigkeit im Elternhaus zu einer markanten Abschwächung der religiösen Sozialisation. Und dies wiederum führt mit großer Wahrscheinlichkeit dazu, dass sich im weiteren Verlauf einer Biografie früher oder später Religionslosigkeit einstellt. Und hat sich Religionslosigkeit erst einmal eingestellt, so wird auch die Sozialisation der nächsten Generation mit großer Wahrscheinlichkeit erneut unter diesen Vorzeichen erfolgen.[38]

---

[38] Dieser Befund zeigt, dass nicht nur Religionszugehörigkeit in hohem Maße familiär tradiert wird, sondern auch Religionslosigkeit. Siehe dazu ebenfalls den Beitrag von Oliver Wäckerlig, Eva Baumann-Neuhaus und Arnd Bünker in diesem Band.

4.4 Zusammenfassung und Ausblick

Das Ziel dieses Beitrages war es, in Anschluss an den bereits bestehenden Wissensstand zu Religionslosigkeit in der Schweiz an verschiedenen Stellen Vertiefungsarbeit zu leisten. Dies geschah auf Basis einer Auswertung quantitativer Individualdaten. Gearbeitet wurde mit dem Datensatz MOSAiCH von 2018. In einem ersten Schritt haben sich die Analysen darauf konzentriert, die Dimensionen *Soziodemografie, Religiosität* und *Sozialisation* näher zu untersuchen. Dabei wurde die Gruppe der Religionslosen entlang dieser drei Dimensionen systematisch verglichen mit der Gruppe aller religiös zugehörigen Personen. Anschließend erfolgte eine Fokussierung auf die Dimension der *Sozialisation*. Dabei wurde zunächst genauer unterschieden zwischen verschiedenen Formen der religiösen oder einer religionslosen Sozialisation (Aufteilen der zuvor untersuchten abhängigen Variablen). Anschließend wurde die Stärke von verschiedenen Sozialisationsaspekten mit den Mitteln einer logistischen Regression statistisch modelliert.

Dicht zusammengefasst zeigen die Ergebnisse aus den einzelnen Analyseschritten Folgendes: Religionslose Personen sind typischerweise jung, gut gebildet und nicht im Geringsten religiös. Die meisten von ihnen sind katholisch sozialisiert worden. Jene, die religionsfern aufgewachsen sind, sind deutlich jünger als alle anderen. Bei der multivariaten Analyse hat sich herausgestellt, dass die religiöse Zugehörigkeit der Eltern als wichtigster aller Sozialisationseinflüsse darauf hinwirkt, dass jemand später religionslos ist. Wenn nur schon ein Elternteil nicht religiös zugehörig ist, so ist es sehr wahrscheinlich, dass die befragte Person selbst auch nicht religiös zugehörig werden wird. Die Institution der religiösen Sozialisation zerfällt vor allem dort, wo ein neues Leben seinen Anfang nimmt: in der Familie und in der Eltern-Kind-Beziehung. Wird jemand durch seine Eltern nicht religiös sozialisiert, so ist sie oder er später mit großer Wahrscheinlichkeit auch selbst nicht religiös zugehörig. Dies wiederum führt dazu, dass auch die Kinder dieser Person ziemlich sicher keine religiöse Zugehörigkeit haben werden *(Kohorten-Säkularisierung)*.

Zusätzlich zu diesem Hauptresultat sind weitere Nebenergebnisse in Erscheinung getreten. Vertieft untersucht wurden diese allerdings (noch) nicht. Sie alle drängen in die Richtung eines Ausbaus des Forschungsstandes zu *Varianten und Nuancen* von Religionslosigkeit. Im Sinne eines Ausblickes werden diese Nebenergebnisse nun noch einmal abschließend zusammengefasst: Religionslosigkeit scheint ein Phänomen zu sein, das stark beeinflusst wird durch Migration. Während bereits hinlänglich untersucht wurde, wie Migration und religiöse Zugehörigkeit miteinander verzahnt sind, ist der Zusammenhang zwischen Migration und religiöser Nicht-Zugehörigkeit nach aktuellem Wissensstand noch nicht systematisch untersucht worden.[39] So ist insbesondere für die

---

[39] Freigelegt wurde er jedoch auch schon an anderer Stelle. So zum Beispiel durch Rosin und Meier (2019) im statistischen Bericht zur Stadtzürcher Religionslandschaft.

Gruppe der katholisch zugehörigen Personen bekannt, dass diese durch Zuwanderung gestärkt wird. In der aktuellen Debatte zur Säkularisierung der Religionslandschaft der Schweiz ist es denn auch diese Beobachtung, die herangezogen wird, um das vergleichsweise langsamere Schrumpfen des Bevölkerungsanteils der Katholik:innen zu erklären. Welche Rolle spielt nun aber Migration auf der gegenüberliegenden Seite? Und um was für eine Form von Religionslosigkeit handelt es sich dabei? Antworten auf diese Fragen wären im Rahmen weiterer Datenerhebungen und Analysen zu erarbeiten.

Ebenfalls genauer zu untersuchen wären Unterschiede zwischen einer vom Katholischen ausgehenden Hinwendung zu Religionslosigkeit und einer, die vom Reformierten herkommt. Denn in den hier untersuchten Daten wurde immer wieder deutlich, dass sich diese beiden Zugehörigkeitskategorien bezüglich Säkularisierung anders verhalten und entwickeln. Der allgemeine Forschungsdiskurs nimmt diese Unterschiede zwar immer wieder wahr, beschränkt sich dabei jedoch auf die Feststellung einer zeitlichen Verschiebung.[40] Damit ist aber noch nicht die Frage geklärt, welche anderen Dynamiken zwischen diesen beiden Größen wirken und wie sich diese Dynamiken im Phänomenbereich der Religionslosigkeit bemerkbar machen.

Literatur

Altermatt, Urs. 2009. *Konfession, Nation und Rom. Metamorphosen im schweizerischen und europäischen Katholizismus des 19. und 20. Jahrhunderts*. Frauenfeld: Huber.

Beyer, Peter. 2015. From Atheist to Spiritual But Not Religious. A Punctuated Continuum of Identities among the Second Generation of Post-1970 Immigrants in Canada. In *Atheist Identities. Spaces and Social Contexts*, Hrsg. Lori Beaman und Steven Tomlins, S. 137–151. Cham: Springer International (Boundaries of Religious Freedom, 2).

Bochinger, Christoph. 2012. Religionen, Staat und Gesellschaft. Weiterführende Überlegungen. In *Religionen, Staat und Gesellschaft. Die Schweiz zwischen Säkularisierung und religiöser Vielfalt*, Hrsg. Christoph Bochinger. Unter Mitarbeit von Katharina Frank, S. 209–241. Zürich: NZZ Libro.

Bovay, Claude. 1997. *L'evolution de l'appartenance religieuse et confessionnelle en Suisse*. Unter Mitarbeit von François Rais. Bern: Bundesamt für Statistik BfS.

Bünker, Arnd et al., Hrsg. 2018. *Die Menschen ins Zentrum stellen. 50 Jahre SPI: Forschen, Beraten und Planen für die katholische Kirche in der Schweiz*. St. Gallen: EDITIONspi.

Burchardt, Marian et al., Hrsg. 2015. *Multiple Secularities Beyond the West. Religion and Modernity in the Global Age*. Boston: de Gruyter (Religion and Its Others, 1).

Campiche, Roland J. 2004. *Die zwei Gesichter der Religion. Faszination und Entzauberung*. Unter Mitarbeit von Raphael Broquet, Alfred Dubach und Jörg Stolz. Zürich: Theologischer Verlag.

Crockett, Alasdair, und David Voas. 2006. Generations of Decline. Religious Change in 20th-Century Britain. In *Journal for the Scientific Study of Religion* 45 (4), S. 567–584.

---

[40] Ebenfalls immer wieder thematisiert werden konfessionelle Eigenheiten oder Unterschiede. Siehe dazu insbesondere Altermatt (2009), Stolz und Ballif (2010) sowie Winter-Pfändler (2020).

Dubach, Alfred, Hrsg. 2001. *Lebenswerte. Religion und Lebensführung in der Schweiz*. Schweizerisches Pastoralsoziologisches Institut. Zürich: NZN Buchverlag.

Dubach, Alfred, und Roland J. Campiche, Hrsg. 1993. *Jede(r) ein Sonderfall? Religion in der Schweiz. Ergebnisse einer Repräsentativbefragung*. 2. Aufl. Zürich: NZN Buchverlag.

Dubach, Alfred, und Brigitte Fuchs. 2005. *Ein neues Modell von Religion. Zweite Schweizer Sonderfallstudie. Herausforderung für die Kirchen*. Zürich: Theologischer Verlag.

Ernst Stähli et al. 2018. *MOSAiCH 2018 on Religion and related topics*. Survey Documentation, Lausanne. FORS – Swiss Centre of Expertise in the Social Sciences.

Flaugergues, Amélie de. 2016. *Religiöse und spirituelle Praktiken und Glaubensformen in der Schweiz. Erste Ergebnisse der Erhebung zur Sprache, Religion und Kultur 2014*. Neuchâtel: Bundesamt für Statistik BfS.

Flaugergues, Amélie de, und Yvon Csonka. 2018. *Die Religion, eine Familiengeschichte? Analyse von Daten aus der Erhebung zur Sprache, Religion und Kultur*. Neuchâtel: Bundesamt für Statistik BfS.

Goebel, Viktor, und Florian Kohler. 2014. *Raum mit städtischem Charakter. Erläuterungsbericht*. Neuchâtel: Bundesamt für Statistik BfS.

Höllinger, Franz, und Thomas Tripold. 2012. *Ganzheitliches Leben. Das holistische Milieu zwischen neuer Spiritualität und postmoderner Wellness-Kultur*. Bielefeld: transcript.

Hunsberger, Bruce E., und Bob Altemeyer. 2006. *Atheists. A Groundbreaking Study of America's Nonbelievers*. Amherst NY: Prometheus Books.

Kosmin, Barry, und Ariela Keysar, Hrsg. 2007. *Secularism & Secularity. Contemporary International Perspectives*. Hartford: Institute for the Study of Secularism in Society and Culture.

Ledewitz, Bruce. 2009. *Hallowed Secularism. Theory, Belief, Practice*. New York: Palgrave Macmillan.

Lee, Lois. 2012. Research Note: Talking about a Revolution. Terminology for the New Field of Non-religion Studies. In *Journal of Contemporary Religion* 27 (1), S. 129–139.

Lehmann, Susanne et al. 2015. The winner takes it all? Characteristics of adolescent at-risk/problem gamblers in Switzerland. In: *International journal of adolescent medicine and health*.

Lim, Chaeyoon et al. 2010. Secular and Liminal: Discovering Heterogeneity Among Religious Nones. In *Journal for the Scientific Study of Religion* 49 (4), S. 596–618.

Lindemann, Anaïd, und Jörg Stolz. 2018. The Muslim Employment Gap, Human Capital, and Ethno-Religious Penalties. Evidence from Switzerland. In *Social Inclusion* 6 (2), S. 151–161.

Mercadante, Linda. 2014. *Belief without Borders. Inside the Minds of the Spiritual but Not Religious*. New York: Oxford University Press.

Müller, Monika. 2013. *Migration und Religion. Junge hinduistische und muslimische Männer in der Schweiz*. Wiesbaden: Springer VS.

Pasquale, Frank. 2010. A Portrait of Secular Group Affiliates. In *Atheism and Secularity. Issues, Concepts, and Definitions*, Hrsg. Phil Zuckerman, S. 43–87. Santa Barbara: Praeger Perspectives (Volume 1).

Pickel, Gert et al. 2017. Religiöse Pluralisierung und ihre gesellschaftliche Bedeutung. Konzeptionelle Überlegungen und empirische Befunde. In *Religion soziologisch denken. Reflexionen auf aktuelle Entwicklungen in Theorie und Empirie*, Hrsg. Heidemarie Winkel und Kornelia Sammet, S. 273–300. Wiesbaden: Springer VS (Veröffentlichungen der Sektion Religionssoziologie der Deutschen Gesellschaft für Soziologie).

Quack, Johannes, und Cora Schuh, Hrsg. 2017. *Religious Indifference. New Perspectives from Studies on Secularization and Nonreligion*. Cham: Springer International Publishing.

Rausa, Fabienne, und Amélie de Flaugergues. 2015. Aktuelle Religionslandschaft. In: *Demos – Bundesamt für Statistik* (1), S. 7–9.

Rosin, Klemens, und Christof Meier. 2019. *Analyse Stadtzürcher Religionslandschaft*: Statistik Stadt Zürich.

Roth, Maik, und Fiona Müller. 2020. *Religiöse und spirituelle Praktiken und Glaubensformen in der Schweiz. Erste Ergebnisse der Erhebung zur Sprache, Religion und Kultur 2019*. Neuchâtel: Bundesamt für Statistik BfS.

Schröder, Stefan. 2018. *Freigeistige Organisationen in Deutschland. Weltanschauliche Entwicklungen und strategische Spannungen nach der humanistischen Wende*. Boston: de Gruyter (Religion and Its Others, 8).

Stolz, Jörg, und Edmée Ballif. 2010. *Die Zukunft der Reformierten. Gesellschaftliche Megatrends – kirchliche Reaktionen*. Zürich: Theologischer Verlag.

Stolz, Jörg et al. 2014. *Religion und Spiritualität in der Ich-Gesellschaft. Vier Gestalten des (Un-) Glaubens*. Zürich: Theologischer Verlag Zürich (Beiträge zur Pastoralsoziologie, 16).

Stolz, Jörg, und Pascal Tanner. 2017. Elements of a Theory of Religious-Secular Competition. In *Política & Sociedade (Politics & Society)* 16 (36), S. 295–323.

Stolz, Jörg, und Pascal Tanner. 2019. Secularization, Secularity, and Secularism in the New Millennium. Macro-theories and Research. In *Oxford Research Encyclopedia of Politics*, S. 1–19.

Voas, David, und Alasdair Crockett. 2005. Religion in Britain. Neither Believing nor Belonging. In: *Sociology Compass* 39 (1), S. 11–28.

Voas, David, und Siobhan McAndrew. 2012. Three Puzzles of Non-religion in Britain. In *Journal of Contemporary Religion* 27 (1), S. 29–48.

Winter-Pfändler, Urs. 2020. *Die Kirchenaustritte in der katholischen Kirche unter dem Mikroskop*. St. Gallen: Schweizerisches Pastoralsoziologisches Institut.

Wohlrab-Sahr, Monika. 2016. Secularity, Non-religiosity, Atheism: Boundaries between Religion and Its Other. In *Sociology of Atheism*, Hrsg. Roberto Cipriani und Franco Garelli, S. 251–271. Leiden: Brill (Annual Review of the Sociology of Religion, 7).

Woodhead, Linda. 2017. The rise of «No Religion». Towards an Explanation. In *Sociology of Religion* 78 (3), S. 247–262.

Open Access Dieses Kapitel wird unter der Creative Commons Namensnennung 4.0 International Lizenz (http://creativecommons.org/licenses/by/4.0/deed.de) veröffentlicht, welche die Nutzung, Vervielfältigung, Bearbeitung, Verbreitung und Wiedergabe in jeglichem Medium und Format erlaubt, sofern Sie den/die ursprünglichen Autor(en) und die Quelle ordnungsgemäß nennen, einen Link zur Creative Commons Lizenz beifügen und angeben, ob Änderungen vorgenommen wurden.

Die in diesem Kapitel enthaltenen Bilder und sonstiges Drittmaterial unterliegen ebenfalls der genannten Creative Commons Lizenz, sofern sich aus der Abbildungslegende nichts anderes ergibt. Sofern das betreffende Material nicht unter der genannten Creative Commons Lizenz steht und die betreffende Handlung nicht nach gesetzlichen Vorschriften erlaubt ist, ist für die oben aufgeführten Weiterverwendungen des Materials die Einwilligung des jeweiligen Rechteinhabers einzuholen.

Schwerpunkt Kirchenmitgliedschaft

Vertrauen in die Kirchen, Mitgliederbindung sowie individuelle und gesellschaftliche Folgen

Urs Winter-Pfändler

Zusammenfassung

Die Kirchen sind mit einem radikalen Umbruch in der Religionslandschaft konfrontiert: Die Bevölkerungsanteile der römisch-katholischen und evangelisch-reformierten Kirche sanken in den letzten Jahrzehnten, während der Anteil an Konfessionslosen stark anstieg. Gleichzeitig haben die Kirchen mit Vertrauensverlusten zu kämpfen. Der vorliegende Beitrag zeichnet diesen Umbruch nach und umreißt die sich daraus ergebenden gesellschaftlichen und persönlichen Konsequenzen (Austrittsneigung). Dazu thematisiert er die Mitgliederbindung der Kirchen, die Rolle des Vertrauens und analysiert Umfragedaten aus den Jahren 1998, 2009 und 2018. Dabei zeigt sich: (a) Die Kirchen haben in der Vergangenheit Vertrauen verloren. Im Vergleich mit anderen wichtigen gesellschaftlichen Akteuren wird ihnen aktuell am wenigsten Vertrauen entgegengebracht. Insbesondere die Konfessionslosen gehen gegenüber den Kirchen zusehends auf Distanz. (b) Der Einsatz der Kirchen für sozial Benachteiligte wird anerkannt. Die Bedeutung der Kirchen im eigenen Leben dagegen ist stark von der persönlichen Religiosität abhängig. (c) Jedes dritte Mitglied der römisch-katholischen (38 %) sowie der evangelisch-reformierten Kirche (37 %) überlegt sich, aus der Kirche auszutreten (Austrittsneigung). Und schließlich (d): Es lassen sich deutliche Zusammenhänge feststellen zwischen den Grössen Austrittsneigung, Religiosität, konfessionelle Zugehörigkeit, Vertrauen in die Kirchen und (in geringerem Maße) Soziodemografie der befragten Personen. Das Vertrauen, welches den Kirchen (z. B. im diakonisch-sozialen Bereich) noch entgegengebracht wird, gilt es zu bewahren und falls möglich auszubauen. Ansonsten droht die Gefahr, dass sich die Trends fortschreiben und die Entfremdung zur Kirche weiterwächst.

© Der/die Autor(en) 2022
J. Stolz et al., *Religionstrends in der Schweiz*,
https://doi.org/10.1007/978-3-658-36568-4_5

5.1 Einleitung[1]

Die Pflege der Mitglieder oder der Kund:innen steht im Zentrum sowohl von Profit- als auch von Nonprofit-Organisationen wie Hilfswerken, Stiftungen, Bildungseinrichtungen etc. Sie alle sind an langfristigen Beziehungen interessiert. Nur dank der Mitglieder und ihres finanziellen wie personellen Engagements ist es Organisationen möglich, ihre Visionen zu realisieren. Aus organisationssoziologischer Sicht gehören Kirchen und religiöse Organisationen in den Nonprofit-Bereich. Doch nicht nur aus organisations- oder anspruchsgruppenbezogenen Überlegungen heraus müssen die Kirchenmitglieder den Kirchen am Herzen liegen. Dem Selbstverständnis der Kirchen entsprechend ist für sie eine möglichst lebenslange Bindung ihrer Mitglieder von zentraler Bedeutung. Schliesslich hängt auch die Erfüllung ihres Auftrags an der Qualität ihrer Mitgliederbindung. «Die eigenen Mitglieder und alle Menschen guten Willens dafür gewinnen, sich als Glaubensgemeinschaft für die Botschaft und Praxis des Evangeliums einzusetzen»[2], dafür setzt sich Kirche ein. Umso bitterer ist es für sie, wenn Gläubige das Vertrauen in sie verlieren und sich von den Kirchen abwenden. Manche Autoren sprechen gar von einem noch nie dagewesenen Massenexodus.[3]

Entsprechend veränderte sich die Religionslandschaft in der Schweiz innerhalb der letzten 50 Jahre grundlegend.[4] Während der Mitgliederanteil der römisch-katholischen Kirche um ca. 10 % abnahm, halbierte sich dieser Anteil im selben Zeitraum bei der evangelisch-reformierten Kirche. Der Unterschied zwischen den Kirchen lässt sich durch die Migration in die Schweiz erklären. Weit mehr Migranten und Migrantinnen gehören der katholischen als der evangelischen Kirche an. Der Anteil der Konfessionslosen wuchs von 1,2 % (1970) auf 29,5 % (2019). Die Kirchen sind also mit einem radikalen Umbruch der Religionslandschaft konfrontiert. Der vorliegende Beitrag zeichnet diesen Umbruch nach und umreißt die sich daraus ergebenden persönlichen und gesellschaftlichen Konsequenzen. Auf der persönlichen Ebene geht es um die Frage, ob ein Mitglied angesichts von Vertrauensverlust vermehrt über einen Austritt aus seiner Kirche nachdenkt. Auf der gesellschaftlichen Ebene wird untersucht, wie sich das Vertrauens in die Kirche verglichen mit anderen gesellschaftlichen Akteuren entwickelte.

---

[1] Teile der Einleitung stützen sich auf die Studie Kirchenreputation (bes. Kap. 6): Winter-Pfändler (2015).

[2] Kosch (2007, S. 229).

[3] «The above analysis is intended to shed initial light on arguably the single most striking social trend within British Catholicism over the past century: an unprecedented 'Mass exodus', in more than one sense of the phrase.» (Bullivant 2016).

[4] Betrachtet wird die ständige Wohnbevölkerung (Personen über 15 Jahre alt, in Privathaushalten lebend). Quellen: 1970–2000: Volkszählung (VZ); ab 2010: Strukturerhebung, BfS. Römisch-Katholische Kirche: 1970: 46,7 %, 2019: 34,4 %; Evangelisch-Reformierte Kirche: 1970: 48,8 %, 2019: 22,5 %. Die Daten 1970–2000 wurden mit den Strukturerhebungsdaten (ab 2010) harmonisiert. BfS, 2020.

5.1.1 Vertrauen im Zentrum eines kirchlichen Mitgliederbindungsmanagements

In der Fortführung des Werkes von Jesus aus Nazareth setzen sich die Kirchen für eine gerechte, barmherzige und solidarische Welt ein.[5] Ihrem Selbstverständnis nach wollen sie als Volk Gottes den Menschen Gottes Liebe erfahrbar machen, sei es in der Verkündigung, in ihrem caritativen und diakonischen Engagement oder der Gemeinschaftsbildung aller Gläubigen.[6] Daher ist für die Kirchen eine langfristige, ja, wenn möglich, lebenslange Beziehung der Gläubigen zu ihnen entscheidend.

Die Wirtschaftswissenschaften untersuchen, wie Beziehungen zu Kund:innen, Lieferant:innen, Mitgliedern, Mitarbeiter:innen etc. gestaltet werden müssen, damit langfristige und loyale Beziehungsnetze entstehen.[7] Dabei stellt sich heraus, dass diverse Faktoren diese Beziehungen zwischen einem Mitglied und einer Organisation beeinflussen, beispielsweise psychologische Faktoren wie die gefühlsmäßige Einstellung gegenüber der Organisation. Diese Einstellung ist das Resultat eines Abgleichungsprozesses zwischen den Werten eines Individuums und einer Organisation. Fühlt sich ein Mitglied mit seinen Werten, Lebensansichten oder der Art, das eigene Leben zu gestalten, von einer Organisation unterstützt, wirkt sich dies positiv auf die Beziehung aus, andernfalls negativ.

Selbstverständlich können die Kirchen ihr Tun und Lassen nicht nur von den Erwartungen und Bedürfnissen ihrer Mitglieder abhängig machen. Sie sind der Bibel und ihrer Tradition verpflichtet. Zudem sind sie oft mit widersprüchlichen Erwartungen und Bedürfnissen konfrontiert, da Kirchenmitglieder und gesellschaftliche Gruppen sehr unterschiedliche Wertvorstellungen an die Kirchen herantragen. Dies zeigt sich etwa bei ethischen Themen oder der Frage, ob Kirchen bei politischen Abstimmungen Position beziehen sollen. So konnte Winter-Pfändler in seiner Studie zur Kirchenreputation zeigen, dass die befragten Mitglieder von rechtskonservativen Parteien eine Einmischung der Kirchen ins politische Tagesgeschäft ablehnen, während Mitglieder von Mitte-links-Parteien dies eher befürworten.[8]

Je nach politischer Einstellung des Kirchenmitglieds und dem politischen Handeln und Sprechen der Kirchen verstärkt sich in der Folge die Bindung zur Kirche bzw. schwächt sie sich ab. Eine vertiefte Analyse zum Zusammenhang zwischen Religion und Politik liefert der Beitrag von Antonius Liedhegener im vorliegenden Buch.[9]

---

[5] Bischofberger (2005, S. 37).
[6] Meyns (2013, S. 182).
[7] Bruhn (2012, S. 31).
[8] Winter-Pfändler (2015, S. 193 ff.).
[9] Siehe den Beitrag von Antonius Liedhegener in diesem Band.

Entscheidend ist, inwiefern es den Kirchen gelingt, ihre Positionen glaubwürdig und nachvollziehbar zu vertreten und mit der Vielzahl unterschiedlicher Meinungen und Wertvorstellungen in der eigenen Organisation kreativ und konstruktiv umzugehen.

Weitere Einflussfaktoren auf die Bindung zur Kirche sind Erfahrungen mit der Kirche allgemein oder mit kirchlichen Mitarbeiter:innen. Wurden beispielsweise Begegnungen mit lokalen Seelsorgepersonen als aufbauend, tröstend und hilfreich oder als überheblich, autoritär und lebensfremd erlebt? Neben der Sozialkompetenz der Mitarbeiter:innen braucht es viele weitere Fähigkeiten aber auch reibungslose und «kundenorientierte» organisatorische Abläufe, damit Menschen mit kirchlichen Angeboten zufrieden sind und sich positiv an die Kontakte mit den Kirchen erinnern. Ein gelingender Religionsunterricht beispielsweise hängt von den pädagogischen Kompetenzen der Lehrperson ab und für die Angehörigen eines Verstorbenen ist es entscheidend, wie unkompliziert und schnell der:die zuständige Seelsorger:in erreichbar ist (Stichwort: Dienstleistungsqualität).[10] Zu den persönlichen Erfahrungen mit einzelnen Menschen gesellen sich oft medial vermittelte Erfahrungen mit der Kirchenleitung (z. B. mit den Bischöfen).

All diese Aspekte prägen die Bindung zur Kirche und führen dazu, ob jemand ein gutes, ein schlechtes oder ein zwiespältiges Gefühl bekommt, wenn er:sie an die Kirche denkt, und ob Vertrauen gewonnen oder verloren wurde.

Der Aufbau von Vertrauen und Verbundenheit steht infolge im Zentrum jedes Bindungsmanagements.[11] Gelingt es den Kirchen, sich ihren Mitgliedern und der Gesellschaft, in welcher sie wirken, als glaubwürdige und vertrauensvolle Institutionen zu präsentieren? Dies dürfte gerade auch im Hinblick auf die öffentlich-rechtliche Anerkennung der Kirchen mit den damit verbundenen Privilegien (z. B. erleichterter Zugang zu Bildungs- und Gesundheitseinrichtungen, finanzielle Zuwendungen durch die Kantone, das Recht, Kirchensteuern zu erheben, etc.) von Bedeutung sein. (Kirchen-)rechtliche Aspekte, welche Menschen an die Kirchen binden, sind heute in den mitteleuropäischen Gesellschaften irrelevant.[12]

Sowohl Vertrauen als auch Misstrauen helfen mit, die Welt, in der wir uns bewegen, einzuschätzen. Menschen sehen durch eine Vertrauens- und Misstrauensbrille auf ihre Welt. Somit besitzen sowohl Vertrauen als auch Misstrauen eine «komplexitätsreduzierende Funktion»[13] und ein erst einmal gewonnenes Bild tendiert dazu, fortgeschrieben zu werden. D. h. Kirchen, die ein hohes Vertrauen und einen guten Ruf genießen, können auf motiviertere Mitarbeiter:innen zählen, die Berichterstattung in den

---

[10] Winter-Pfändler (2015, S. 63 ff.).

[11] Winter-Pfändler (2015, S. 199).

[12] «Für die kirchliche Pastoralmacht maskiert dies den definitiven Endpunkt eines einzigen Verlustweges. Dieser führte vom Kosmos zur Kommunität und schließlich zum Körper.» Bucher (2012, S. 34).

[13] Weggen (2017, S. 323).

Medien ist in der Regel positiver und die Kooperation mit anderen gesellschaftlichen Akteuren (z. B. aus dem Bildungs- oder Gesundheitswesen) fällt leichter. Diese Magnetwirkung zeigt sich leider auch umgekehrt: Misstrauen fördert Mitarbeiterdemotivation oder schlechte Presse, wodurch wiederum ein schlechtes Bild bestärkt wird.[14]

Gerade die Gruppe der Distanzierten, also Menschen, die mit der Kirche einen losen Kontakt pflegen, betrachtet ihre Kirchenmitgliedschaft vermehrt unter einem Kosten-Nutzen-Aspekt. Kirchenmitgliedschaft ist für sie dann sinnvoll, «wenn sie einen individuellen Nutzen haben oder damit für andere oder die Gesellschaft einen Nutzen gestiftet wird»[15]. Umso entscheidender ist es, wie diese Mitglieder die wenigen Kontakte zur Kirche erleben und ob es den Kirchen gelingt, ihren gesellschaftlichen Nutzen für die Gesellschaft allgemein oder für sozial Benachteiligte auszuweisen.[16] Und damit trotz Distanz zur Kirche ein Stück Verbundenheit mit ihr verspüren.

5.1.2 Motive für die Kirchenmitgliedschaft

Wie im vorhergehenden Kapitel gezeigt wurde, ist die Bindung der Mitglieder davon abhängig, ob eigene Erwartungen erfüllt oder positive Erfahrungen im Kontakt mit den Kirchen gemacht wurden. Es stellt sich daher die Frage, was die Mitglieder von ihrer Kirche erwarten und was sie sich von ihr versprechen.

Die Mitglieder der Kirchen sind vielfältig motiviert. Für kirchennahe Mitglieder, also Mitglieder der Kerngemeinden, ist beispielsweise die Trost- und Schutzfunktion wichtig.[17] Die Kirche soll sie unterstützen, mit schwierigen Lebenssituationen umzugehen. Zudem fühlen sich diese Menschen zu den Werten und religiösen Inhalten hingezogen, für welche die Kirche eintritt. Distanziertere Mitglieder schätzen die Kirchen als Anbieterinnen für Rituale bei Lebensübergängen.[18] Weiter finden sie wichtig, dass sich die Kirchen für sozial Benachteiligte einsetzen (caritativ-diakonisches kirchliches Engagement). Schließlich schätzen sie, dass die Kirchen die christliche Tradition pflegen («Traditionsbewahrerin»)[19]. Diese traditionsbewahrende Aufgabe nehmen die Kirchen

---

[14] Winter-Pfändler (2015, S. 19).

[15] Kosch (2013, S. 4).

[16] Z. B. Widmer et al. (2017).

[17] Pollack (2008, S. 96). In der Umfrage zu Religion und Sprache durch das Bundesamt für Statistik (BfS) zeigte sich, dass Religion insbesondere in «schwierigen Momenten des Lebens» oder einer Krankheit wichtig ist. Bundesamt für Statistik BfS (2016, S. 22).

[18] Stolz und Usunier (2019, S. 24), beschreiben diese Erwartungen wie folgt: «Individuals increasingly show consumer-like expectations with regard to religious organizations (quality, entertainment, adaptation of product); they behave increasingly like consumers in that they 'shop' and combine what interests them.»

[19] Pollack (2008, S. 96).

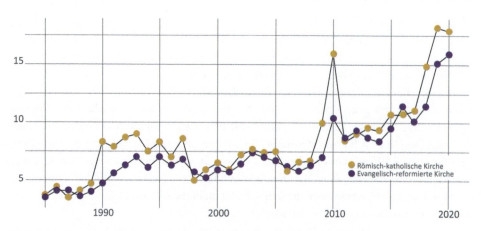

Abb. 5.1 Kirchenaustritte pro 1000 Mitglieder im Kanton Zürich (1985–2020)

wahr. So zeigte etwa die Studie zur Kirchenreputation, dass die Befragten die Erhaltung von sakralen Gebäuden durch eine Kirche mit Bestnoten versahen.[20]

5.1.3 Der Rückgang von Verbundenheit und die Folgen

Dass Vertrauen und Verbundenheit auch zerstört werden können, musste insbesondere die römisch-katholische Kirche in den vergangenen Jahren erfahren. Das verheerende Ausmaß der Missbrauchsskandale[21] und deren systematische Vertuschung,[22] die Diskussionen um die Stellung der Frau in der Kirche sowie Berichte zum Umgang mit kirchlichen Mitarbeiter:innen haben der Kirche geschadet und Vertrauen zerstört. Das führte dazu, dass die Austrittszahlen in die Höhe schossen (siehe Abb. 5.1). In diesen Zahlen lassen sich deutliche Spitzenwerte im Jahr 2010 (Skandal um den Holocaustleugner und Piusbruder Williamson) sowie in jüngster Vergangenheit im Zusammenhang mit den oben beschriebenen Skandalen beobachten.[23]

Der Kirchenaustritt steht in der Regel am Schluss eines (meist) längeren Prozesses.[24] Häufig lässt sich bereits eine zunehmende Entfremdung von der Kirche während der Noch-Mitgliedschaft beobachten. Das zeigt sich etwa an den sinkenden Tauf- und Trauquoten: Im Jahr 2018 heiratete nur noch jedes dritte Paar, bei dem beide in der

---

[20] Winter-Pfändler (2015, S. 63 ff.).
[21] Dreßing et al. (2018).
[22] Gabriel Tomic spricht von Verleugnungs- und Verkleinerungsstrategien. Tomic (2019, S. 3).
[23] Meyns (2013, S. 133), Kosch (2013, S. 4), Husistein (2013, S. 27). Bemerkung Abb. 5.1: Quelle: Römisch-katholische und evangelisch-reformierte Kirche des Kantons Zürich.
[24] Riegel et al. (2018a, S. 140). Siehe auch Szymanowski et al. (2018, S. 73).

katholischen Kirche sind, kirchlich (Vergleich 2011: 44 %). Gleiches zeigt sich bei den Taufzahlen: So hat in den vergangenen Jahren die Taufquote (mit Ausnahme des Bistums Lugano) kontinuierlich abgenommen.[25] Diese Entwicklung führt neben der Überalterung der Kirchen (insbesondere bei der evangelisch-reformierten Kirche) zu den Umbrüchen in der Religionslandschaft der letzten Jahrzehnte.[26] Ein Schneeballeffekt droht, da es zunehmend sozial akzeptiert ist, nicht Mitglied einer Kirche zu sein.[27] Die Distanzierungsprozesse, welche in den Kirchen derzeit stattfinden, beleuchtet der Artikel von Oliver Wäckerlig, Eva Baumann-Neuhaus und Arnd Bünker im vorliegenden Buch ausführlich.[28] Dieser Beitrag zeigt auch, dass die Verbundenheit mit der Kirche bei ihren Mitgliedern in den vergangenen Jahren sank.

Es ist eine Frage der Zeit und der Umstände (z. B. das Bekanntwerden von Missständen in der Kirche), bis der Faden schließlich ganz reißt (oder bei den Kindern erst gar nicht aufgenommen wird) und die Gläubigen aus der Kirche austreten.

Wie es um die Austrittsneigung der Teilnehmer:innen der vorliegenden Studie steht und welche Faktoren diese Austrittsneigung beeinflussen, wird im Kapitel zu den Ergebnissen im vorliegenden Artikel erläutert.

5.1.4 Gründe für den Kirchenaustritt

Ulrich Riegel et al. beschreiben in ihrer qualitativen Studie zu den Austrittsgründen aus der katholischen Kirche sieben Dimensionen und fassen viele der in weiteren Studien beschriebenen Gründe zusammen: Die Ausgetretenen erwähnten persönliche Ansichten, z. B. das Missfallen mit katholischen Lehrmeinungen (Homosexualität, Rolle der Frau in der Kirche, Zölibat, Auffassung der Kirche zum Thema Abtreibung etc.) *(individuelle Dimension)*. Weitere Gründe waren negative Erfahrungen mit kirchlichen Angestellten *(interaktive Dimension)*, während auf der zwischenmenschlichen Ebene ein grundlegendes Misstrauen gegenüber der Kirche geäußert wurde (z. B. dass sie ihre privilegierte Stellung in der Gesellschaft für eigene Zwecke missbrauche) *(soziale Dimension)*. Die Befragten bekundeten weiter Mühe mit der Art und Weise, wie

---

[25] SPI (Schweizerisches Pastoralsoziologisches Institut). Kirchenstatistik: Trauungen, Taufen und Kirchenaustritte.

[26] Husistein (2013, S. 45).

[27] «This initial exit from one's religion can generate a snowball effect: as irreligion grows, it becomes increasingly socially acceptable to be unaffiliated, and more individuals in turn become willing to adopt this stance toward religion. But most notably, as more and more children are born into families of religious nones, families who are either actively against religion or indifferent toward it, fewer and fewer children receive any religious socialization during their formative years.» (Thiessen und Wilkins-Laflamme 2017, S. 66).

[28] Siehe den Beitrag von Oliver Wäckerlig, Eva Baumann-Neuhaus und Arnd Bünker in diesem Band.

die katholische Kirche Gottesdienste feiert (unverständlich, starr, unpersönlich und von gestern) *(liturgische Dimension)*, oder empfanden die Kirche als hierarchisch, unflexibel und machtausübend *(strukturelle Dimension)*. In der *finanziellen Dimension* fassten die Autoren Zweifel an der Sorgfalt der Kirche mit anvertrauten Geldern aber auch den Wunsch nach Steuerersparnis zusammen.[29] Schließlich, subsumierten die Verfasser den schlechten Ruf der Kirchen in der *kommunikativen* Dimension.[30] Viele dieser genannten Faktoren dürften ineinander spielen und miteinander verzahnt sein.[31]

In einer weiteren empirischen Studie ordnen Ulrich Riegel et al. die Fülle der Austrittsgründe nach deren zeitlichem Verlauf. Sie unterscheiden als grundlegende Motive den Glaubenszweifel, das Erscheinungsbild der Kirche, die Diskrepanz zu ethischen Positionen sowie die rückständige Haltung der Kirche. Diese Motive führen zu einer zunehmenden Distanzierung zur Kirche («bestimmendes Motiv»). Gesellen sich zu dieser Entfremdung ein persönliches Enttäuschungserlebnis oder die Pflicht, Kirchensteuer zu bezahlen («Anlass»), kann dies zum Kirchenaustritt führen:[32] «Wer sich von seiner Kirche entfremdet, kann sie in der Regel weitgehend aus seinem Leben ausblenden. Dann gibt es auch keinen Grund, aus ihr auszutreten. Dieser Schritt ist erst dann notwendig, wenn Kirche im Leben wieder spürbar wird. In unseren Porträts tritt dieser Fall dann ein, wenn man entweder Kirchensteuer zahlen soll oder aufgrund einer Angelegenheit mit der Kirche in Kontakt kommt, und dieser Kontakt enttäuschend verläuft.»[33]

Diverse empirische Studien versuchen, den typischen Austrittskandidaten zu beschreiben. Stichworte wie männlich, im städtischen Kontext lebend, gut ausgebildet, ledig und jünger wurden dabei genannt: «Der ideale Austrittskandidat ist also ein junger, kinderloser, in einer Grossstadt lebender Deutschschweizer Mann mit hohem Einkommen.»[34] Oder wie es Jörg Stolz und Thomas Englberger formulierten: «Ein Gedanke

---

[29] Der Wunsch, Kirchensteuern einzusparen, ist jedoch nicht der alleinige Grund für einen Kirchenaustritt. So konnte die Studie des Pew Research Centers aufzeigen, dass es hinsichtlich ihrer Säkularisierung keinen offensichtlichen Zusammenhang zwischen westeuropäischen Ländern mit und ohne Kirchensteuern gibt. Pew Research Center (2019, S. 12).

[30] Riegel et al. (2018a, S. 145).

[31] Ulrich Riegel und Tobias Faix fanden in ihrer quantitativen Studie in Deutschland mit 2'192 Ausgetretenen oder Austrittswilligen (anfallende Stichprobe) drei Dimensionen der Austrittsmotive: Die Dimension des Leistungsausweises der Kirche («Church's performance») umfasst Motive wie Positionen der Kirche zum Thema Frauen in der Kirche, Skandale, kirchliche Vergangenheit wie etwa die Kreuzzuge etc. Die Dimension der fehlenden Bindung («Missing relationship») umschreibt den fehlenden Kontakt zur lokalen Kirche oder die Kirchensteuern. Unter der letzten Dimension, der fehlenden Glaubwürdigkeit («Lacking credibility») fassen die Autoren die Meinung, dass die Kirche die Mission Jesu verfehle oder das Religiosität auch ohne Kirche gelebt werden könne. Riegel und Faix (2019, S. 184 ff.).

[32] Riegel et al. (2018b, S. 188).

[33] Riegel et al. (2018b, S. 188).

[34] Stolz und Ballif (2010, S. 60). Auch die Studie des Pew Research Centers, ebd., konnte den Alters- und Bildungseffekt für die Schweiz nachweisen (S. 29).

an einen Kirchenaustritt ist wahrscheinlich bei jüngeren Personen, Männern, in einer Stadt Wohnenden, im Konkubinat Lebenden, Personen mit keinen oder wenigen Kindern und höher Gebildeten.»[35] Auf Generationseffekte im Zusammenhang mit der Kirchenbindung geht der Beitrag von Jörg Stolz und Jeremy Senn im vorliegenden Band ein,[36] zur Sozialisation religionsloser Menschen finden sich vertiefte Untersuchungen im Beitrag von Pascal Tanner.[37]

In der Reputationsstudie konnten weitere signifikante Zusammenhänge zwischen Austrittsneigung, Kontakthäufigkeit mit der Kirche und persönlicher Religiosität aufgezeigt werden: Je weniger Kontakt zwischen den Befragten und ihrer Kirche besteht und je areligiöser sie sich empfinden, desto größer ist die Wahrscheinlichkeit, aus der Kirche auszutreten. Schließlich konnte die Reputationsstudie auch einen Effekt der Konfession nachweisen: Die befragten katholischen Politiker und Politikerinnen zeigten eine größere Austrittsneigung als ihre evangelisch-reformierten Kolleginnen und Kollegen. Dieses Ergebnis dürfte auf die publik gewordenen Missstände in der katholischen Kirche zurückzuführen sein.[38] Inwiefern sich all diese Einflussfaktoren im vorliegenden Datensatz replizieren lassen, wird im Kapitel zu den Ergebnissen des vorliegenden Artikels dargestellt.

Es lohnt sich daher, die Daten der MOSAiCH Studie genauer zu betrachten und zu analysieren: Wie entwickelte sich das Vertrauen in die Kirchen und im Vergleich zu anderen gesellschaftlichen Akteuren während der letzten 20 Jahre? Weiter: Wie wichtig sind die Kirchen in den Augen der Befragten für sie selbst, für die Gesellschaft allgemein sowie für sozial Benachteiligte und hat sich diese Wichtigkeit innerhalb von zehn Jahren verändert? Schließlich: Wie groß ist die Austrittsneigung der Teilnehmer:innen (auch im Vergleich zur letzten Befragung vor zehn Jahren) und welche Faktoren beeinflussen die Austrittsneigung? All diese Fragen sollen im Ergebnisteil beantwortet werden. Zuvor noch einige Bemerkungen zur Methodik.

5.2 Methodik

5.2.1 Stichprobe

Die Grundlagen des vorliegenden Beitrages bilden die alle zehn Jahre stattfindenden MOSAiCH-Erhebungen mit dem Schwerpunkt «Religion» (Measurement and Observation of Social Attitudes in Switzerland). Während sich im Jahr 2018 2'350

---

[35] Stolz und Englberger (2014, S. 139).
[36] Siehe den Beitrag von Jörg Stolz und Jeremy Senn in diesem Band.
[37] Siehe den Beitrag von Pascal Tanner in diesem Band.
[38] Winter-Pfändler (2015, S. 148 ff.).

Personen aus der gesamten Schweiz per Online-Umfrage beteiligten,[39] waren es im Jahr 2009[40] 1'229 Personen und im Jahr 1998[41] 1'204 Personen. Sowohl 2009 als auch 1998 wurde per Telefoninterview erhoben.

Der vorliegende Beitrag konzentriert sich auf den Datensatz aus dem Jahr 2018, schaut jedoch auch in die Vergangenheit und stellt Daten im Längschnitt von über 20 Jahren dar. Im Zentrum stehen die beiden großen Kirchen, d. h. die römisch-katholische (N=560) und die evangelisch-reformierte Kirche (N=554). Selbstverständlich haben sich auch Mitglieder anderer Religionsgemeinschaften an der MOSAiCH-Umfrage beteiligt. Leider sind die Fallzahlen dieser Religionsgemeinschaften zu klein, um in den vorliegenden statistischen Analysen berücksichtigt zu werden.[42] Als «Kontrastgruppe» dient die Gruppe der Konfessionslosen (N=795).

Gemäß Bundesverfassung Artikel 72 liegt die Kompetenz, das Kirche-Staat-Verhältnis zu definieren, bei den Kantonen. Daher existieren in der Schweiz unterschiedliche Systeme bzw. Modelle der Kirchenfinanzierung. Während sich die öffentlich-rechtlich anerkannten Kirchen der Deutschschweiz über Kirchensteuern finanzieren, sieht die Situation in den Kantonen Tessin, Waadt, Neuenburg, Genf sowie Wallis anders aus: In diesen Kantonen erfolgt die Finanzierung entweder über Beiträge der öffentlichen Hand (Kantone Wallis und Waadt) oder über Spenden (insbesondere in den Kantonen Genf, Tessin oder Neuenburg). Die gilt vorwiegend für die katholische Kirche. Diese Unterschiede in der Finanzierung der Kirchen beeinflussen auch die Austrittsneigung[43]: Während eine natürliche Personen in

---

[39] Stähli et al. (2019). Die Umfrage umfasst 294 Variablen. Die Datenerhebung erfolgte mithilfe von zwei Teilbefragungen. In der ersten Runde beteiligten sich 2'350 Personen, denen es freigestellt war, an einer zweiten Befragung teilzunehmen. An dieser «wave 2» beteiligten sich ca. 75 % der «wave 1».

[40] Joye et al. (2010). Die Umfrage umfasst 530 Variablen.

[41] Campiche et al. (2001). Die Umfrage umfasst 98 Variablen.

[42] Struktur des MOSAiCH Datensatzes 2018, aufgeschlüsselt nach Religionszugehörigkeit: Roman Catholic: N=560, Protestant, reformed: N=554, No religion: N=795, Christ Catholic: N=155, Free evangelical churches and communities: N=60, Christian Orthodox: N=42, Jewish: N=5, Islamic: N=66, Buddhist: N=22, Hindu: N=5, Other (Christian denomination): N=8, Other (Religious Denomination): N=30. Die Anzahl der in der Umfrage vertretenen 150 Christkatholik:innen steht in keinem Verhältnis zu den Mitgliedern der christkatholischen Kirche (Mitgliederstand [2017–2019 kumuliert]: N=9'953 Personen über 15 Jahre alt und in Privathauhalt lebend, BfS Strukturerhebung, 2021). Es kann sein, dass ein Teil der Personen, welche sich als christkatholisch bezeichnen, der römisch-katholischen Kirche angehören. Weiter ist es möglich, dass ein Teil aus einer Kirche ausgetreten ist und sich als «christlich katholisch» fühlt. Schließlich besteht die Möglichkeit, dass Teilnehmende tatsächlich der christlich-katholischen Kirche angehören. Da sich strukturelle Abweichungen bei organisationsbezogenen Fragen (Austrittswahrscheinlichkeit) zwischen den römisch-katholischen und christkatholischen Mitgliedern zeigen, ist unklar, wozu diese Gruppe zu zählen ist, und diese Gruppe wird in diesem Artikel von den weiteren Analysen ausgeschlossen.

[43] Siehe Schweizerisches Pastoralsoziologisches Institut (SPI). Kirchenstatistik: Kirchenaustritte. Grafik 1.11.1.

den Kantonen mit Kirchensteuern diesen Betrag bei einem Austritt einspart, ist der ökonomische Anreiz für einen Kirchenaustritt in den Kantonen Waadt, Neuenburg, Genf, Tessin und Wallis vernachlässigbar. Daher wurden für die Modelle zur Austrittsneigung (sowohl Längsschnittdaten als auch interferenzstatistische Berechnungen) die Daten gefiltert und die Personen aus den Kantonen Genf, Neuenburg, Waadt, Tessin und Wallis aus den Analysen ausgeschlossen. Die Ergebnisse dürften damit der Realität wesentlich näher kommen als ohne den Ausschluss der Bewohner:innen dieser fünf Kantone.

5.2.2 Verwendete Items

Jede MOSAiCH Umfrage umfasst mehrere hundert Fragen bzw. Items. Der vorliegende Beitrag stellt die Fragen zu den Kirchen und ihren Mitgliedern in den Mittelpunkt und analysiert, wie die Befragten die Kirchen im Allgemeinen wahrnehmen: Wie viel Vertrauen haben die Teilnehmer:innen in die Kirchen, gerade auch im Vergleich mit anderen wichtigen gesellschaftlichen Akteuren wie Parlament, Gerichte, Bildungssystem oder Wirtschaft?[44] Weiter wurde untersucht, ob die Kirchen für die Befragten persönlich wichtig, für die Gesellschaft allgemein oder für sozial Benachteiligte wichtig sind.[45] Schließlich: Haben sich die Teilnehmer:innen bereits einmal überlegt, aus der Kirche auszutreten?[46] All diese Fragen werden im Längschnitt aufbereitet sowie in Zusammen-

---

[44] Antwortmöglichkeiten zum Item «Wie viel Vertrauen haben Sie in … (a) … das Parlament (National- und Ständerat)?, (b) … Handel und Industrie?, (c) … die Kirchen und religiöse Organisationen?, (d) … die Gerichte und das Rechtssystem? und (e) … die Schulen und das Bildungssystem?» lauteten: 5 = überhaupt kein Vertrauen, 4 = sehr wenig Vertrauen, 3 = etwas Vertrauen, 2 = viel Vertrauen und 1 = volles Vertrauen (Antworten wurden umkodiert zur besseren grafischen Anschaulichkeit). Antworten zu diesen Fragen liegen aus den Jahren 1998, 2009 sowie 2018 vor. Bemerkung Abb. 5.2: N.römisch-katholisch.1998 = 578, N.römisch-katholisch.2009 = 410, N.römisch-katholisch.2018 = 560, N.evangelisch-reformiert.1998 = 458, N.evangelisch-reformiert.2009 = 373, N.evangelisch-reformiert.2018 = 554, N.konfessionslos.1998 = 111, N.konfessionslos.2009 = 308, N.konfessionslos.2018 = 795. Quelle: Umfragen FORS.

[45] Antwortmöglichkeiten zu den Items «Wie wichtig oder nicht wichtig sind die Kirchen … (a) für sie persönlich? (b) … für die Gesellschaft im Allgemeinen? und (c) … für sozial Benachteiligte?» lauteten 1 = sehr wichtig, 2 = eher wichtig, 3 = weder wichtig noch nicht wichtig, 4 = eher nicht wichtig, 5 = überhaupt nicht wichtig (Antworten wurden umkodiert zur besseren grafischen Anschaulichkeit). Antworten auf diese Frage liegen aus den Jahren 2009 sowie 2018 (Fragebogenrunde «wave 2») vor.

[46] Antwortmöglichkeit auf das Item «Haben Sie schon einmal daran gedacht, aus Ihrer Kirche oder aus Ihrer religiösen Gemeinschaft auszutreten?» lautete 1 = Ja, 2 = Nein (Antworten wurden umkodiert zur besseren grafischen Anschaulichkeit). Antworten auf diese Frage liegen aus den Jahren 2009 sowie 2018 vor. Bemerkung Abb. 5.3: N.römisch-katholisch.2009: Nein = 115, Ja = 63; N.römisch-katholisch.2018: Nein = 253, Ja = 153; N.evangelisch-reformiert.2009: Nein = 129, Ja = 66; N.evangelisch-reformiert.2018: Nein = 284, Ja = 167. Chi2 Test sind nicht signifikant. Quelle: Umfragen FORS.

hang gebracht mit demografischen Angaben wie Alter, Religiosität[47], Geschlecht, Ausbildung, Wohngebiet und aktuellem Zivilstand.[48]

5.3 Ergebnisse

Abb. 5.2 zeigt die Ergebnisse zur Wichtigkeit gesellschaftlicher Akteure über die letzten 20 Jahre, aufgeschlüsselt nach den Gruppen römisch-katholisch, evangelisch-reformiert und konfessionslos. Am meisten Vertrauen haben die Befragten in das Schul- und Bildungswesen sowie in die Gerichte und das Rechtssystem. Die Kirchen und religiösen Organisationen schneiden am schlechtesten ab. So haben die Gruppen der Katholik:innen und der Evangelischen «etwas Vertrauen» in die Kirchen, während die Konfessionslosen «sehr wenig» Vertrauen in die Religionsgemeinschaften setzen. Es fällt auf, dass die Vertrauenswerte innerhalb der konfessionellen Gruppen über die letzten 20 Jahre leicht und in der Gruppe der Konfessionslosen deutlich sanken (siehe Tab. 5.1). Setzt man das Vertrauen in die Kirchen und religiösen Organisationen in Bezug zu demografischen Variablen, so scheinen Alter und Religiosität einen Einfluss auf das Vertrauen zu haben, d. h. je älter die Befragten sind und je religiöser sie sich einschätzen, umso mehr Vertrauen haben sie in die Kirchen. Diese Effekte zeigen sich in allen drei Gruppen.

Auch bei der Wichtigkeit der Kirchen für einen persönlich, für die Gesellschaft allgemein oder für sozial Benachteiligte zeigt sich, dass die Gruppe der Katholik:innen und der Evangelischen ähnliche Einschätzungen im Bereich «weder noch» bis «eher wichtig» vornahmen. Am meisten Zustimmung erhielt die Wichtigkeit der Kirchen für sozial Benachteiligte, die tiefsten Werte verzeichnete die Wichtigkeit für einen persönlich. Auch bei der Frage nach der Wichtigkeit zeigen sich Unterschiede zwischen den Kirchenmitgliedern und den Konfessionslosen: Nicht nur schätzen die Konfessionslosen die Wichtigkeit der Kirchen in allen drei Bereichen niedriger ein als die Gruppen der Kirchenmitglieder, der Abfall der Werte zwischen den Jahren 2009 und 2018 ist darüber hinaus deutlicher (siehe Tab. 5.2). Gleichwohl sprechen auch die Konfessionslosen den

---

[47] Das Item zur Religiosität lautet: «Als wie religiös würden Sie sich selbst beschreiben?» Die Antwortmöglichkeiten waren: 1 = tief religiös, 2 = religiös, 3 = eher religiös, 4 = weder religiös noch nicht religiös, 5 = eher nicht religiös, 6 = nicht religiös und 7 = überhaupt nicht religiös (Antwortmöglichkeiten wurden umkodiert). Zudem wurden die Faktoren (a) ‚(sehr) areligiös' (5–7), (b) ‚weder noch' (4) und (c) ‚(sehr) religiös gebildet' (1–3) gebildet zur besseren grafischen Darstellung.

[48] Das Item «Höchste abgeschlossene Ausbildung» wurde in die Faktoren Volksschule, Sekundarabschluss sowie Tertiärabschluss zerlegt. Das Item zum Wohngebiet wurde dichotomisiert: Stadt/Agglomeration versus Land. Das Alter wurde ebenfalls in Altersgruppen aufgeteilt.
Missing Values bzw. Fehlwerte auf Nominalskalenniveau und Intervallskalenniveau wurden listenweise gestrichen.

5.3 Ergebnisse

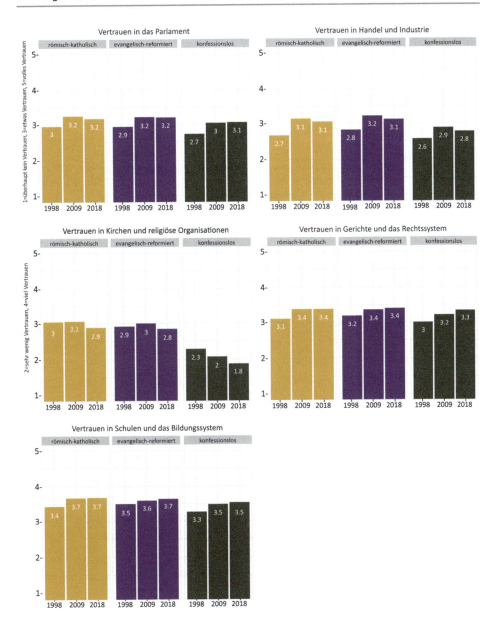

Abb. 5.2 Vertrauen in wichtige gesellschaftliche Akteure (Längsschnitt)

Tab. 5.1 Unterschiede Vertrauen in Kirchen und religiöse Organisationen x röm.-kath., evang.-ref. und konf.los

	1998	2009	2018	F
röm.-kath	3.04 (0.95)	3.05 (0.87)	2.87 (0.93)	6.12***
evang.-ref	2.91 (0.87)	2.99 (0.95)	2.84 (0.90)	3.06*
konfessionslos	2.26 (0.90)	2.04 (0.85)	1.84 (0.82)	14.73***

p* p<0.05, ** p<0.01, *** p<0.001
Anmerkung: N bezieht sich auf das gesamte Subsample inkl. Fehlwerte in den abhängigen Variablen. Missing Values: Parlament: N=232; Handel und Industrie: N=211; Kirchen und Religiöse Organisationen: N=171; Gerichte und Rechtssystem: N=97; Schule und Bildungssystem: N=99).

Tab. 5.2 Wichtigkeit für sich persönlich, die Gesellschaft allgemein und für sozial Benachteiligte: Differenzen zwischen den Jahren 2009 und 2018, aufgeschlüsselt nach römisch-katholisch, evangelisch-reformiert und konfessionslos

	2009	2018	F
Wichtigkeit der Kirchen für sich persönlich			
römisch-katholisch ($N_{2009}=215$, $N_{2018}=387$)	3.36 (1.04)	3.24 (1.13)	1.74
evangelisch-reformiert ($N_{2009}=207$, $N_{2018}=420$)	3.25 (1.06)	2.95 (1.10)	10.28**
konfessionslos ($N_{2009}=194$, $N_{2018}=517$)	1.91 (0.92)	1.57 (0.83)	22.01***
Wichtigkeit der Kirchen für Gesellschaft allgemein[a]			
römisch-katholisch	3.56 (0.84)	3.60 (0.86)	0.26
evangelisch-reformiert	3.60 (0.84)	3.45 (0.86)	4.36*
konfessionslos	3.12 (0.99)	2.89 (1.04)	6.86**
Wichtigkeit der Kirchen für sozial Benachteiligte[a]			
römisch-katholisch	3.87 (0.77)	3.92 (0.84)	0.47
evangelisch-reformiert	3.92 (0.74)	3.79 (0.82)	3.56
konfessionslos	3.56 (0.85)	3.34 (1.03)	6.86**

[a] Anzahl, siehe Wichtigkeit für sich persönlich * p<0.05, ** p<0.01, *** p<0.001; M (SD). Anmerkung: N bezieht sich auf das gesamte Subsample inkl. Fehlwerte in den abhängigen Variablen

Kirchen eine gewisse Wichtigkeit für sozial Benachteiligte zu. Wie auch beim Vertrauen in die Kirchen und religiösen Organisationen hängt die Einschätzung der Wichtigkeit mit der persönlichen Religiosität zusammen (siehe Tab. 5.3).

Bei der Austrittsneigung (siehe Abb. 5.3) zeigt sich folgendes Bild: Die Austrittsneigung ist innerhalb von zehn Jahren gestiegen auf aktuell 37 % (evangelisch-reformierte Mitglieder) bzw. 38 % (römisch-katholische Mitglieder). D. h. mehr als ein Drittel aller Mitglieder überlegt sich derzeit, aus der Kirche auszutreten. Tab. 5.4 setzt diese Austrittsneigung in Bezug zu demografischen Faktoren. Dabei zeigen sich signifikante Unter-

5.3 Ergebnisse

Tab. 5.3 Pearson Korrelationen: Religiosität und Wichtigkeit der Kirchen (persönlich, Gesellschaft allg., sozial Benachteiligte), aufgeschlüsselt nach Konfession bzw. Konfessionslosigkeit

		römisch-katholisch (N=391–412)[a]			evangelisch-reformiert (N=423–457)			konfessionslos (N=520–596)		
		1	2	3	1	2	3	1	2	3
1	Wichtigkeit: für sich persönlich	-			-			-		
2	Wichtigkeit: für Gesellschaft allgemein	.52***			.51***			.35***		
3	Wichtigkeit: für sozial Benachteiligte	.39***	.55***		.41***	.53***		.23***	.54***	
4	Religiosität	.68***	.33***	.29***	.68***	.34***	.28***	.43***	.22***	.20***

[a] N ist unterschiedlich aufgrund von Fehlwerten, * p<0.05, ** p<0.01, *** p<0.001

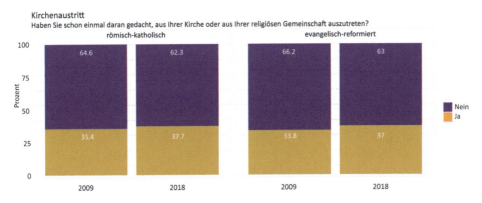

Abb. 5.3 Austrittsneigung (Längsschnitt)

schiede in Bezug auf die Variablen Alter, Geschlecht, Zivilstand, Ausbildungsstand und Wohnort: Jüngere, Männer, Nicht-Verheiratete, in der Stadt/Agglomeration Lebende und höher Ausgebildete sind austrittsgeneigter. Damit bestätigt sich auch der Befund anderer empirischer Untersuchungen (siehe Abschn. 5.1.4). Weitere Einflussfaktoren sind das Vertrauen und die persönliche Religiosität. Auch hier werden bereits beschriebene Ergebnisse bestätigt: Je weniger Vertrauen in die Kirchen besteht und je weniger religiös sich die Befragten einschätzen, umso größer ist die Austrittsneigung.

Schließlich wurden die untersuchten Faktoren in drei unterschiedlichen Modellen mithilfe von Logit-Regressionsanalysen untersucht (siehe Tab. 5.5: Modell 1: demografische Variablen, Modell 2: religiöse Variablen = Konfession, Religiosität und Ver-

Tab. 5.4 Kennzeichen der Stichprobe sowie bivariate Assoziationen mit der Wahrscheinlichkeit zum Kirchenaustritt (N = 772, ohne Fehlerwerte und ohne TN aus den Kantonen VS, TI, NE, GE, VD)

Variable	Values	Total	Kirchenaustritt «Ja» (N = 292, 38 %)	Kirchenaustritt «Nein» (N = 480, 62 %)	Differenz
Alter (M, SD)	Spannweite = 19–95 J	52.4 (17.0)	48.18 (17.24)	54.96 (16.38)	F = 29.83***
Geschlecht (N, %)	weiblich	408 (53 %)[a]	133 (46 %)[b]	275 (57 %)[b]	X² = 10.05**
	männlich	364 (47 %)[a]	159 (54 %)[b]	205 (43 %)[b]	
Zivilstand (N, %)	verheiratet	158 (39 %)	145 (50 %)	158 (33 %)	X² = 21.34***
	anderes	322 (61 %)	147 (50 %)	322 (67 %)	
Wohnort	Stadt/Agglo	314 (41 %)	141 (48 %)	173 (36 %)	X² = 11.28**
	Land	458 (59 %)	151 (52 %)	307 (64 %)	
Höchste Ausbildung	Volksschule	93 (12 %)	27 (9 %)	66 (14 %)	X² = 8.76*
	Sekundärausbildung	360 (47 %)	126 (43 %)	234 (49 %)	
	Tertiärausbildung	319 (41 %)	139 (48 %)	180 (38 %)	
Religionszugehörigkeit (N, %)	römisch-katholisch	372 (48 %)	142 (49 %)	230 (48 %)	X² = 0.04
	evangelisch-reformiert	400 (52 %)	150 (51 %)	250 (52 %)	
Religiosität (M, SD)	Spannweite 1–7	3.94 (1.48)	3.11 (1.42)	4.44 (1.27)	F = 183.06***
Vertrauen in Kirchen/religiöse Organisationen (M, SD)	Spannweite 1–5	2.86 (0.90)	2.45 (0.86)	3.12 (0.82)	F = 117.24***

* $p<0.05$, ** $p<0.01$, *** $p<0.001$
[a] Prozente innerhalb der jeweiligen Variable (% Spalte).
[b] Prozente mit Austretens-Wahrscheinlichkeit Ja/Nein innerhalb der jeweiligen Kategorie (% Zeile).

trauen, Modell 3: alle Variablen). Im Modell 1 weisen alle demographischen Variablen mit Ausnahme des Ausbildungsstandes signifikante Zusammenhänge auf. Gleiches gilt für die konfessionelle Zugehörigkeit, der Religiosität und dem Vertrauen in Modell 2. Führt man Modell 1 und 2 zusammen zeigt sich im letzten Modell (Modell 3), dass das Geschlecht und der Zivilstand ihren signifikanten Einfluss beibehalten. Gleiches gilt für die organisations-bezogenen/religiösen Variablen. Interessant ist die Zunahme der

Tab. 5.5 Logistische Regressions-Modelle für die Wahrscheinlichkeit zum Kirchenaustritt (1 = Ja, 0 = Nein), N = 772

Variables	Modell 1	Modell 2	Modell 3
Alter	0.98 (0.97, 0.99)***		0.98 (0.97, 0.99)
Geschlecht (männlich = 1)	1.65 (1.21, 2.25)**		1.80 (1.26, 2.56)**
Zivilstand (Anderes = 1)	0.60 (0.43, 0.83)**		0.62 (0.43, 0.91)*
Wohnort (Land = 1)	0.68 (0.50, 0.93)*		0.73 (0.52, 1.05)
Höchste Ausbildung (Tertiär = 1)	1.23 (0.90, 1.68)		1.39 (0.96, 2.00)
Religionszugehörigkeit (1 = röm.-kath.)		1.74 (1.22, 2.48)**	1.72 (1.19, 2.49)**
Religiosität		0.53 (0.46, 0.61)***	0.56 (0.48, 0.65)***
Vertrauen in Kirchen/religiöse Organisationen		0.55 (0.45, 0.68)***	0.51 (0.41, 0.64)***
(Pseudo) R² Cox & Snell ([Pseudo] R² Nagelkerke)	.07 (.10)	.23 (.31)	.26 (.36)

* p<0.05, ** p<0.01, *** p<0.001; gemäss Marjorie Pett[49] sind Modelle mit Pseudo-R^2 Nagelkerke zwischen .09–0.29 als schwach («weak»), zw. 0.30–0.59 als angemessen («moderate») und ≥ .60 als stark («strong») einzuschätzen. Das vorliegende Modell fällt daher in den mittelgradigen Bereich. Werte stellen Odds Ratios und 95 % Konfidenzintervalle dar

Varianz zwischen den Modellen. Insbesondere die Variablen Vertrauen/Konfessionalität/Religiosität scheinen einen maßgeblichen Einfluss zu haben. So wollen signifikant mehr Katholik:innen ihre Kirche verlassen als die Mitglieder der evangelisch-reformierten Kirche. Anzumerken ist, dass der Effekt der Konfessionalität bei den Gruppenunterschieden nicht gefunden wurde.

Insgesamt lässt sich schlussfolgern, dass die kirchenbezogenen sowie religiösen Faktoren die Haupttreiber der Austrittsneigung sind.

5.4 Diskussion

Die Ergebnisse decken sich zum großen Teil mit bisherigen Arbeiten. Die Kirchen haben in den vergangenen Jahren Vertrauen verloren. Dieses Ergebnis wird auch durch das Sorgenbarometer der Credit Suisse und gfs.bern der letzten drei Jahre gestützt. Gerade zwischen den Jahren 2018 und 2019 zeigen diese Arbeiten einen deutlichen Abbruch im Vertrauen, welches den Kirchen entgegengebracht wird. In der jüngsten CS-Studie aus

---

[49] Pett (2015, S. 352).

dem Jahr 2021 rutschten die Kirchen gar auf den letzten Platz. Am meisten vertrauen die Befragten gegenwärtig der Polizei, gefolgt vom Bundesgericht und dem Bundesrat.[50]

Aber ohne zugesprochenes Vertrauen wird es den Kirchen nicht gelingen, im Leben der Beteiligten und in der Gesellschaft wichtig zu sein. Wie die vorliegenden Daten zeigen, distanziert sich gerade die Gruppe der Konfessionslosen zunehmend von den Kirchen. Dies führt dazu, dass der gesellschaftliche Einfluss der Kirchen sinkt.[51]

Mit dem Vertrauen, das die Kirchen im diakonisch-sozialen Bereich noch erfahren, gilt es unbedingt sorgsam umzugehen. Ansonsten droht die Gefahr, dass sich diese Trends fortschreiben, die Entfremdung wächst und die Mitgliederzahlen weiter abnehmen. Dazu gehört sicherlich auch, aus Fehlern zu lernen und Verbesserungsmaßnahmen einzuleiten.[52]

Ob dies den Kirchen gelingt, hängt selbstverständlich nur zu Teilen von ihrem Handeln und Wirken ab.[53] Den gesellschaftlichen Megatrends wie Individualisierung und Säkularisierung können sich die Kirchen nicht entziehen und gesellschaftliche Werte wie Autonomie und Selbstbestimmung decken sich nur teilweise mit dem gemeinschaftlichen Charakter der Kirche.[54] So ist es heute durchaus möglich, eine selbst umrissene und gestaltete Religiosität/Spiritualität individuell zu leben, ohne einer Kirche anzugehören.[55]

---

[50] Credit Suisse und gfs.bern (2019, S. 15), Credit Suisse und gfs.bern (2020, S. 17), Credit Suisse und gfs.bern (2021, 19). Die Kirchen werden dem Bereich Politik und Behörden zugeordnet. Während die Kirchen in der Grafik mit dem Titel «Trend Mittelwert Vertrauen in Akteure (Politik & Behörden)» in der aktuellen Studie an letzter Stelle liegen (S. 19), wird im Erläuterungstext dieses Kapitels erwähnt, dass die Gratiszeitungen und YouTube tiefere Vertrauenswerte besäßen als die Kirchen (S. 18).

[51] Masud Chand und John Perry prognostizieren diesen sinkenden gesellschaftlichen Einfluss der Kirchen insbesondere in den USA: «(…) we will see a decline in Christian privilege, especially in the US, where religiosity has historically been at a much higher level than Europe.» Chand und Perry (2019, S. 457).

[52] Z. B. Schweizer Bischofskonferenz und Vereinigung der Höheren Ordensoberen 2019.

[53] S. auch Schweighofer (2020, S. 363).

[54] Joel Thiessen und Sarah Wilkins-Laflamme fassen die Veränderung der gesellschaftlichen Rahmenbedingungen, mit welchen die Kirchen konfrontiert sind, folgendermaßen zusammen: «(…) that modern social transformations in Western societies, such as rationalization, improved material conditions, pluralism, individualism, and a loss of religious authority in the public sphere, often lead to the general decline of individual religious behavior and identity.» (Thiessen und Wilins-Laflamme 2017, S. 65).

[55] Riegel et al. (2018a, S. 142). «Religion individualisiert sich dabei auf der Nachfrageseite – jeder und jede kann sich seine/ihre Religion selbst zusammenstellen und tut dies auch – aber auch auf der Anbieterseite» (Bucher 2012, S. 32). Auch Caroline Berghammer und Mitarbeitende beschreiben diesen Effekt «believing without belonging»: «(…) we showed that attached leavers hold religious beliefs – either Christian or nonorthodox – and perform private religious practices like praying or having crosses in their homes, which they see as independent from the institutional church.» (Berghammer et al. 2017, S. 532).

Gleichwohl müssen die Kirchen alles daransetzen, verlorenes Vertrauen zurückzugewinnen. Für die Kirchen bedeutet dies einen anstrengenden Weg, denn Vertrauen entsteht nicht mithilfe einer noch so professionell konzipierten PR-Kampagne. Vertrauen entsteht in mühseliger, tagtäglicher Kleinarbeit. Es wächst in kleinen Schritten bei denen Menschen, die kirchliche Mitarbeiter:innen und die Kirche als Organisation als verlässlich, zugewandt, integer, barmherzig und glaubwürdig erleben.[56]

Es gibt immer wieder Möglichkeiten, sich als vertrauenswürdige Kirche «ins Spiel zu bringen». Der vorliegende Artikel entstand in Zeiten der ersten Welle der Corona-Pandemie. Innerhalb von kurzer Zeit entwickelten die Kirchen vielfältige Angebote: Online-Gottesdienste und Jodel-Segen[57], spirituelle Impulse auf YouTube, Hilfsdienste für bedrohte Bevölkerungsgruppen,[58] finanzielle Zuwendungen für Bedürftige,[59] Corona-Bibel-Schreiben[60], Online-Gesprächsrunden, WhatsApp-Gebetsgruppen, Ausbau der Seelsorge am Telefon etc. Es darf vermutet werden, dass die Kirchen mit diesem Engagement positive Zeichen setzen konnten.[61] Ob es den Kirchen gelingt, durch dieses «Nahe-bei-den-Menschen-Sein» mittel- und längerfristig Vertrauen zurückzugewinnen, ist zu hoffen und wird sich zukünftig zeigen.

Literatur

Andres Schürch, Marie-Christine. 2020. Corona macht Pfarreien erfinderisch. In *Pfarrblatt Horizonte*. URL: https://www.horizonte-aargau.ch/corona-macht-pfarreien-erfinderisch/ (4.12.2021).

Berghammer, Caroline, et al. 2017. Looking beyond the church tax: Families and the disaffiliation of Austrian Roman Catholics. In *Journal for the Scientific Study of Religion* 56 (3), S. 514–535.

Bischofberger, Pius. 2005. *Kirchliches Management: Grundlagen und Grenzen* (Vol. 1). Münster: LIT Verlag.

---

[56] Winter-Pfändler (2015, S. 251 ff.).

[57] Der Walliser Pfarrer Jean-Pierre Brunner spendet per Social Media Jodelsegen (Wipfler 2020).

[58] Eine Vielzahl an kirchlichen Angeboten listet das Pfarrblatt «Horizonte» der römisch-katholischen Kirche im Kanton Aargau auf (Andres Schürch 2020).

[59] So spendete die römisch-katholische Kirche des Kantons Bern angesichts der schwierigen Lage von sozial Benachteiligten infolge der Corona-Pandemie eine Million CHF (Römisch-katholische Kirche des Kantons Bern 2020).

[60] Seelsorgende der St. Galler Kirchen organisieren ein Abschreiben der Bibel per Doodle, um der Isolation durch die Pandemie entgegenzuwirken (Hagmann-Bula 2020).

[61] Gleichzeitig ermutigt Thomas Frings die Kirchen dazu, die Situation auch dazu zu nutzen, die bisherigen und eingespielten kirchlichen Angebote auf ihre Sinnhaftigkeit zu überprüfen: «Wird die kirchliche Feder in ihre gewohnte Form zurückspringen oder wagt sie einen Sprung in die Zukunft? Werden wir nach Wochen, vielleicht sogar Monaten, das Sterbende wiederbeleben, um es dann erneut sterben zu lassen? Wir sollten nach dem Ende der Pandemie den Mut haben, erst einmal noch innezuhalten, statt gleich in hektischen Aktionismus zu verfallen.» (Frings 2020).

Bruhn, Manfred. 2012. *Marketing für Nonprofit-Organisationen. Grundlagen – Konzepte – Instrumente*. Stuttgart: Kohlhammer.
Bucher, Rainer. 2012. *«... wenn nichts bleibt, wie es war». Zur prekären Zukunft der katholischen Kirche*. Würzburg: Echter-Verlag.
Bullivant, Stephen. 2016. Catholic Disaffiliation in Britain: A Quantitative Overview. In *Journal of Contemporary Religion* 31(2), S. 181–197.
Bundesamt für Statistik BfS. 2016. *Religiöse und spirituelle Praktiken und Glaubensformen in der Schweiz. Erste Ergebnisse der Erhebung zur Sprache, Religion und Kultur 2014*. URL: https://www.bfs.admin.ch/bfs/de/home/statistiken/bevoelkerung/sprachen-religionen.assetdetail.350455.html (14.4.2020).
Bundesamt für Statistik BfS. 2020. *Religionen. Entwicklung der Religionslandschaft*. URL: https://www.bfs.admin.ch/bfs/de/home/statistiken/bevoelkerung/sprachen-religionen/religionen.html (4.12.2021).
Campiche, Roland, et al. 2001. ISSP Module on «Religion», Switzerland – 1998 [Dataset]. Université de Lausanne. Distributed by FORS, Lausanne.
Chand, Masud, und John Perry. 2019. The rise of the non-religious. In *Journal of Management, Spirituality & Religion* 16(5), S. 445–461.
Credit Suisse und gfs.bern. 2019. *Aufgabe nicht erfüllt? Reformstau, Führungslosigkeit und die Erwartung einer Wirtschaftskrise hinterlassen Spuren*. Credit Suisse Sorgenbarometer 2019.
Credit Suisse und gfs.bern. 2020. *Wiederbelebung der Willensnation Schweiz in Zeiten der Krise*. Credit Suisse Sorgenbarometer 2020.
Credit Suisse und gfs.bern. 2021. *Die Pandemie in der zweiten Phase. Resilienz und Rückzug in individuelle Lebenswelten*. Credit Suisse Sorgenbarometer 2021.
Dreßing, Harald, et al. 2018. *Sexueller Missbrauch an Minderjährigen durch katholische Priester, Diakone und männliche Ordensangehörige im Bereich der Deutschen Bischofskonferenz*. Forschungsprojekt. MHG.
Ernst Stähli, Michèle, et al. 2019. MOSAiCH 2018. Measurement and Observation of Social Attitudes in Switzerland. Study on Religion and related topics . Distributed by FORS, Lausanne, 2019. Doi: https://doi.org/10.23662/FORS-DS-962-2.
Frings, Thomas. 2020. Die Corona-Krise: der Reset-Button. In *feinschwarz.net, theologisches Feuilleton*, 31. März 2020. URL: https://www.feinschwarz.net/die-corona-krise-der-reset-button/#more-25013 (20.11.2021).
Hagmann-Bula, Diana. 2020. Abschreiben gegen die Sorge: Pfarrer sucht 1189 St. Gallerinnen und St. Galler, um eine Coronabibel zu schreiben. In: *Tagblatt*, 29. März 2020. URL: https://www.tagblatt.ch/ostschweiz/stgallen/abschreiben-gegen-die-sorge-pfarrer-sucht-1189-stgallerinnen-und-stgaller-um-eine-coronabibel-zu-gestalten-ld.1208560 (2.11.2021)
Husistein, Roger. 2013. *Katholische Kirche in der Schweiz. Kirchenstatistik 2013. Zahlen, Fakten, Entwicklungen*. St. Gallen: Edition SPI.
Joye, Dominique, et al. 2010. MOSAiCH: Enquête sur la religion, les inégalités sociales et la citoyenneté - 2009 . Schweizer Kompetenzzentrum Sozialwissenschaften - FORS, Lausanne. Distributed by FORS, Lausanne, 2010. https://doi.org/10.23662/FORS-DS-559-3.
Kosch, Daniel. 2007. *Demokratisch – solidarisch – unternehmerisch. Organisation, Finanzierung und Management in der katholischen Kirche in der Schweiz*. Zürich: Schulthess.
Kosch, Daniel. 2013. *Die öffentliche Finanzierung der katholischen Kirche in der Schweiz. Zahlen, Zusammenhänge und Zukunftsperspektiven*. Zürich: Schulthess.
Meyns, Christoph. 2013. *Kirchenreform und betriebswirtschaftliches Denken. Modelle, Erfahrungen, Alternativen*. Gütersloh: Gütersloher Verlagshaus.
Pett, Marjorie A. 2015. *Nonparametric statistics for health care research: Statistics for small samples and unusual distributions*. Thousand Oaks: Sage Publications.

Pew Research Center. 2019. *In Western European Countries With Church Taxes, Support for the Tradition Remains Strong. Though some Europeans are opting out, many view religious institutions as key contributors to common good.* URL: https://www.pewforum.org/wp-content/uploads/sites/7/2019/04/Church-Tax-in-Western-Europe-FOR-WEB-4.30.pdf (3.12.2021).

Pollack, Detlef. 2008. Worauf die Bindung an die Kirche beruht: Kirchensoziologische Analysen zum Verhältnis der evangelischen Kirchenmitglieder zu ihrer Kirche und den Grenzen kirchenreformerischen Handelns. In *Paradoxien kirchlicher Organisation. Niklas Luhmanns frühe Kirchensoziologie und die aktuelle Reform der evangelischen Kirche,* Hrsg. Jan Hermelink und Gerhard Wegner, S. 71–99. Würzburg: Ergon Verlag.

Riegel, Ulrich, et al. 2018a. The Relational Dimension of Disaffiliation: Thematic Analysis on the Relevance of Relationship in the Process of Leaving the Roman-Catholic Church. In *Journal of Empirical Theology* 31(2), S. 137–166.

Riegel, Ulrich, et al. 2018b. Warum Menschen die katholische Kirche verlassen. Eine explorative Untersuchung. In *Kirchenaustritt – oder nicht? Wie Kirche sich verändern muss,* Hrsg. Markus Etscheid-Stams et al., S. 125–207, Freiburg i. Br.: Herder.

Riegel, Ulrich, und Tobias Faix. 2019. Disaffiliation motives as indicator to better understand the relationship between religious institutions and individuals in modern Western society. In *Understanding Religion. Empirical Perspectives in Practical Theology. Essays in Honour of Hans-Georg Ziebertz,* Hrsg. Ulrich Riegel et al., S. 179–193. Münster: Waxmann Verlag.

Römisch-katholische Kirche des Kantons Bern. 2020. Kirche Region Bern beschliesst Corona-Hilfspaket von 1 Mio. Franken. URL: https://www.kathbern.ch/news-artikel/kirche-region-bern-beschliesst-corona-hilfspaket-von-1-mio-franken (2.11.2021).

Schweighofer, Teresa. 2020. Konkretes kirchliches Change Management zwischen Anspruch und Wirklichkeit. Ein Epilog. In *Von Zukunftsbildern und Reformplänen. Kirchliches Change Management zwischen Anspruch und Wirklichkeit,* Hrsg. Stefan Kopp, S. 357–372, Freiburg i. Br.: Herder.

Schweizer Bischofskonferenz und Vereinigung der Höheren Ordensoberen (VOS'USM). 2019. *Sexuelle Übergriffe im kirchlichen Umfeld. Richtlinien der Schweizer Bischofskonferenz und der Vereinigung der Höheren Ordensobern der Schweiz.* URL: https://www.bischoefe.ch/wp-content/uploads/sites/2/2020/11/1-SBK_RichtliniensexuelleUebergriffeCES-USMrev.4Maerz2019_190509_d.pdf (4.12.2021).

Schweizerisches Pastoralsoziologisches Institut (SPI). Kirchenstatistik: Trauungen. URL: https://kirchenstatistik.spi-sg.ch/trauungen/; Kirchenstatistik: Taufen. URL: https://kirchenstatistik.spi-sg.ch/taufen/; Kirchenstatistik: Kirchenaustritte. URL: https://kirchenstatistik.spi-sg.ch/kirchenaustritte/ (4.12.2021).

Schweizerisches Pastoralsoziologisches Institut (SPI). Kirchenaustritte. Grafik 1.11.1. URL: https://kirchenstatistik.spi-sg.ch/kirchenaustritte/ (14.4.2020).

Stolz, Jörg, und Edmée Ballif. 2010. *Die Zukunft der Reformierten gesellschaftliche Megatrends – kirchliche Reaktionen.* Zürich: TVZ Theologischer Verlag Zürich.

Stolz, Jörg, und Thomas Englberger. 2014. Kirchen, Freikirchen und alternativ-spirituelle Anbieter. In *Religion und Spiritualität in der Ich-Gesellschaft. Vier Gestalten des (Un-)Glaubens,* Hrsg. Jörg Stolz et al., S. 127–149. Zürich: Theologischer Verlag Zürich.

Stolz, Jörg, und Jean-Claude Usunier. 2019. «Religions as brands? Religion and spirituality in consumer society.» In *Journal of Management, Spirituality & Religion* 16 (1), S. 6–31.

Szymanowski, Björn, et al. 2018. Dimensionen der Kirchenbindung. Meta-Studie. In *Kirchenaustritt – oder nicht? Wie Kirche sich verändern muss,* Hrsg. Markus Etscheid-Stams et al., S. 57–124. Freiburg i. Br.: Herder

Thiessen, Joel, und Sarah Wilkins-Laflamme. 2017. Becoming a religious none: Irreligious socialization and disaffiliation. In *Journal for the Scientific Study of Religion* 56 (1), S. 64–82.

Tomic, Gabriel. 2019. *Krisenkommunikation in der österreichischen katholischen Kirche: Analyse der Missbrauchsfälle seit 1995*. Wien: WU Vienna University of Economics and Business. URL: https://epub.wu.ac.at/7469/1/Masterarbeit_Tomic.pdf (14.01.2022)

Weggen, Jenny. 2017. *Vertrauen, Solidarität und Emotionen in Non-Profit-Organisationen: Eine soziologische Analyse des Dritten Sektors in Deutschland*, Hamburg: Hamburg University Press.

Widmer, Thomas, et al. 2017. *Kirchliche Tätigkeiten mit gesamtgesellschaftlicher Bedeutung im Kanton Zürich*. Schlussbericht. Universität Zürich. Institut für Politikwissenschaft. Forschungsbereich Policy-Analyse & Evaluation. URL: https://www.ipz.uzh.ch/dam/jcr:6b3f6e69-07bb-495b-b9df-1c17eb1b4426/SB_JI-ERL-RKK_Kirche_vult_20170615.pdf (3.12.2021)

Winter-Pfändler, Urs. 2015. *Kirchenreputation. Forschungsergebnisse zum Ansehen der Kirchen und Impulse zum Reputationsmanagement*. St. Gallen: Edition SPI.

Wipfler, Judith. 2020. *Kraft schöpfen aus Jodelsegen und Meditation*. SRF Blickpunkt Religion. Sendung vom 29.3.2020. URL: https://www.srf.ch/sendungen/blickpunkt-religion/kraft-schoepfen-aus-jodelsegen-und-meditation (2.11.2021).

Open Access Dieses Kapitel wird unter der Creative Commons Namensnennung 4.0 International Lizenz (http://creativecommons.org/licenses/by/4.0/deed.de) veröffentlicht, welche die Nutzung, Vervielfältigung, Bearbeitung, Verbreitung und Wiedergabe in jeglichem Medium und Format erlaubt, sofern Sie den/die ursprünglichen Autor(en) und die Quelle ordnungsgemäß nennen, einen Link zur Creative Commons Lizenz beifügen und angeben, ob Änderungen vorgenommen wurden.

Die in diesem Kapitel enthaltenen Bilder und sonstiges Drittmaterial unterliegen ebenfalls der genannten Creative Commons Lizenz, sofern sich aus der Abbildungslegende nichts anderes ergibt. Sofern das betreffende Material nicht unter der genannten Creative Commons Lizenz steht und die betreffende Handlung nicht nach gesetzlichen Vorschriften erlaubt ist, ist für die oben aufgeführten Weiterverwendungen des Materials die Einwilligung des jeweiligen Rechteinhabers einzuholen.

Entkirchlichung als Prozess

Beobachtungen zur Distanzierung gegenüber Kirche und kirchlicher Religiosität

Oliver Wäckerlig, Eva Baumann-Neuhaus und Arnd Bünker

Zusammenfassung

Der Beitrag untersucht Veränderungen im Bereich der Kirchenbindung und der Sozialisation in der katholischen und in der reformierten Kirche vor dem Hintergrund des gesellschaftlichen Wandels. Grundlage der Analysen bilden Daten der Sonderfall-Studie (1988), drei Wellen der MOSAiCH/ISSP Studien (1998, 2009 und 2018) sowie Daten des Bundesamtes für Statistik (BfS) und der Kirchenstatistik des SPI. Es zeigt sich in der Schweizer Bevölkerung eine rückläufige Identifikation mit den Kirchen und deren klassischen Sozialisationsangeboten, aber auch eine Abnahme der durch die Kirchen repräsentierten Glaubensvorstellungen und religiös-spirituellen Praxis. Erosionsprozesse betreffen sowohl die Kirche als Institution als auch den individuellen Bereich des Glaubens und der religiös-spirituellen Praxis. Die Analysen zeigen deutlich, dass es den Kirchen in einem von Säkularisierung und Individualisierung geprägten gesellschaftlichen Kontext immer weniger gelingt, durch ihre traditionellen Ritualangebote Menschen in ihren Glaubensvorstellungen und ihrer religiösen Praxis nachhaltig zu prägen. Dies wäre aber die Voraussetzung für eine andauernde Identifikation mit kirchlicher Religion und schließlich für die Kirchenbindung ihrer Zugehörigen. Den untersuchten sozialisierenden Angeboten der Kirchen mangelt es an Antworten auf Herausforderungen durch Säkularisierung und religiös-spirituelle Individualisierung. Zudem werden sie den heutigen Anforderungen des selbstbestimmten und «lebenslangen Lernens» in Bezug auf religiöse Fragen nicht ausreichend gerecht. Die Kirchen sind damit grundlegend herausgefordert, ein neues Selbstverständnis gegenüber der Gesellschaft und ihren Individuen zu finden.

6.1 Einleitung

Kirchlich gefasste Religiosität nimmt von Generation zu Generation ab. So beschreiben es Jörg Stolz und Jeremy Senn.[1] Jede Generation rückt damit ein Stück weiter von der Kirche ab als die vorangehende. Die steigenden Austrittszahlen bei den großen Kirchen in der Schweiz, der evangelisch-reformierten und der römisch-katholischen, zeigen vor diesem Hintergrund lediglich noch den formalen Schlusspunkt der Kirchenbindung der Mitglieder – nach oftmals Jahrzehnten langsamer Entfremdung und Distanzierung.[2]

Dieser Beitrag geht den Symptomen von Entkirchlichung nach und sucht nach möglichen Ursachen oder Erklärungen dafür. Dabei stützt er sich neben den Datensätzen der MOSAiCH-Befragungen[3] und Daten des Bundesamtes für Statistik (BfS) auch auf Daten der Kirchenstatistik des Schweizerischen Pastoralsoziologischen Instituts (SPI), insbesondere auf Zahlen zu Taufen, Erstkommunionen und Firmungen bzw. Konfirmationen und schließlich zu kirchlichen Eheschließungen in der Schweiz. Folgende Thesen geben den Gang des Artikels vor:

1. Die Kirchenbindung der Zugehörigen der beiden großen Kirchen in der Schweiz wird insgesamt schwächer.
2. Die abnehmende Intensität der Kirchenbindung betrifft primär die persönliche, religiös-spirituelle Identifikation mit Kirche.
3. Die persönliche Identifikation mit der Kirche hängt stark mit in der Familienphase verorteter Tradierung von Kirchlichkeit zusammen.
4. Entfremdung und Distanzierung von kirchlicher Religiosität kommen in großer Bandbreite vor, ohne dass darin ein bestimmbarer Kippmoment in Richtung Abbruch der Kirchenzugehörigkeit feststellbar ist.
5. Die auf die Familienphase mit Kindern und Jugendlichen bezogenen Ritualangebote der Kirche fördern keine nachhaltige, die gesamte Biografie prägende persönliche Identifikation mit kirchlich gefasster Religiosität und führen zu keiner dauerhaften Stabilität der Kirchenbindung.

---

[1] Vgl. den Artikel von Jörg Stolz und Jeremy Senn in diesem Band.
[2] Stolz et al. (2014).
[3] Die MOSAiCH-Erhebung (Measurement of Social Attitudes in Switzerland) inkludiert Module des International Social Survey Programme (ISSP). Ca. alle zehn Jahre werden damit auch Fragen zu Religion und Spiritualität behandelt. Zusammen mit den Daten einer von Roland J. Campiche und Alfred Dubach verantworteten breit angelegten Umfrage über Religion und Weltanschauung der Schweizer:innen liegen somit Daten aus vier Messzeitpunkten vor: 1988, 1998, 2009 und 2018. Vgl. https://forscenter.ch/projekte/mosaich/?lang=de (19.11.2021); Dubach und Campiche (1993).

6.2 Abnehmende Religions- und Kirchenbindung

In der Schweiz verliert die Kirchenbindung der Zugehörigen der beiden großen Kirchen an Kraft. Ihre abnehmende Intensität hängt insbesondere mit der persönlichen – vor allem religiös-spirituellen – Identifikation mit einer Kirche zusammen.

Im Folgenden werden die Veränderungen im Bereich der kirchlichen Religion vor dem Hintergrund des gesellschaftlichen Wandels erörtert. Mit der Einführung von vier «Religionsprofiltypen» in Anlehnung an Stolz et al. (2014) lassen sich dann unterschiedliche individuelle Positionierungen gegenüber Kirche, Religion und Spiritualität skizzieren und vertiefte Analysen zum Verständnis der Entkirchlichungsprozesse in der Schweiz vornehmen.

6.2.1 Einfluss des gesellschaftlichen Wandels

Der gesellschaftliche Wandel der vergangenen Jahrzehnte und die Veränderungen der Sozialstrukturen der Gesellschaft sind an den «Beständen religiöser Traditionen und Institutionen nicht folgenlos» vorübergegangen.[4] Die umwälzenden Prozesse der Modernisierung in Europa[5] haben, so betonen Säkularisierungstheoretiker:innen, letztlich einen negativen Einfluss auf die Stabilität und Vitalität von Religionsgemeinschaften, religiösen Praktiken und herkömmlichen religiösen Überzeugungen.[6] Zugleich verliefen diese Modernisierungsprozesse keineswegs linear. Auch ging die Säkularisierung, als Einflussverlust christlich-religiöser Vorstellungen ebenso wie als Entkirchlichung[7], nicht einfach mit Modernisierung einher. Vielmehr zeigten sich insbesondere seit dem 19. Jahrhundert komplexere Dynamiken, in denen sich insbesondere die Kirchen durchaus als anpassungsfähig erwiesen. Franz-Xaver Kaufmann[8] machte denn auch schon früh darauf aufmerksam, dass die Kirchen auf die Säkularisierung mit einer verstärkten Verkirchlichung und damit Institutionalisierung des Christentums reagiert haben. Auch in der Schweiz führte dies zu einer gesellschaftlichen Ortsveränderung des Christlichen

---

[4] Pollack (2011, S. 17).
[5] Der soziologische Begriff der Modernisierung beschreibt ausgehend vom technologischen und sozialen Wandel Europas den Übergang von einer traditionellen Form zu moderneren Formen von Gesellschaft. Merkmale dafür sind Industrialisierungs-, Demokratisierungs- und Urbanisierungsprozesse, aber auch strukturelle Faktoren wie funktionale Differenzierung, Individualisierung, Bürokratisierung oder Globalisierung. Die Prozesse der Modernisierung sind nicht linear, sondern offen und zuweilen widersprüchlich, worauf Ulrich Beck mit dem Stichwort der «reflexiven Modernisierung» hingewiesen hat (Beck 1996); vgl. Norris und Inglehart (2004, S. 16), Gabriel (2008).
[6] Bruce (1992).
[7] Vgl. Gabriel (2018).
[8] Kaufmann (1979) und vgl. für den Bereich evangelischer Organisationen: Jähnichen (2019).

und zu einer Veränderung seiner Sozialform, z. B. durch die Gründung zahlreicher neuer Kirchgemeinden und Pfarreien. Die Kirchen traten somit vermehrt als Mitgliederorganisationen auf, die als solche herausgefordert waren, ihre Mitglieder durch eine intensivierte Verkirchlichung zu binden. Diese Verkirchlichungspraxis entfaltete sich in vielerlei Formen: z. B. bei der vermehrten amtskirchlichen Kontrolle der individuellen Religiosität ebenso wie den selbstorganisierten Formen des Engagements[9], aber auch durch die Ausweitung pädagogischer Maßnahmen zur Geltendmachung kirchlicher Lehre und Praxis. Wenn man heute auf Entkirchlichungsprozesse schaut, dann ist es wichtig, sich die verschiedenen Anstrengungen zur Verkirchlichung vor Augen zu halten, die in hohem Maße auf Familiensituationen (Angebote für Ehepaare, Kinder und Eltern) bezogen waren und es bis heute sind.

Die fortschreitende Modernisierung entfaltete sich jedoch je länger je mehr zunehmend plural und auch widersprüchlich. Sie führte zu Enttraditionalisierungs- und Individualisierungsprozessen. Diese gingen häufig mit Emanzipationsprozessen gegenüber traditionellen Autoritäten und ihren Institutionen, insbesondere auch (in) den Kirchen, einher. Dies wurde als «kulturelle Revolution»[10] in den 1960er-Jahren deutlich sichtbar. Der somit festzustellende Kulturwandel führt bis heute zur gesellschaftlichen wie binnenkirchlichen Problematisierung kirchlicher Autorität, insbesondere in der katholischen Kirche.[11]

In der Religionslandschaft der Schweiz, in der bis in die 1960er-Jahre über 90 % der Bevölkerung einer konfessionellen Großkirche angehörten, zeigen sich diese Symptome des Wandels mehr als deutlich. Nicht nur die seit Jahrzehnten schrumpfenden Mitgliederzahlen der Kirchen, sondern auch das zunehmend distanzierte Mitgliederverhalten gegenüber kirchlichen Traditionen weisen auf einen Rückgang der institutionalisierten Religion bzw. ein wachsendes Bindungsproblem der Kirchen hin, wie die Beiträge dieses Buches aufzeigen.

Prozesse der Deinstitutionalisierung[12] der kirchlichen Religion in der Schweiz können in der Folge anhand von messbaren Indikatoren wie Zugehörigkeit, Teilnahme an kirchlichen Feiern und Ritualen und bestimmten Glaubensvorstellungen untersucht werden – diese weisen auf einen sinkenden Organisations- und Sozialisationsgrad kirchlicher Religion hin. Grundlage der Analyse zur Lage und zum Wandel der institutionellen

---

[9] Hürten (1986).

[10] Stolz et al. (2014, S. 46).

[11] Katz (2012).

[12] Die institutionell spezialisierte Religion wird in der von Individualisierung geprägten modernen Gesellschaft, in der die Religion als funktionaler Teilbereich ihre gesamtgesellschaftliche Bedeutung und Wirkung verloren hat, nicht mehr als subjektiv sinnvoll wahrgenommen und verliert ihre Relevanz für den Alltag des Individuums. Dieses kann sich in seiner Welt- und Lebensdeutung nicht mehr auf die verhaltenssteuernden Normen der Institution verlassen, sondern muss das System seiner Sinnrelevanzen selber wählen. Eine Privatisierung, Pluralisierung und Hybridisierung des Religiösen ist die Folge. Vgl. Luckmann (1991, S. 117 ff., 140 ff.).

kirchlichen Religion in der Schweiz sind einerseits kirchenstatistische Daten[13] zum Mitgliederverhalten (kirchliche Ritualvollzüge), die in jährlichen Vollerhebungen gewonnen wurden, sowie andererseits Daten repräsentativer Erhebungswellen zu Religion, Weltanschauung und Spiritualität, die in der Schweiz seit 1988/1989 ungefähr alle zehn Jahre durchgeführt werden. Gewisse Frageblöcke wurden zu allen Erhebungszeitpunkten berücksichtigt, einige nur zu Beginn, andere bis 2018, aber nicht seit Beginn.

6.2.2 Verschiebungen bei (nicht)religiösen Zugehörigkeiten

Die vier Umfrage-Wellen zeigen in groben Umrissen, was die Volkszählungen und Strukturerhebungen[14] des BfS für die Schweiz detaillierter zeigen: Die Daten dokumentieren einen Rückgang des Bevölkerungsanteils von Mitgliedern der beiden großen Kirchen – und dementsprechend einen Anstieg der Zahlen ehemaliger Kirchenmitglieder sowie von Menschen, die bereits ohne Religionszugehörigkeit aufgewachsen sind.

Die Entwicklung der Kirchenmitgliederzahlen in der Schweiz unterliegt den oben erwähnten gesamtgesellschaftlichen Trends. Eine diesbezüglich wichtige Einflussgröße ist Migration. Die großen Verschiebungen im Verhältnis der Anteile der beiden großen Kirchen in ihrem «Duopol» der Religionslandschaft in der Schweiz bis in die 1970er-Jahre können durch Migration erklärt werden.

Die sogenannte «Gastarbeitermigration» hat zu einem starken Anstieg des katholischen und zum Rückgang des evangelisch-reformierten Bevölkerungsanteils geführt. Bis heute profitiert die katholische Kirche von der Zuwanderung vor allem aus Europa,[15] die auch einen verjüngenden Einfluss auf die Altersstruktur ihrer Mitglieder hat. Ebenso lässt sich die Zunahme religiöser Pluralität (andere christliche Glaubensgemeinschaften und nichtchristliche, vor allem islamische Glaubensgemeinschaften) in hohem Maße durch Migration erklären. Die größte Verschiebung der religiösen Verhältnisse in der Schweiz wird jedoch durch den seit den 1970er-Jahren steigenden Anteil an Menschen ohne religiöse Zugehörigkeit markiert (Abb. 6.1). Das Wachstum dieser Personengruppe geht fast ausschließlich zulasten des Mitgliederanteils der großen Kirchen.

---

[13] SPI-Kirchenstatistik, mit Daten der römisch-katholischen Bistümer und kantonalkirchlichen Organisationen sowie des Annuarium Statisticum Ecclesiae, der Evangelisch-Reformierten Kirche in der Schweiz und des Bundesamtes für Statistik (BfS).

[14] Die Strukturerhebungen des BfS ersetzen seit 2010 die bis dahin alle zehn Jahre durchgeführten Volkszählungen. Bei den nunmehr durchgeführten jährlichen Strukturerhebungen wird jeweils nur noch ein Teil der Bevölkerung zu einzelnen Themenbereichen der Volkszählung befragt, weitere Daten werden aus vorliegenden Datenregistern erhoben. Vgl. https://www.bfs.admin.ch/bfs/de/home/statistiken/bevoelkerung/erhebungen/volkszaehlung.html (19.11.2021).

[15] Vgl. https://kirchenstatistik.spi-sg.ch/religionszugehoerigkeit-und-migrationshintergrund/ (19.11.2021).

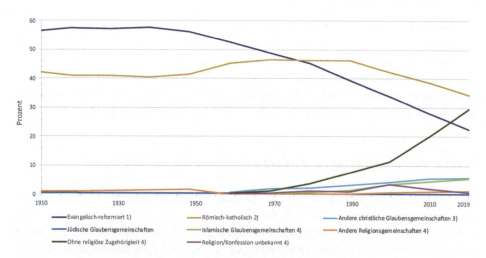

Abb. 6.1 Ständige Wohnbevölkerung ab 15 Jahren nach Religionszugehörigkeit 1910–2019[16] aus: https://kirchenstatistik.spi-sg.ch/religionslandschaft-schweiz/

Die vier Umfrage-Wellen[17] bilden in groben Umrissen auch ab, was die Volkszählungen und Strukturerhebungen des BfS für die Schweiz zur Frage der Sozialisierung aufzeigen: Die meisten Personen ohne religiöse Zugehörigkeit wurden zwar noch katholisch oder reformiert sozialisiert. Der Anteil konfessionsloser Personen, die bereits ohne Zugehörigkeit aufgewachsen sind, nahm jedoch von 2009 zu 2018 von rund 15 % auf rund 27 % zu.[18]

---

[16] Anmerkungen: 1) 1900–1970: «Evangelisch-reformiert» inkl. Anhänger christlicher Sondergemeinschaften. Ab 1970 nur die öffentlich-rechtlich anerkannte Evangelisch-reformierte Kirche. 2) 1910–1920: inkl. Christkatholische Kirche. 3) Ab 1960 «Andere christliche Glaubensgemeinschaften» inkl. Christkatholische Kirche, Christlich-orthodoxe Kirchen sowie andere evangelische Kirchen, wie z. B. Methodistische Kirche, Neuapostolische Kirche. 4) «Islamische Glaubensgemeinschaften», «Ohne Religionszugehörigkeit» und «Religion/Konfession unbekannt» werden ab 1960 separat erfasst.

[17] Ein Vergleich der MOSAiCH-Daten mit den Daten zur Religionszugehörigkeit des Bundesamtes für Statistik zeigt, dass der Anteil der Mitglieder der beiden großen Kirchen bei den MOSAiCH-Daten überrepräsentiert ist, was vor allem die evangelisch-reformierten Kirchenmitglieder betrifft (vgl. dazu den Artikel von Antonius Liedhegener in diesem Band). In den Stichproben der MOSAiCH-Befragungen weisen zudem die Katholik:innen – wahrscheinlich aufgrund der Unterrepräsentation von Menschen mit Migrationshintergrund in der Befragung – im Verhältnis zu den Reformierten zu tiefe Mitgliederzahlen auf. Außerdem wird seit 2009 nicht mehr direkt nach Konfessions- bzw. Religionszugehörigkeit gefragt, sondern nach einem Zugehörigkeitsgefühl. Dadurch können distanzierte Kirchenmitglieder auch angeben, „gefühlt" keiner Gruppe mehr anzugehören.

[18] Für weiterführende Analysen zum Thema Sozialisation von religionslosen Personen siehe den Beitrag von Pascal Tanner in diesem Band. Mit Blick auf die aktuelle Religionslandschaft kommt dieser zum Schluss, dass insbesondere familiäre Sozialisationseinflüsse zur Ausbreitung von Religionslosigkeit beitragen.

6.2.3 Anstieg der Kirchenaustritte

Die Zahl der Kirchenaustritte in der Schweiz steigt in den letzten Jahren immer weiter an, auch dann, wenn man besondere Austrittshäufungen, die durch konkrete, medial thematisierte Skandale und Skandalisierungen ausgelöst wurden und in der Regel nach einiger Zeit abklingen, berücksichtigt.[19]

Allerdings lassen sich Austritte sinnvoll nur für die Kantone der Schweiz berechnen, in denen es eine Form der Mitgliedschaft gibt, die mit der Pflicht zur Kirchensteuerentrichtung verbunden ist und die formal – und damit messbar – beendet werden kann. Kantone ohne eine solche Form der Mitgliedschaft weisen deutlich tiefere Austrittszahlen auf, die kirchenrechtlich als «Apostasie» gesehen werden, allerdings zivilrechtlich keine Folgen haben und deswegen selten sind. In den anderen Kantonen geschieht «Austritt» somit am ehesten durch einfaches formloses Fernbleiben und den Verzicht auf die Taufe der eigenen Kinder, die dann ohne einen eigentlichen Austritt «konfessionslos» sind.

Bei den Kantonen, in denen ein formaler Kirchenaustritt möglich ist, zeigen sich große Parallelen bezüglich Entwicklung der Austrittszahlen. Dies gilt auch im Vergleich der beiden großen Konfessionen in der Schweiz, deren Austrittszahlen mit geringen Varianzen insgesamt ähnliche Kurven zeigen, wie dies in Abb. 6.2 am Beispiel der Zahlen des Kantons Zürich zu sehen ist.

Sowohl Jahre mit herausstechenden Spitzenwerten bei den Austritten als auch die übrigen Jahre mit insgesamt ansteigender Austrittstendenz bilden sich in allen Kantonen ab. Lediglich das Ausgangsniveau der Kirchenaustrittszahlen ist in konfessionell homogenen, ländlichen Kantonen geringer, in konfessionsgemischten und urban geprägten Kantonen höher. Diese Beobachtungen deuten darauf hin, dass der insgesamt stetig steigenden Austrittstendenz in der Schweiz keine besonderen regionalen oder diözesanen Ursachen zugrunde liegen, sondern dass sie verknüpft ist mit gesamtgesellschaftlichen Trends im Bereich institutionalisierter Religion.

Zugleich lässt der wachsende Anteil ehemaliger Konfessionszugehöriger beider großer Kirchen zwischen den Erhebungszeitpunkten 2009 und 2018 (bei den katholisch erzogenen Befragten von rund 25 % auf rund 31 %, bei den Reformierten von gut 22 % auf 28 %) nach den konkreten Prozessen fragen, wie die Kirchendistanzierung abläuft, welche Bindungsdimensionen eine Rolle spielen, ob es ein typisches Muster im Prozess der Kirchendistanzierung gibt, in denen die Zugehörigkeit beendet wird, und wie Sozialisationsangebote der Kirchen zur Kirchenbindung beitragen.

---

[19] Vgl. zur Unterscheidung von Sockelerosion der Kirchenmitgliedschaft und anlassbezogenen Kirchenaustritten: Bünker (2021, S. 134 f.) und https://www.kirchenzeitung.ch/article/ursachen-und-anlaesse-22196 (22.12.2021).

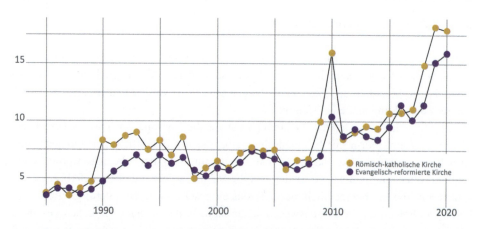

Abb. 6.2 Kirchenaustritte pro 1'000 Kirchenmitglieder der Römisch-katholischen und der Evangelisch-reformierten Kirchen des Kantons Zürich (1985–2020). Quelle: Römisch-katholische und evangelisch-reformierte Kirche des Kantons Zürich, Grafik: spi/uw

6.2.4 Prozesse der Kirchendistanzierung

Die Dynamik anwachsender Kirchendistanzierung bzw. schwindender Kirchenbindung widerspiegelt sich einerseits in den steigenden Zahlen der Befragten mit ehemaliger Konfessionszugehörigkeit und andererseits im Rückgang kirchlicher Ritualvollzüge. Die steigenden Austrittszahlen lassen vermuten, dass die Dynamiken sich nicht abschwächen. Sie bilden zudem nur «Schlusspunkte» formaler Kirchenmitgliedschaft ab, denen in der Regel ein längerer Prozess der Distanzierung bis zum Abbruch der Zugehörigkeit vorausging.

Grundlage der folgenden Darstellungen sind kirchenstatistische Daten sowie Daten der MOSAiCH-Erhebungswellen, wobei hier nur jene Befragten berücksichtigt werden, die angeben, katholisch oder reformiert aufgewachsen bzw. erzogen worden zu sein.

6.2.4.1 MOSAiCH-Daten zur Intensität von Kirchenbindung

Reformierte und Katholik:innen, die sich mit ihrer religiösen Zugehörigkeit[20] eher wenig identifizieren, denken eher darüber nach, aus der Kirche auszutreten. Der Austrittsgedanke[21] findet sich jedoch auch bei Personen mit mittlerer bis höherer Identifizierung (Abb. 6.3).

---

[20] Mittelwerts-Index «Identifizierung mit religiöser Zugehörigkeit» (Cronbachs Alpha = 0,9): «Meine Religionszugehörigkeit ist mir wichtig.» (1: Lehne stark ab, bis 5: Stimme stark zu) / «Wie wichtig oder nicht wichtig sind die Kirchen für Sie persönlich?» (1: Überhaupt nicht wichtig, bis 5: Sehr wichtig) / «Ich bin stolz darauf, dass ich meiner Religion angehöre.» (1: Lehne stark ab, bis 5: Stimme stark zu).

[21] «Haben Sie schon einmal daran gedacht, aus Ihrer Kirche/religiösen Gemeinschaft auszutreten?»

6.2 Abnehmende Religions- und Kirchenbindung

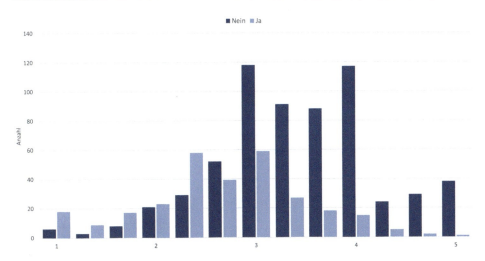

Abb. 6.3 Index «Identifizierung mit religiöser Zugehörigkeit» und Austrittsneigung (Ja/Nein) von reformierten und katholischen Befragten 2018 (N = 915, Skala von schwacher (1) bis starker (5) Identifizierung)

Fragt man (in Unterscheidung zur sozialen oder gesellschaftlichen Wichtigkeit) nach der persönlichen Wichtigkeit der Kirche (Abb. 6.4), lässt sich ein noch genauerer Einblick in die prekäre Situation der Kirchenbindung gewinnen. So ist der Anteil Reformierter 2018, welche die Kirche für sich persönlich (eher) nicht wichtig finden mit 34,8 % leicht größer als der Anteil derjenigen, denen sie (eher) wichtig ist (31,5 %). Die katholische Kirche kann bei ihren Mitgliedern bei dieser Frage noch eine etwas stärkere Kirchenbindung verzeichnen. Hier ist der Anteil derjenigen, denen die Kirche (eher) persönlich wichtig ist, mit 41,8 % zwar größer als der Anteil derer, denen die Kirche (eher) nicht wichtig ist (25,1 %). Allerdings gilt für beide Konfessionen, dass die größte Gruppe an Mitgliedern sich bezüglich der Einschätzung persönlicher Wichtigkeit ihrer Kirche als «neutral» (weder noch) bezeichnet.

Den Kirchen scheint es also zu gelingen, ihre Mitglieder auch noch über einen gewissen Zeitraum persönlicher Entfremdung in der Kirche zu halten. Gleichzeitig stellen sich Fragen, was eigentlich mit persönlicher Wichtigkeit gemeint ist und welche anderen Wichtigkeitsdimensionen es noch geben könnte.

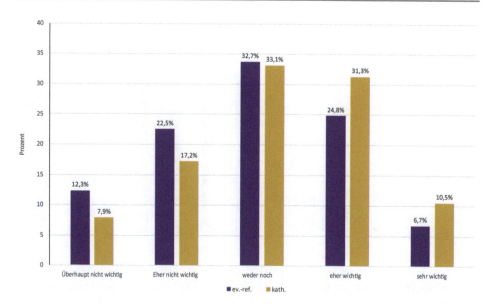

Abb. 6.4 Persönliche Wichtigkeit der Kirche nach reformierter oder katholischer Konfessionszugehörigkeit (2018, N = 968)[22]

Für eine genauere Analyse bietet sich hier die Typisierung unterschiedlicher religiös-spiritueller Profile an. Im MOSAiCH-Fragebogen (2009 und 2018) kann man sich selbst einem von vier Profilen[23] zuordnen:

1. *religiös und spirituell*[24]
2. *religiös, aber nicht spirituell*[25]
3. *spirituell, aber nicht religiös*[26]
4. *weder religiös noch spirituell*[27].

---

[22] Gesamt-MW = 3,06, SD = 1,11. Reformierte und Katholik:innen unterscheiden sich signifikant: Ref. (N = 463, MW = 2,91, SD = 1,11, $p < 0.05$), kath. (N = 505, MW = 3,19, SD = 1,09, $p < 0.05$). 2009 unterschieden sich die Mittelwerte der Reformierten (MW = 3,20, SD = 1,10) und Katholik:innen (3,30, SD = 1,05) noch nicht signifikant ($p = 0.34$). Der Mittelwertsrückgang von 2009 zu 2018 ist nur bei den Reformierten signifikant: −0,29, $p < 0.05$ (kath. −0,11, $p = 0.22$).

[23] Vgl. die kritische Analyse der Selbstbezeichnungen „religiös" bzw. „spirituell" von Irene Becci und Zhargalma Dandarova-Robert in diesem Buch.

[24] Antwortmöglichkeit a: «Ich bekenne mich zu einer Religion und betrachte mich als eine spirituelle Person, die sich für das Göttliche oder Übersinnliche interessiert.»

[25] Antwortmöglichkeit b: «Ich bekenne mich zwar zu einer Religion, betrachte mich aber nicht als eine spirituelle Person, die sich für das Göttliche oder Übersinnliche interessiert.»

[26] Antwortmöglichkeit c: „Ich bekenne mich zu keiner Religion, betrachte mich aber als eine spirituelle Person, die sich für das Göttliche oder Übersinnliche interessiert."

[27] Antwortmöglichkeit d: «Ich bekenne mich weder zu einer Religion noch betrachte ich mich als eine spirituelle Person, die sich für das Göttliche oder Übersinnliche interessiert.»

6.2 Abnehmende Religions- und Kirchenbindung

Diese Zuordnung lässt sich mit dem komplexeren Konstrukt von Jörg Stolz et al. vergleichen, das mit einer clusteranalytischen Auswertung der MOSAiCH-Umfrage von 2009 und mit ergänzenden qualitativen Analysen vier Typen bestimmt hatte.[28]

1. Die «Institutionellen» weisen eine Religionszugehörigkeit (gemäß MOSAiCH-Daten in der Schweiz in der Regel eine Kirchenzugehörigkeit) auf und messen dieser Zugehörigkeit auch eine persönliche Bedeutung für die eigene Religiosität, religiöse Praxis und Identität zu.
2. Die «Distanzierten» halten ebenfalls eine Religionszugehörigkeit (meist Kirchenzugehörigkeit) aufrecht, ohne allerdings diese Zugehörigkeit mit einer intensiveren persönlichen religiösen Überzeugung und Praxis im Alltag zu leben.
3. Die «Alternativen» verhalten sich spiegelbildlich zu den «Distanzierten»: Sie gehören zwar zumeist keiner Kirche (mehr) an bzw. fühlen sich ihr nicht mehr zugehörig, pflegen aber individuell durchaus Formen von Spiritualität (z. B. holistische, synkretische und naturverbundene Glaubensüberzeugungen und Praktiken), die jenseits der offiziellen Angebote der großen Kirchen bzw. Religionsgemeinschaften angesiedelt sind.
4. Die «Säkularen» zeigen sich im Gegensatz zu den anderen weder religionsgebunden noch «spirituell».

Es zeigt sich, dass die damals gewonnene Typisierung gut mit der religiös-spirituellen Selbsteinschätzung korrespondiert.[29] Daher verwenden wir in diesem Beitrag für die Befragten, die reformiert oder katholisch aufwuchsen, dieselben Typenbezeichnungen wie Stolz et al., markieren jedoch durch Anführungszeichen, dass unsere Typisierung lediglich von der oben genannten Selbsteinschätzung der Befragten abgeleitet wird.[30]

Unter reformiert oder katholisch aufgewachsenen Befragten haben die Anteile der «Säkularen» und «Alternativen» von 2009 zu 2018 zusammen um rund 7 % zugenommen, während der Anteil der «Distanzierten» und «Institutionellen» entsprechend abgenommen hat.

---

[28] Stolz et al. (2014, S. 65–78).

[29] Dabei zeigen die qualitativen Analysen der Befragung 2009 eine z. T. negative Konnotation des Spiritualitätsbegriffs, was dazu führt, dass etwa die «Institutionellen» einen hohen Prozentsatz von «religiös aber nicht spirituell»-Antwortenden aufweisen (Stolz et al. 2014, S. 84–87).

[30] Moser (2021) nutzt in einer Analyse der Erhebung zur Sprache, Religion und Kultur (ESRK) von 2019 für den Kanton Zürich die positiven und die negativen Antworten (eher/sicher) auf die zwei Fragen: *Würden Sie sich als religiöse* bzw. *Würden Sie sich als spirituelle Person bezeichnen?* für die Konstruktion von vier Handlungstypen (Ja/Ja, Ja/Nein, Nein/Ja, Nein/Nein) analog der oben dargestellten vier Antwortmöglichkeiten zu *Welche Beschreibung trifft am ehesten auf Sie zu?* Dabei benennt er sie in Anlehnung an Stolz et al. als «Engagierte», «Traditionelle», «Alternative» und «Säkulare». Bemerkenswert ist in Bezug auf Fußnote 29, dass sich 48 % der Evangelikalen als sehr und 28 % als eher spirituell einschätzen. Dies könnte darauf hindeuten, dass negative Konnotationen zum Spiritualitätsbegriff rückläufig sind (Moser 2021).

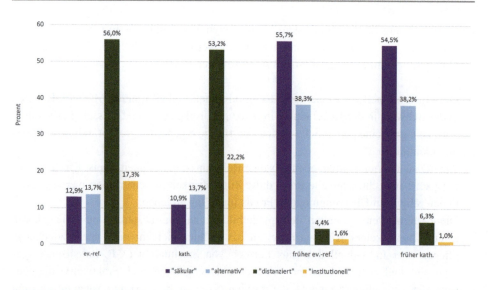

Abb. 6.5 Religiös-spirituelle Profile nach (ehemaliger) Konfessionszugehörigkeit 2018 (N = 1585)

Bei jenen, die sich der Kirche nicht (mehr) zugehörig fühlen bzw. ausgetreten sind, dominieren die «Säkularen» und «Alternativen», die zusammen 94 % bei den früher Reformierten und 93 % bei den ehemaligen Katholik:innen ausmachen (Abb. 6.5).

Ein Ende des Trends zur Abwendung von den Großkirchen ist vor dem Hintergrund dieser Daten nicht abzusehen. Die Daten zur katholischen Kirche zeigen: Im insgesamt kleiner werdenden Bevölkerungsanteil der katholischen Kirchenmitglieder werden zwischen 2009 und 2018 zwar relativ stabile Anteile an «Distanzierten» (+ 0,4 %) und «Institutionellen» (− 1,0 %) sichtbar, allerdings heißt dies, dass die Abbrüche der Kirchenzugehörigkeit nicht zur Folge haben, dass es zu einer Stabilisierung eines «Mitgliederkerns» kommt. Im Gegenteil, auch der Mitgliederkern der «Institutionellen» schmilzt. Aufseiten der evangelisch-reformierten Kirche ist das Bild ähnlich, wobei hier sogar ein verstärkter Trend zur Auflösung des Kerns der «institutionellen Kirchenmitglieder» (−6,8 %) sichtbar wird («Distanzierte»: +7,2 %).

Die Erhebungen von 2009 und 2018 zeigen, dass es für die Beurteilung der Relevanz der Kirchen unterschiedliche Wichtigkeitsdimensionen gibt, namentlich die persönliche, die gesellschaftliche oder die soziale Bedeutung der Kirchen (Abb. 6.6). Die beiden Wichtigkeitsdimensionen gesellschaftlich und sozial werden in der Regel auch von «Alternativen» und «Säkularen» anerkannt – sie sind also nicht notwendig mit Kirchenzugehörigkeit gekoppelt.

Über alle Profile hinweg, also generell unter den reformiert oder katholisch aufgewachsenen Befragten, ist zudem im Vergleich zu 2009 keine signifikante Veränderung

6.2 Abnehmende Religions- und Kirchenbindung

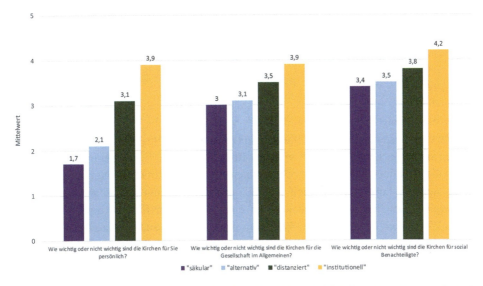

Abb. 6.6 Persönliche Wichtigkeit von Kirche (N = 1263), Wichtigkeit für die Gesellschaft (N = 1214) und Wichtigkeit für sozial Benachteiligte (N = 1176) nach religiös-spirituellem Profil unter ref. oder kath. aufgewachsenen Befragten 2018. Skala von 1 «überhaupt nicht wichtig» über 3 «weder noch» bis 5 «sehr wichtig»[31]

der Beurteilung der gesellschaftlichen und diakonischen Bedeutung der Kirchen feststellbar.

Wo sich dagegen die Profile deutlich voneinander unterscheiden, ist die Beurteilung der Wichtigkeit der Kirche für die Befragten selbst. Abb. 6.6 gibt einen Hinweis darauf, dass diese persönliche Wichtigkeitseinschätzung der Kirchen vor allem mit dem Grad der eigenen religiös-spirituellen Selbsteinschätzung verbunden ist. Mit anderen Worten, wer die Kirche für sich persönlich als wichtig taxiert, ist aus religiös-spirituellen Gründen mehr an sie gebunden und ist entsprechend weniger austrittsgeneigt als Personen, die die Kirchen nur als wichtig für andere bezeichnen.

Bei der persönlichen Wichtigkeit weisen nur die «institutionellen Kirchenzugehörigen» noch ähnlich hohe Zustimmungswerte auf, wie bei der Beurteilung der gesellschaftlichen und diakonischen Relevanz der Kirchen. Zudem unterscheiden sie sich bei der Beantwortung dieser Frage 2018 kaum von den Ergebnissen ihrer Gruppe

---

[31] 2018: Persönliche Wichtigkeit der Kirche: Die vier Untergruppen (Typen) unterscheiden sich signifikant voneinander (ANOVA mit Post-Hoc-Test nach Games-Howell).

Wichtigkeit der Kirchen für die Gesellschaft und für sozial Benachteiligte: Die «Distanzierten» und «Institutionellen» unterscheiden sich signifikant von allen anderen. Die «Säkularen» und «Alternativen» unterscheiden sich nicht signifikant.

2009. Unter den katholisch oder reformiert aufgewachsenen Befragten generell wird die persönliche Relevanz der Kirche von 2009 zu 2018 im Mittel dagegen signifikant tiefer eingeschätzt. Sowohl die «distanzierten Zugehörigen» als auch die «Säkularen» und «Alternativen» stimmten 2009 der persönlichen Wichtigkeit der Kirchen noch deutlich stärker zu.[32]

Für die Frage nach einem besseren Verständnis der (prekären) Kirchenbindung bzw. der Distanzierung vieler Kirchenmitglieder von ihrer Kirche ist vor allem die große Gruppe der «Distanzierten» aufschlussreich. Obwohl in der Regel Mitglied einer Kirche, messen sie dieser keine besonders wichtige Rolle im eigenen Leben bei und teilen selbst weder die kirchliche Religiosität noch beachten sie bewusst kirchliche Normen im Alltag.

Bei den «Distanzierten» spiegelt sich vielmehr deren Distanznahme von den Kirchen im Vergleich zu den «Institutionellen» in einer geringeren Einschätzung der persönlichen Wichtigkeit der Kirche. Die Erhebung von 2018 zeigt zudem, dass die persönliche Wichtigkeitseinschätzung der «distanzierten» Kirchenmitglieder seit 2009 im Schnitt weiter gesunken ist.

Die MOSAiCH-Daten erlauben im Blick auf die persönliche Wichtigkeitseinschätzung der Kirchen einige weiteren Differenzierungen. Es scheint nämlich so, dass sich die Entfremdung der «Distanzierten» stärker auf die Kirchenzugehörigkeit als auf die christliche Religionszugehörigkeit bezieht. Fragt man sie nämlich nach der Wichtigkeit der eigenen Religiosität, dann zeigt sich bei ihnen sowohl eine stärkere positive Bejahung der persönlichen Religionszugehörigkeit (48 % im Vergleich zu 38 %) als auch eine schwächer ausgeprägte Ablehnung der Wichtigkeit von Religionszugehörigkeit (11 % zu 24 %) als bei der Frage nach der persönlichen Wichtigkeit der Kirche.[33] Die Konnotationen um den Begriff Kirche könnten sich also negativ auf die Einschätzung der eigenen religiösen Zugehörigkeit auswirken.[34]

---

[32] Die enge Koppelung zwischen Zustimmung zur persönlichen Wichtigkeit der Kirche und Kirchenzugehörigkeit zeigt sich darin, dass «Alternative» und «Säkulare» die Kirchen persönlich für eher unwichtig halten. Unterscheidet man zudem zwischen sich als «alternativ» bzw. «säkular» selbsteinschätzenden Kirchenzugehörigen und entsprechenden ehemals Zugehörigen (vgl. Abb. 6.5), dann wird ersichtlich, dass die «alternativen» wie auch die «säkularen Zugehörigen» 2009 und 2018 der persönlichen Wichtigkeit der Kirche etwa einen Skalenpunkt höher zustimmen als die ehemals Zugehörigen. Für die Beurteilung der gesellschaftlichen und diakonischen Relevanz der Kirchen spielt die Frage der Kirchenzugehörigkeit der «Säkularen» und «Alternativen» dagegen keine Rolle.

[33] Die Mittelwerte unterscheiden sich signifikant (N=484, Differenz: 0,28, SD: 0,78, p< 0.01): Wichtigkeit der Religionszugehörigkeit MW=3,40, SD: 0,83; Wichtigkeit der Kirchenzugehörigkeit MW=3,13, SD=1,00.

[34] Bei den „institutionell"-Zugehörigen spielt diese Unterscheidung kaum eine Rolle: Für 77 % ist 2018 die Religionszugehörigkeit eher oder sehr wichtig, für 73 % ist auch Kirchenzugehörigkeit eher oder sehr wichtig.

6.2 Abnehmende Religions- und Kirchenbindung

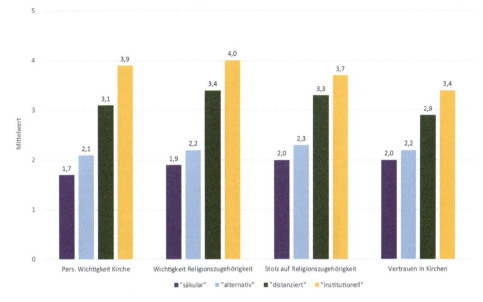

Abb. 6.7 Persönliche Wichtigkeit von Kirche (N = 1263), Wichtigkeit der Religionszugehörigkeit (N = 1246) und Stolz auf Religionszugehörigkeit (N = 1198) mit Skala von 1 «starke Ablehnung» bis 5 «starke Zustimmung», Vertrauen in Kirche (N = 1610) mit Skala von 1 «überhaupt kein Vertrauen» bis 5 «volles Vertrauen» nach religiös-spirituellem Profil unter reformiert oder katholisch aufgewachsenen Befragten 2018

Verbindet man die Frage nach Religionszugehörigkeit noch mit der Frage, ob man auf diese Zugehörigkeit stolz sei, zeigt sich ein ähnliches Bild (Abb. 6.7). Auch hier positionieren sich die «Distanzierten» eher zustimmend als ablehnend, mehrheitlich jedoch im indifferenten Bereich des «weder-noch».

Als Ursachen für diese Haltung gegenüber der eigenen Religion können die oben beschriebenen sozialen und gesellschaftlichen Nützlichkeitserwägungen (Abb. 6.6) bezüglich der Kirchen gelten. Die MOSAiCH-Daten machen allerdings auch noch eine dritte Dimension der Nützlichkeit von Kirchen bzw. der durch sie repräsentierten christlichen Religion deutlich, die wie der soziale und gesellschaftliche Zusammenhalt jenseits einer persönlichen religiös-spirituellen Wichtigkeitszuschreibung liegt.

Hinsichtlich religiöser Zugehörigkeit zeigt sich nämlich eine Dimension kultureller Identifikation.[35] Diese kulturell-identitätsbezogene Ebene persönlicher Wichtigkeit der Zugehörigkeit zu einer Religion funktioniert gewissermaßen als «kulturchristliches» Identitätsmuster und wird unter anderem als Abgrenzung zu anderen Religionen,

---

[35] Diese Daten von 2018 bestätigen quantitative Ergebnisse einer qualitativen Untersuchung zu «Distanzierten» (religionszugehörige Nichtspirituelle) von David Plüss und Adrian Portmann von 2011. Vgl. Plüss und Portmann (2011).

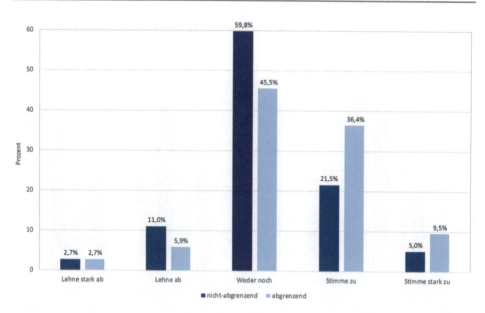

Abb. 6.8 Stolz auf Religionszugehörigkeit unter (nicht-)abgrenzenden «Distanzierten» (N = 439)

insbesondere gegenüber dem Islam, relevant.[36] Dieses Abgrenzungsmuster lässt sich bei der Hälfte der «Distanzierten» finden.

Die «abgrenzend Distanzierten» unterscheiden sich von den «nicht-abgrenzend Distanzierten» weder in ihrer religiösen Sozialisation oder Praxis noch in der Einschätzung der Wichtigkeit der Kirche für sich selbst, die Gesellschaft oder für sozial Benachteiligte. Sie sind aber stolzer auf ihre Religionszugehörigkeit (Abb. 6.8). Die «abgrenzend Distanzierten» kennzeichnet ein tieferer Bildungsabschluss sowie geringeres Einkommen und Grundvertrauen. Sie präferieren stärker traditionelle Geschlechterrollen und Verbote sichtbarer religiöser Zeichen, wie z. B. ein Verbot des Kopftuchs. Im Kontext eines beschleunigten gesellschaftlichen Wandels und insbesondere im Kontext der Schweiz als einer Einwanderungsgesellschaft wird religiöse

---

[36] Ref. oder kath. aufgewachsenen Befragte (2018, N = 1578) empfinden Muslime zu 51,5 % als wenig oder überhaupt nicht bedrohlich, zu 34,8 % als ziemlich und zu 13,8 % als sehr bedrohlich. Dichotomisiert wird daraus die Abgrenzungsvariable mit den Ausprägungen: Abgrenzend/nicht-abgrenzend. Die Abgrenzungsvariable zeigt auch signifikante Unterschiede auf bzgl. Bedrohungsempfinden gegenüber Hindus, Buddhist:innen, Jüd:innen und Atheist:innen und bzgl. der Einstellung gegenüber Muslimen, Hindus, Buddhist:innen, Jüd:innen und Atheist:innen (positive/negative Einstellung). Unterschiede gibt es auch bei der Beurteilung von Christ:innen, hier allerdings unter umgekehrten Vorzeichen: Abgrenzende beurteilen Christ:innen positiver und weisen ihnen gegenüber ein geringeres Bedrohungsempfinden auf.

In der Gruppe der „Distanzierten" (N = 581) wiederspiegelt sich in etwa die Haltung aus der Grundgesamtheit: 50,3 % nicht abgrenzend, 49,7 % abgrenzend.

Zugehörigkeit zum Christentum und damit auch noch eine gewisse Verbundenheit mit den Kirchen als möglicher Ausdruck einer die eigene kulturelle Identität wahren wollenden Haltung der Abgrenzung gegenüber anderen erkennbar.

Für alle drei Nützlichkeitsdimensionen (sozial, gesellschaftlich, identitätsbezogen-kulturell), die den Kirchen zugeschrieben werden, gilt es zu beachten, dass diese Dimensionen auch ohne eine Kirchenzugehörigkeit Anerkennung geniessen, was insbesondere für die sozialen Leistungen der Kirchen gilt. Die Nützlichkeitsdimensionen des sozialen und gesellschaftlichen Zusammenhalts wie der kulturellen Identitätswahrung sind also nur begrenzt als Kirchenbindungsfaktoren anzusehen. Anders verhält es sich mit der Dimension persönlicher, religiös-spiritueller Wichtigkeitszuschreibung zu den Kirchen. Dies zeigt sich auch im Blick auf die «Vertrauensfrage» gegenüber den Kirchen,[37] die von «Säkularen», «Alternativen» und «Distanzierten» deutlich negativer beantwortet wird als von den «Institutionellen» (Abb. 6.7).

6.2.4.2 Kirchenstatistische Daten zur Kirchenbindung

Die voranschreitende Distanzierung von den Kirchen zeigt sich auch in den kirchenstatistischen Daten zum Mitgliederverhalten. Diese dokumentieren zwischen 1970 und 2019[38] einen stetigen Rückgang kirchlicher Ritualvollzüge (kirchliche Eheschliessung, Taufe, Erstkommunion, Konfirmation, Firmung) im Lebensverlauf. Sie bestätigen damit die Trends der MOSAiCH-Erhebungen im selben Zeitraum. Die folgenden Abbildungen zeigen Daten zu Taufen, Firmungen, Konfirmationen und kirchlichen Heiratsfeiern in der Schweiz in den vergangenen Jahrzehnten.

Der Anteil an Taufen in Bezug zu den Geburtszahlen in der Schweiz ist in den letzten 20 Jahren in der katholischen Kirche um mehr als ein Drittel, in der reformierten Kirche um die Hälfte zurückgegangen (Abb. 6.9). In der Schweiz wird somit noch ca. ein Drittel der Kinder in einer der grossen Kirchen getauft – bei einem Bevölkerungsanteil katholischer und evangelisch-reformierter Kirchenzugehöriger von zusammen knapp 57 %.

Ein weiterer Rückgang zeigt sich im Biografieverlauf der Kirchenmitglieder nach der Taufe. Die Abb. 6.10 und 6.11 zeigen den Anteil der Firmungen bzw. Konfirmationen im Verhältnis zur Taufzahl. Im Verlauf der letzten 30 Jahre hat sich der Anteil getaufter Jugendlicher, die sich konfirmieren oder firmen liessen, signifikant reduziert, bei Konfirmationen auf ca. drei Viertel eines getauften Jahrgangs, bei Firmungen auf ca. zwei Drittel der getauften Altersgruppe.

---

[37] Vgl. den Beitrag von Urs Winter-Pfändler in diesem Band.

[38] Dieser Beitrag nimmt anstelle der kirchenstatistischen Daten von 2020 diejenigen von 2019 zur Grundlage, da die Coronapandemie 2020 die Feier kirchlicher Rituale zeitweise nicht möglich machte oder stark einschränkte, weshalb die Daten für 2020 in der langfristigen Statistik kaum aussagekräftig sind.

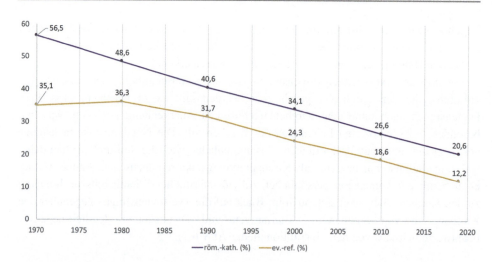

Abb. 6.9 Taufanteile im Verhältnis zu allen Geburten in der Schweiz (Daten: BfS, SPI-Kirchenstatistik und Annuarium Statisticum Ecclesiae)

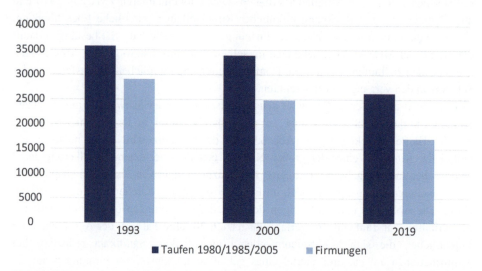

Abb. 6.10 Katholische Taufen (13–15 Jahre zuvor) und Firmungen. (Daten: SPI-Kirchenstatistik)

Noch stärker rückläufig ist das Verhältnis kirchlicher Eheschließungen zu zivilen Eheschließungen (Abb. 6.12). Kirchliche Hochzeiten machten 2019 nur noch gut 14 % im Verhältnis zu den zivilen Eheschließungen aus, während es 1970 noch knapp 87 % waren.

6.2 Abnehmende Religions- und Kirchenbindung

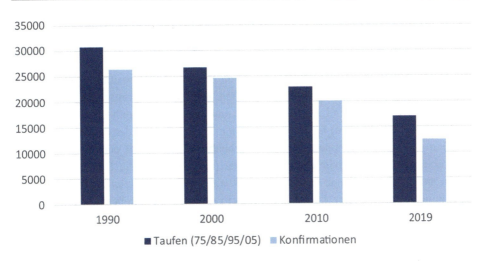

Abb. 6.11 Reformierte Taufen (15 Jahre zuvor) und Konfirmationen. (Daten: SPI-Kirchenstatistik)

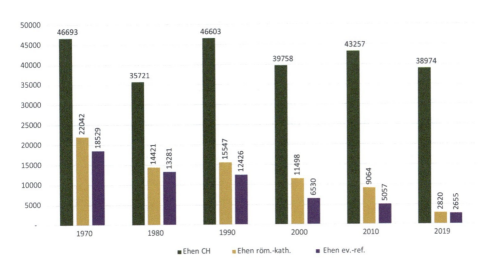

Abb. 6.12 Ehen: Zivile Eheschließungen, röm.-kath. und ev.-ref. Eheschließungen in der Schweiz 1970–2019 (Daten: BfS und SPI-Kirchenstatistik)

Der Rückgang der Ritualvollzüge im Biografieverlauf ist ein Hinweis auf ein Scheitern traditioneller Sozialisationsformen der Kirchen. Die ritualbezogenen Gelegenheiten zur Etablierung und Festigung von Kirchenbindung verlieren an Bedeutung.

6.3 Zusammenhang zwischen Kirchenbindung, kirchlicher Sozialisation und individueller Religiosität/Spiritualität

Der Zusammenhang zwischen Sozialisation (im Sinne der Partizipation an kirchlichen Feiern und Ritualen), Kirchenbindung (im Sinne von Zugehörigkeitsgefühl und Identifikation mit Kirche) und individueller Religiosität (im Sinne religiös-spiritueller Praxis und Glaubensvorstellungen) lässt die Frage offen, ob der Prozess der Distanzierung sich vor allem auf die institutionelle Ebene (Kirchenbindung) bezieht oder ob damit auch ein Abschmelzen der individuellen Religiosität (religiös-spirituelle Praxis) einhergeht. Zudem stellt sich die Frage, ob sich hinsichtlich der Kirchenbindung möglicherweise Kippmomente identifizieren lassen, in denen ein Abbruch der Kirchenzugehörigkeit am ehesten zu erwarten ist.

6.3.1 Kirchliche Sozialisation

Der Kirchgangsindex bündelt Daten zum Kirchgang von Mutter, Vater und befragter Person in ihrer Kindheit.[39] Er steht in der folgenden Darstellung für den Aspekt religiöser Sozialisation. Dabei zeigt sich, dass regelmäßige Gottesdienstbesuche im Kindesalter für eine kirchliche Sozialisation wichtig sind und die spätere Kirchenbindung beeinflussen. Auch wenn die Kirchenbindung durch unterschiedliche Dimensionen der Wichtigkeitszuschreibung aufrechterhalten wird (siehe Abschn. 3.4.1),[40] muss die persönliche Wichtigkeitseinschätzung («Wie wichtig oder nicht wichtig ist Kirche für Sie persönlich?») als besonders relevant angesehen werden. Diese persönliche Wichtigkeitseinschätzung hängt wiederum oft mit dem Grad der kirchlich-religiösen Sozialisation in der Kindheit zusammen (Abb. 6.13).

---

[39] Der Kirchgangsindex wurde für kath. oder ref. aufgewachsene Befragte 2018 als Mittelwertsindex der sogenannten impliziten Wahrscheinlichkeit des Kirchenbesuchs aus den drei Fragen „Wie oft besuchte Ihre Mutter einen Gottesdienst, als Sie ein Kind waren?" (MW=0,05, SD=0,065), „Wie oft besuchte Ihr Vater einen Gottesdienst, als Sie ein Kind waren?" (MW=0,04, SD=0,56) und „Und wie oft besuchten Sie selbst im Alter von ungefähr 11 oder 12 Jahren einen Gottesdienst?" (MW=0,06, SD=0,067), (wovon 2 beantwortet werden müssen) gebildet: Cronbachs Alpha=0,87, N=1638. Skala von 0 bis 1: nie bis täglich. Interpretation: Ein Wert von 0,05 bedeutet 0,05 × 365 = 18,25 × pro Jahr und entspricht 1–2 Gottesdienstbesuchen pro Monat.

[40] Vgl. den Artikel von Urs Winter-Pfändler in diesem Band.

6.3 Zusammenhang zwischen Kirchenbindung, kirchlicher … 125

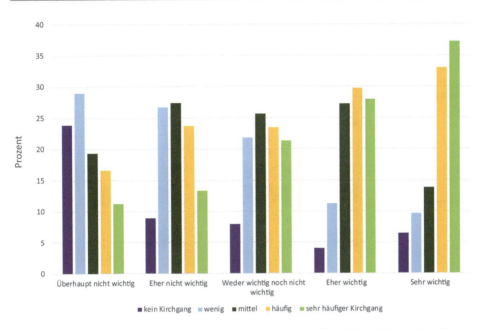

Abb. 6.13 Persönliche Wichtigkeit der Kirche nach Intensität kirchlich-religiöser Sozialisation (Quintile) unter ref. oder kath. aufgewachsenen Befragten 2018, N = 1338[41]

Wer etwa als Kind regelmäßig Gottesdienste besuchte, wird dies mit größerer Wahrscheinlichkeit auch als erwachsene Person tun.[42]

Bei den Gottesdienstbesuchen unterscheiden sich die religiös-spirituellen Profile voneinander (Abb. 6.14, oberer Bereich).[43] Dabei ist bei den «Institutionell-Kirchenzugehörigen» zwischen 2009 und 2018 keine signifikante Veränderung bei der Häufigkeit der Gottesdienstbesuche feststellbar.[44] «Distanziert-Zugehörige», «Alternative» und «Säkulare» weisen dagegen 2018 weniger Gottesdienstbesuche auf als 2009.

Die eigene religiös-spirituelle Profileinschätzung hängt nicht nur mit der aktuellen Gottesdienstpraxis zusammen, sondern zeichnete sich bereits im Kindesalter ab

---

[41] Die Variablen weisen einen statistisch signifikanten mittelstarken Zusammenhang auf (Korrelation nach Spearman: r = 0,310, p< 0.01). Die beiden Variablen korrelierten 2009 auch signifikant, aber der Zusammenhang war schwächer ausgeprägt (r = 0,251, p< 0.01, N = 647).

[42] Der mittelstarke Zusammenhang lag 2018 (r = 0,376, p< 001, N = 1650) etwas ausgeprägter vor als noch 2009 (r = 0,341, p< 001, N = 795).

[43] 2018: ANOVA mit post-hoc (Games-Howell): F = 128,8, p< 0.01, N = 1598. Aber „Säkulare" und „Alternative" unterscheiden sich nicht signifikant. 2009 unterschieden sich dazu auch „Alternative" und „Distanzierte" noch nicht signifikant: ANOVA mit post-hoc (Games-Howell): F = 34,75, p< 0.01, N = 767.

[44] Mit gut 20 Gottesdienstbesuchen pro Jahr (oder 1,7 pro Monat) sind die „institutionell-Zugehörigen" Spitzenreiter.

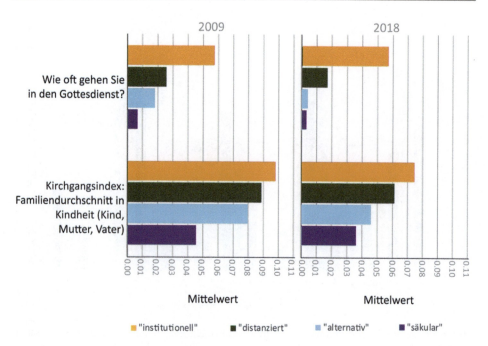

Abb. 6.14 Kirchgangshäufigkeit in der Ursprungsfamilie (2009: N = 977, 2018: N = 1608) und zum Befragungszeitpunkt (2009: N = 767, 2018: N = 1598) nach religiös-spirituellem Profil unter ref. oder kath. aufgewachsenen Befragten (Skala: 0: kein Kirchgang, 0,011: quartalsweise, 0,033: monatlich, 0,14: wöchentlich, 1: täglich)

(Abb. 6.14, unterer Bereich). Eine durch häufigen Kirchgang geprägte religiöse Sozialisation führt also eher zu einer persönlich-spirituell unterfütterten Kirchenbindung, wie sie die «Institutionellen» zeigen. Dennoch blicken auch Kirchenmitglieder ohne «institutionelle» religiös-spirituelle Selbsteinschätzung oft auf eine Sozialisation mit häufigerem Kirchgang zurück. Kirchlich-religiöse Sozialisation in Form eines regelmäßigen Gottesdienstbesuches führt also nicht automatisch zu einer persönlichen und biografisch nachhaltigen Religiosität bzw. Spiritualität.

Vergleicht man die Zahlen von 2018 mit 2009, so zeigt sich, dass zwar der Zusammenhang zwischen früherem Kirchgang und aktueller religiös-spiritueller Selbsteinschätzung und Praxis stabil ist,[45] dass die Kirchgangshäufigkeit in der Kind-

---

[45] Beim Vergleich der Daten von 2009 und 2018 fällt auf, dass der Unterschied zwischen «Distanzierten» und «Institutionellen» zunimmt. 2018: ANOVA mit post-hoc (Games-Howell): F = 32,7, p< 0.01, N = 1608. Alle Profile unterscheiden sich signifikant. 2009 unterschieden sich Distanzierte und Institutionelle noch nicht signifikant: ANOVA mit post-hoc (Games-Howell): F = 22,7, p< 0.01, N = 977. Bei allen Profilen zeigt sich ein signifikanter Rückgang der Kirchgangshäufigkeit in der Ursprungsfamilie von 2009 zu 2018.

6.3 Zusammenhang zwischen Kirchenbindung, kirchlicher ...

heit aber innerhalb des vergangenen Jahrzehnts einen deutlichen Rückgang erfahren hat.[46] Die gleiche Tendenz zeigt sich, wie oben dokumentiert, im Rückgang der Taufen, Konfirmationen, Firmungen und kirchlichen Hochzeiten in diesem Zeitraum. Die religiöse Sozialisations- und Bindungskraft der Kirchen über kirchliche Feiern und Ritualvollzüge ist demnach zwischen 2009 und 2018 markant gesunken.

6.3.2 Individuelle Religiosität/Spiritualität – Praxis und Glaubensvorstellungen

Neben der kirchlichen Sozialisation und ihrer Bedeutung für die Kirchenbindung zeigt sich auch ein Zusammenhang zwischen Kirchenbindung und aktueller persönlicher religiöser Praxis, etwa bei religiös-spirituellen Orientierungsmustern im Alltag (Abb. 6.15) oder beim persönlichen Gebet (Abb. 6.16). Dieser Befund mag nicht über-

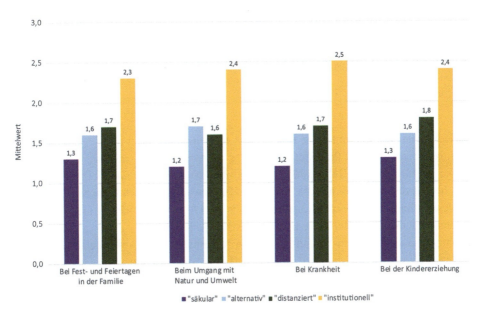

Abb. 6.15 Bedeutung von religiös-spirituellen Orientierungsmustern im Alltag nach religiös-spirituellem Profil unter ref. oder kath. aufgewachsenen Befragten 2018 (N=1231–1252). Skala: Religion oder Spiritualität spielen keine Rolle (1), eine untergeordnete Rolle (2), eine wichtige Rolle (3)[47]

---

[46] Vgl. den Artikel von Jörg Stolz und Jeremy Senn in diesem Band.

[47] Familienfeste: N=1249, MW=1,66, SD=0,71/ Umwelt: N=1252, 1,63, SD=0,80/ Krankheit: N=1231, MW=1,65, 0,78/ Erziehung: N=1054, MW=1,73, SD=0,74. Alle Profile unterscheiden sich signifikant voneinander, außer «Alternative» und «Distanzierte» bei «Umwelt» und «Krankheit».

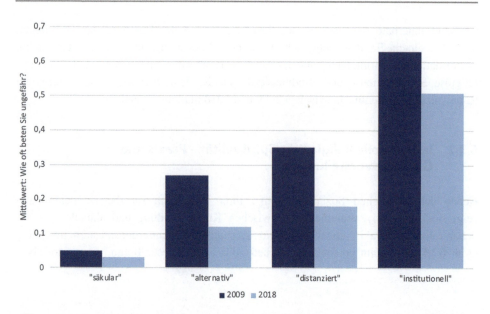

Abb. 6.16 Gebetshäufigkeit nach religiös-spirituellem Profil unter ref. oder kath. aufgewachsenen Befragten 2009/2018. Skala von 0 bis 1: nie bis täglich. Interpretation: Institutionelle beten 2009 im Schnitt 4.4 × in der Woche, 2018 noch 3,6 × pro Woche. Distanzierte beteten 2009 im Schnitt 2,5 × pro Woche, 2018 noch 1,3 × pro Woche

raschen, denn wer sich mit einer Kirche stark identifiziert, teilt in der Regel auch deren religiöse Ausdrucks- und Praxisformen.

Die Bedeutung von Religiosität bzw. Spiritualität bei Fest- und Feiertagen in der Familie, für den Umgang mit der Natur, bei der Bewältigung von Krankheit und in der Kindererziehung liegt bei den «Institutionellen» hoch, bei «Säkularen» niedrig und bei «Distanzierten» und «Alternativen» fast gleichauf (Abb. 6.15).

Nun zeigt sich aber im Verlauf der letzten Jahre neben dem Abschmelzen der kirchlichen Bindung bei «Distanzierten», «Alternativen» und «Säkularen» auch ein Rückgang der individuellen religiösen Praxis (Gebetshäufigkeit) – und zwar bei allen Profilen (Abb. 6.16).[48]

Diese Beobachtung unterstreicht die obige Feststellung, nach der nicht nur die Ränder wegbrechen, sondern auch eine Erosion gelebter Religiosität im Kernbereich der Kirchenzugehörigen stattfindet. Allerdings bleibt festzuhalten, dass die Veränderungen bei den «Institutionellen» nicht ganz eindeutig sind. Zwar sinkt ihre absolute Zahl vor allem im Bereich der evangelisch-reformierten Kirche, aber die verbleibenden «Institutionellen» beider Kirchen zeigen sich 2018 stärker den christlichen Glaubensvor-

---

[48] 2009: N = 985, MW = 0,33, SD = 0,43/ 2018: N = 1643, MW = 0,18, SD = 0,35. Der Rückgang der Gebetshäufigkeit von 2009 zu 2018 ist bei allen Profilen signifikant.

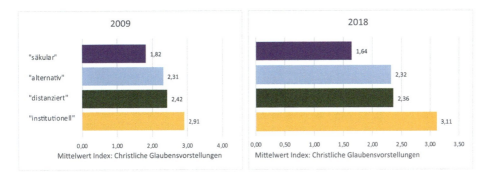

Abb. 6.17 Index «Christliche Glaubensvorstellungen» nach religiös-spirituellem Profil unter ref. oder kath. aufgewachsenen Befragten 2009/2018[50]

stellungen verbunden als noch 2009 (Abb. 6.17). Dazu bleiben sie gegenüber 2009 stabil in ihrer religiösen Selbsteinschätzung (Abb. 6.18) und bei der Kirchgangshäufigkeit (Abb. 6.14). Insgesamt nimmt also der Profilunterschied der «Institutionellen» gegenüber «Distanzierten», «Alternativen» und «Säkularen» zu.

Fasst man die Fragen zu den religiösen Vorstellungen, soweit sie (nicht ausschließlich, aber vor allem) in der christlichen Religion vorkommen, zu einem Index «christliche Glaubensvorstellungen»[49] zusammen, so zeigt sich ein klarer Zusammenhang zwischen dem Grad institutioneller Identifikation und dem Grad der Zustimmung zu den Glaubensvorstellungen, wie sie die Kirchen vermitteln. Entsprechend stimmen die «Institutionellen» den offiziellen kirchlichen Glaubensvorstellungen am stärksten zu. Die «Distanzierten» bewegen sich dagegen schwerpunktmäßig im mittleren Bereich, gefolgt von den «Alternativen» und «Säkularen» (Abb. 6.17). Dabei fällt wie schon bei den religiös-spirituellen Orientierungsmustern im Alltag auf, dass «Distanzierte» und «Alternative» auch bei der Zustimmung zu «christlichen Glaubensvorstellungen» sehr nah beieinanderliegen.

---

[49] Mittelwerts-Index «Christliche Glaubensvorstellungen»: Glauben Sie, dass es ein Leben nach dem Tod gibt? / Glauben Sie, dass es einen Himmel gibt? / Glauben Sie, dass es eine Hölle gibt? / Glauben Sie, dass es religiöse Wunder gibt? Skala von 1: *Nein, sicher nicht* bis 4: *Ja, ganz sicher*; Cronbachs Alpha: 0.87.

[50] «Christliche Glaubensvorstellungen» 2018 (N = 1635, MW = 2,29, SD = 0,83), 2009 (N = 995, MW = 2,38, SD = 0,81). Die «Distanzierten» unterscheiden sich 2009 und 2018 nicht signifikant von den «Alternativen», ansonsten unterscheiden sich die Profile signifikant voneinander. Insgesamt ist ein signifikanter Rückgang der Zustimmung von 2009 zu 2018 festzustellen, was sich auch in den Profilen der «Distanzierten» und «Säkularen» wiederspiegelt. Die «Alternativen» unterscheiden sich nicht signifikant zwischen 2009 und 2018, die «Institutionellen» verzeichnen eine signifikante Zunahme der Zustimmung.

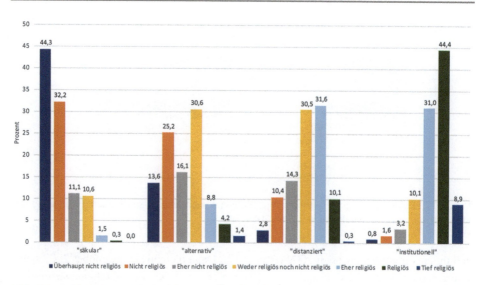

Abb. 6.18 «Religiöse Selbsteinschätzung»[51] nach religiös-spirituellem Profil unter ref. oder kath. aufgewachsenen Befragten 2018

Schaut man auf die Selbsteinschätzung der «Distanzierten», dann ergibt sich ein diffuses Bild. Im Blick auf die eigene Religiosität sehen sie sich mehrheitlich schwach religiös oder unentschieden (Abb. 6.18).

Auch das Gottesbild der «Distanzierten» ist wenig festgelegt. Für viele von ihnen ist es als eine «höhere geistige Macht» vorstellbar (Abb. 6.19).

Die bisherigen Befunde zeigen, dass die Kirchenbindung in hohem Maße mit dem Grad persönlicher Überzeugung von christlichen Glaubensvorstellungen und der Intensität kirchlich-religiöser Praxis zusammenhängt. Allerdings steht der Endpunkt der Kirchenbindung, also der (formale oder innerliche) Kirchenaustritt, nicht automatisch für den Totalverlust christlicher Glaubensvorstellungen oder für den Abbruch einer persönlichen Gottesbeziehung. So geben viele heute sich «säkular», «alternativ» oder «distanziert» beschreibende Menschen an, auch ohne Kirche oder Gottesdienste einen Zugang zu Gott zu finden (Abb. 6.20).

Im Blick auf subjektive Religiosität/Spiritualität lässt sich also zwischen (hoch)-religiösen bzw. «institutionellen» Kirchenzugehörigen und ehemaligen Zugehörigen kein klarer Bruch feststellen, sondern vielmehr ein Kontinuum der Auflösung christ-

---

[51] «Religiöse Selbsteinschätzung»: Skala von 1 = überhaupt nicht religiös, 4 = weder noch, 7 = tief religiös. 2018 (N = 1643, MW = 3,56, SD = 1,67) und 2009 (N = 1004, MW = 4,00, SD = 1,55) unterscheiden sich alle Profile signifikant. Von 2009 zu 2018 sind die Einschätzungswerte insgesamt signifikant zurückgegangen, was sich auch in den einzelnen Profilen widerspiegelt – außer bei den Institutionellen, die stabil bleiben.

6.3 Zusammenhang zwischen Kirchenbindung, kirchlicher ...

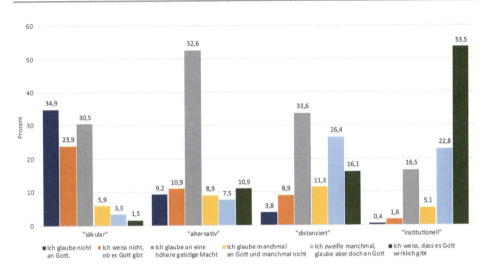

Abb. 6.19 «Glauben an Gott» nach religiös-spirituellem Profil unter ref. oder kath. aufgewachsenen Befragten 2018

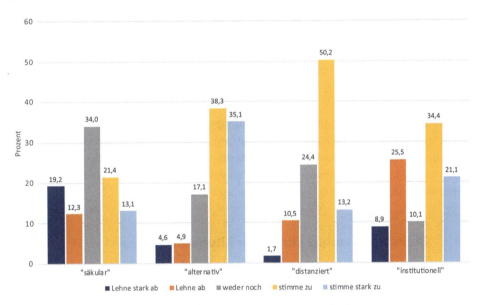

Abb. 6.20 «Eigener Zugang zu Gott»[52] nach religiös-spirituellem Profil unter ref. oder kath. aufgewachsenen Befragten 2018

---

[52] «Eigener Zugang»: Skala von 1 = lehne stark ab, 3 = weder noch, 5 = stimme stark zu. 2018 (N = 1582, MW = 3,50, SD = 1,15) unterscheiden sich alle Profile signifikant. 2009 (N = 995, MW = 3,62, SD = 1,14) unterscheiden sich die «Institutionellen» nicht signifikant von den «Distanzierten» und von den «Säkularen». Von 2009 zu 2018 ist die Zustimmung insgesamt signifikant zurückgegangen, bei den Profilen zeigt sich aber nur bei den «Säkularen» ein signifikanter Unterschied zu 2009.

lich-religiöser Vorstellungen und Praxen. Ein Kirchenaustritt kann in diesem Kontinuum früher oder später stattfinden. Distanzierungsprozesse gegenüber Glaubensvorstellungen, christlichen Praxisformen und Kirche setzen sich auch noch nach einem Austritt fort.

Die Beobachtung der Kirchenaustrittsentwicklung der letzten Jahre lässt zudem vermuten, dass für eine Austrittsentscheidung und eine Austrittsumsetzung nicht nur die Erosion der persönlichen Kirchenbindung bedeutsam ist, sondern dass es dazu auch konkreter Anlässe, z. B. Empörung über einen Skandal in der Kirche, und Gelegenheiten bedarf, um einen Kirchenaustritt zu vollziehen. So lassen sich regelmäßig in zeitlicher Nähe zu medialen Berichten über Skandale im Kontext der Kirchen auch Häufungen der Kirchenaustritte feststellen.[53]

6.4 Kirchliche Sozialisierungsroutinen gescheitert?

Traditionell geschieht die Sozialisationspraxis der Kirchen durch Feiern und (Ritual-)Angebote, die sich auf Familien mit Kindern und Jugendlichen beziehen. Insbesondere seit der Reformation dominiert in beiden großen christlichen Konfessionen der Schweiz eine starke Betonung ritualbezogener pädagogischer «Glaubensvermittlung», die sich vor allem auf Kinder und Jugendliche konzentriert und auch die Eltern im Blick auf ihre religiösen und ethischen Erziehungsaufgaben einbezieht.

Die kirchlichen Sozialisationsanstrengungen im Biografieverlauf reichen von katechetischen Begleitmaßnahmen (vor allem bei Erstkommunion, Konfirmation und Firmung) bis zu Seelsorgegesprächen, die mitunter auch eine kontrollierende Funktion besitzen (Taufgespräch, Beichte, Ehevorbereitungsprotokoll).

Die zunehmende Erosion der Kirchenbindung könnte darauf hindeuten, dass ebendiese traditionellen Sozialisationsformen keine nachhaltige Kirchenbindungswirkung mehr erzeugen, weil sie entweder weniger nachgefragt werden oder weil die mit ihrer Hilfe erzeugte Kirchenbindung nur noch von begrenzter Dauer ist.

6.4.1 Bedeutungsverlust kirchlicher Rituale und Feiern

Die Bindungskraft der Kirchen nimmt seit Jahrzehnten kontinuierlich ab. Das zeigen sowohl die Trends der MOSAiCH-Erhebungen als auch die Daten der Kirchenstatistik. Letztere zeigen nicht nur, dass die allgemeine Zustimmung zu den konkreten kirchlichen Sozialisationsangeboten, wie Taufen, Erstkommunionen, Konfirmationen, Firmungen und Eheschließungen, seit Jahren sinkt, sondern dass sie je weniger gefragt sind, desto mehr sie sich vom Kindesalter entfernen. Die Datenentwicklung bei der evangelisch-reformierten wie der römisch-katholischen Kirche nimmt dabei im Großen und Ganzen

---

[53] Vgl. Bünker 2021, S. 134 f.

eine ähnliche Entwicklung, wenn auch vor dem Hintergrund unterschiedlicher Ausgangsniveaus.

6.4.2 Religionspädagogisches Handeln der Kirchen misslingt

Eine Schlüsselfunktion für kirchliche Sozialisation nimmt zunächst die Taufe ein. Sie wird in der Schweiz überwiegend im Baby- und Kleinkindalter und auf Wunsch der Eltern gespendet. Beide Kirchen erreichen zusammen, bei einem Bevölkerungsanteil von ca. 57 % im Jahr 2019, noch eine Taufquote von einem Drittel der in einem Jahr in der Schweiz geborenen Kinder (knapp 21 % katholisch und gut 12 % reformiert – siehe Abb. 6.9). Verfolgt man die biografisch vorgesehene Linie der religiösen Feiern weiter, so zeigt sich, dass die Erstkommunion in der katholischen Kirche, in der Regel für Kinder im Alter von 8 oder 9 Jahren, von nahezu allen Kindern gefeiert wird, die auch getauft wurden (Abb. 6.21).[54] Für diese Lebensphase zeichnet sich also in Familien mit

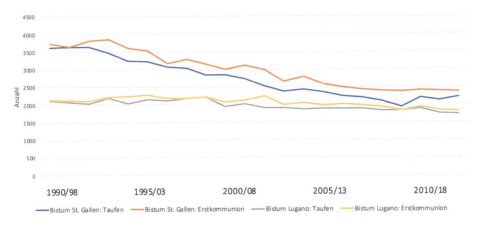

Abb. 6.21 Taufen und Erstkommunionen acht Jahre später in den Bistümern St. Gallen und Lugano (1990/1998 – 2011/2019)[55]

---

[54] In der Kirchenstatistik sind die Erstkommunionszahlen sogar leicht höher als die Taufzahlen, was durch die migrantische Prägung der katholischen Kirche in der Schweiz erklärt werden kann. Taufen werden oft im Herkunftsland der Eltern gefeiert und in der Schweizer Kirchenstatistik nicht gezählt, während die Erstkommunion dann eher in der Schweiz gefeiert wird.

[55] Die kirchenstatistischen Daten der einzelnen Bistümer in der Schweiz liegen zu einzelnen Fragen in unterschiedlichen Qualitäten vor, sodass hier auf langjährig erfasste Daten der Bistümer St. Gallen und Lugano zurückgegriffen wird. Der Befund einer hohen Koppelung zwischen Tauf- und Erstkommunionfällen zeigt sich auch in Deutschland und Österreich, nicht aber in Frankreich. Vgl. Grafik 3.10 in: https://kirchenstatistik.spi-sg.ch/erstkommunionen/ (7.1.2022).

katholischer Kirchenbindung und -praxis eine hohe Stabilität der Wahrnehmung kirchlich sozialisierender Angebote ab.

Die Firmung, die je nach Bistum oder Pfarrei in unterschiedlichem Alter, durchschnittlich etwa im Alter von 16 Jahren, gefeiert wird, erreicht aktuell nur noch knapp zwei Drittel der Jugendlichen, die getauft wurden (Abb. 6.10). Die Konfirmation in der evangelisch-reformierten Kirche, meistens gefeiert um das 15. Lebensjahr, erreicht dagegen 2019 nur noch ca. drei Viertel des entsprechenden Taufjahrgangs. Hier ist der Zuspruch zur Konfirmation in den letzten Jahrzehnten gesunken (Abb. 6.11).

Die kirchlichen Heiratsfeiern schließlich runden traditionell den Sozialisationsweg ab und eröffnen mit Blick auf die Erwartung von Kindern die Sozialisation der nächsten Generation. Gerade bei kirchlichen Eheschließungen zeigt sich jedoch eine sehr starke Zurückhaltung. Die Bereitschaft der Kirchenzugehörigen zu einer kirchlichen Trauung ist in den letzten Jahren in beiden Konfessionen stark gesunken. 2019 wurden lediglich 14 % aller Zivilehen in der Schweiz auch kirchlich geschlossen – bei einem Anteil von gemeinsam 57 % katholischer oder reformierter Personen an der Gesamtbevölkerung (Abb. 6.12).

Die Beobachtungen machen deutlich: Die Nachfrage nach klassischen biografischen Sozialisationsangeboten der Kirchen, die sich stark auf die Zeit der Familien mit Kindern konzentrieren, bricht kontinuierlich ein. Für die Kirchen ergibt sich hier ein Problem, da die Familie jener Ort ist, an dem Menschen in ihren (auch religiösen) Grundwerten und -orientierungen nachhaltig geprägt werden.[56] Mit der sinkenden Akzeptanz gegenüber paar- und familienzentrierten religiösen Angeboten schwinden für die Kirchen bislang zentrale Gelegenheiten zur Stabilisierung der religiösen Sozialisation ihrer Mitglieder. Die Folgen sind eine verminderte Kontakthäufigkeit mit Kirchenrepräsentant:innen und ein Rückgang der inhaltlichen Auseinandersetzung mit christlichem Glauben und christlicher Praxis.

6.4.3 Die Familie als Ort kirchlicher Sozialisation?

Trotz dieses Befundes gilt: Religiöse Zugehörigkeit wird in der Schweiz noch immer überwiegend familiär tradiert. Die Mitgliedschaft zu einer der großen Konfessionskirchen erfolgt meist automatisch über die Zugehörigkeit der Eltern – also durch Geburt und Einfügung in die religiöse Zugehörigkeitstradition der Familie. Konversionen über den Rahmen der familiär «geerbten» Zugehörigkeit (oder Nichtzugehörigkeit) hinaus sind selten. Auch die Entwicklung und Nachhaltigkeit von Kirchenbindung und Religiosität/Spiritualität über die Kindheit hinaus beginnt in der Familie, denn hier erlernt und internalisiert ein Mensch Grundwerte und -orientierungen, die ihn ein Leben lang prägen. Im Vergleich dazu bleiben die Ergebnisse jedes späteren Sozialisations-

---

[56] Vgl. Baumann-Neuhaus (2019, S. 145–157).

6.4 Kirchliche Sozialisierungsroutinen gescheitert?

prozesses tendenziell labiler.[57] Die Familie ist also wohl der wichtigste Ort für eine nachhaltige religiöse und kirchliche Sozialisation.[58] Das Bundesamt für Statistik bezeichnet die Familie sogar als «Nährboden für Religionen».[59]

Obschon die MOSAiCH-Daten und die Kirchenstatistik keine Einstellungen von Kindern erfassen und auch junge Menschen im Konfirmations- oder Firmalter höchstens in Einzelfällen befragt werden, tritt der Zusammenhang zwischen Familie und kirchlich-religiöser Sozialisation deutlich zutage. So zeigt sich nämlich, dass Erwachsene in einer Familiensituation mit jüngeren Kindern im eigenen Haushalt deutlich stärkere Merkmale von Kirchenbindung aufweisen als deren Altersgenoss:innen ohne Kinder. Eltern mit (kleinen) Kindern zeigen eine geringere Austrittsneigung (Abb. 6.22), mehr Vertrauen in die Kirche (Abb. 6.23) und eine intensivere Gebetspraxis (Abb. 6.24).

Diese Beobachtungen spiegeln mit dem Abschluss der Familienphase mit kleinen Kindern einen hohen Wirksamkeitsverlust kirchlicher Sozialisationsroutinen wider. Zwar

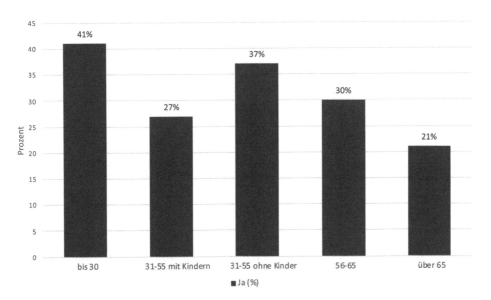

Abb. 6.22 Austrittsneigung nach Altersgruppen und Aufteilung mit/ohne Kinder im Haushalt bei 31- bis 55-Jährigen, unter ref. oder kath. aufgewachsenen Befragten 2018[60]

---

[57] Domsgen (2008); Berger und Luckmann (2003); Gärtner (2013, S. 213).
[58] Bengston et al. (2009).
[59] Bundesamt für Statistik (2016), vgl. Bengston et al. (2002), Fend (2009).
[60] Die Austrittsneigung unterscheidet sich bei den 31- bis 55-Jährigen nach Kindern im Haushalt signifikant: Kinder (N = 262, MW = 0,27, SD = 0,45), keine Kinder (N = 231, MW = 0,37, SD = 0,48).

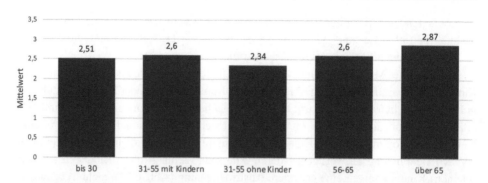

Abb. 6.23 Vertrauen in Kirchen nach Altersgruppen und Aufteilung mit/ohne Kinder im Haushalt bei 31- bis 55-Jährigen, unter ref. oder kath. aufgewachsenen Befragten 2018.[61] Skala von «überhaupt kein Vertrauen» (1) bis «volles Vertrauen» (5)

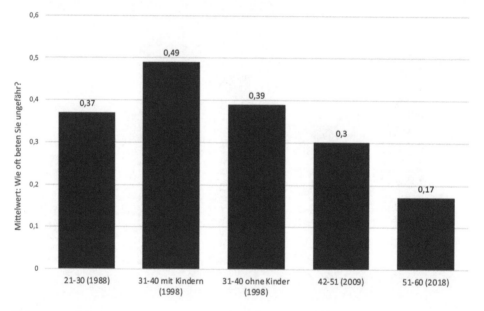

Abb. 6.24 Gebetshäufigkeit der Jahrgangskohorte 1958–1967 unter ref. oder kath. aufgewachsenen Befragten[62]

---

[61] Der Grad an Vertrauen in Kirchen unterscheidet sich bei den 31- bis 55-Jährigen mit Kindern im Haushalt signifikant: Kinder (N=369, MW=2,60, SD=0,97), keine Kinder (N=362, MW=2,34, SD=0,97).

[62] 21–30 Jahre: N=337, MW=0,37, SD=0,46/ 31–40 Jahre mit Kindern im Haushalt: N=195, MW=0,49, SD=0,47/ 31–40 Jahre ohne Kinder im Haushalt: N=152, MW=0,39, SD=0,45/ 42–51 Jahre: N=214, MW=0,30, SD=0,42/ 51–60 Jahre: N=364, MW=0,17, SD=0,34/ Gesamt: N=1262, MW=0,32, SD=0,44.

6.4 Kirchliche Sozialisierungsroutinen gescheitert?

haben die klassischen kirchlichen Sozialisationsangebote für eine bestimmte Altersgruppe und Familiensituation noch einen stabilisierenden Einfluss auf das religiöse Selbstverständnis und die Kirchenbindung von Erwachsenen, allerdings verlieren sie ihre Wirkung mit Abschluss dieser Lebensphase. Mit Beginn des Jugendalters und jenseits familiärer Lebenssituationen mit Kindern scheinen diese Sozialisationsmaßnahmen der Kirchen deutlich weniger zu greifen. So tragen sie heute insgesamt kaum noch zu einer lebenslangen stabilen Kirchenbindung und zur Entwicklung einer eigenen religiösen Praxis und zur Übernahme christlicher Glaubensvorstellungen bei.

Dies wird durch die MOSAiCH-Daten untermauert, die eine zeitliche Längsschnitt-Beobachtung von Jahrgangskohorten im ungefähr zehnjährigen Rhythmus zwischen 1988 und 2018 erlauben. Dabei zeigen sich zwei Effekte, die hier anhand der persönlichen Gebetspraxis «Wie oft beten Sie ungefähr», sichtbar werden.

Die Geburtsjahrgangsgruppe 1958–1967 zeigt für den Zeitraum der Altersspanne zwischen 31 und 40 Jahren eine große Differenz der Gebetshäufigkeit zwischen Personen mit Kindern und ohne Kinder (Abb. 6.24). Personen dieser Altersgruppe ohne Kinder beteten zum Messzeitpunkt 1998 signifikant seltener als gleichaltrige Personen mit Kindern. Allerdings fällt auf, dass 2009 beide Personengruppen zusammen (dann im Alter von 42 bis 51 Jahren) weniger beteten als die kinderlosen Personen zehn Jahre zuvor. Diese Beobachtung deutet darauf hin, dass kirchliche Sozialisationspraxen, die sich an Familien mit (kleinen) Kindern richten, zu einer befristeten Intensivierung der religiösen Praxis und Kirchenbindung führen, allerdings mittelfristig an Wirkung einbüßen.

Die zweite Beobachtung, ebenfalls am Beispiel der Gebetshäufigkeit, könnte darauf hindeuten, dass auch diese befristete Wirksamkeit kirchlicher Sozialisationsangebote aktuell bei Eltern mit kleinen Kindern kaum noch erreicht wird. Abb. 6.25 zeigt jeden-

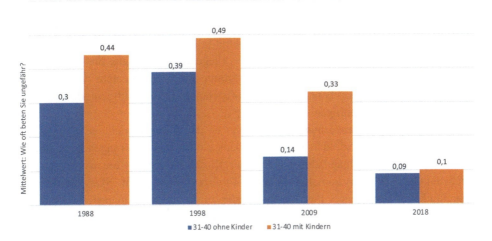

Abb. 6.25 Mittelwerte der Gebetshäufigkeit unter ref. oder kath. aufgewachsenen Befragten im Alter von 31–40 mit/ohne Kinder im Haushalt 1988–2018

falls für 2018, dass sich eine deutlich höhere Gebetshäufigkeit für Erwachsene im Alter zwischen 31 und 40 Jahren mit eigenen Kindern nicht mehr zeigen lässt – und dass die Gebetshäufigkeit insgesamt seit Jahren sinkt. Zusammen mit dem massiven Einbruch der kirchlichen Heiratspraxis und dem gestiegenen Anteil an ehemaligen Kirchenzugehörigen deutet sich damit an, dass es den Kirchen aktuell kaum noch gelingt, ihre alten Sozialisationspraxen so anzuwenden, dass sie eine breitere Wirksamkeit erzeugen.

6.5 Fazit und Ausblick

6.5.1 Entkirchlichungsprozesse

Die Entkirchlichungsprozesse in der Schweiz verlaufen äußerst stabil und sie weisen auf einen grundlegenden Funktionsverlust der Kirchen in der aktuellen Gesellschaft hin.

Die steigende Zahl der Kirchenaustritte verweist auf eine insgesamt abnehmende Intensität der Kirchenbindung, die sich schon innerhalb der Kirchen bei ihren Zugehörigen zeigt. Diese Erosion der Kirchenbindung ist sowohl gegenüber der Kirche als Institution als auch in den Feldern subjektiven Glaubens und persönlicher religiöser Praxis feststellbar.

Kirchenbindung basiert auf verschiedenen Dimensionen, wobei vor allem die Dimension der persönlichen Wichtigkeit der Kirche für die Aufrechterhaltung der Zugehörigkeit von entscheidender Bedeutung ist. Dennoch behalten auch viele Kirchenzugehörige ohne eine hohe persönliche Wichtigkeit der Kirche ihre Zugehörigkeit aufrecht. Als Gründe werden die Anerkennung und Wertschätzung sozialer und gesellschaftlicher Integrationsleistungen der Kirchen genannt.

Die vorliegende Untersuchung erkennt noch eine weitere Dimension, nämlich die der Bedeutung der Kirchen als Repräsentantinnen kultureller Identitätsmuster, die ihnen von ihren Kirchenzugehörigen zugeschrieben werden. Ein genauerer Blick zeigt, dass zwei konfligierende Identitätsmuster, ein religionsplural-tolerantes und ein gegenüber religiöskultureller Diversität abgrenzendes Muster vorliegen. Insbesondere die Zustimmung zu einem abgrenzenden kulturellen Identitätsmuster dürfte bei ungefähr der Hälfte der ansonsten persönlich kirchendistanzierten Zugehörigen zur Aufrechterhaltung der Kirchenzugehörigkeit beitragen.

Entkirchlichungsprozesse nehmen zu, wenn es den Kirchen nicht gelingt, für die Kirchenzugehörigen persönlich wichtig zu bleiben oder wenn Störungen dazu führen, dass die übrigen Wichtigkeitsdimensionen der Kirche nicht mehr ausreichen, um die Kirchenbindung aufrechtzuerhalten. Solche Störungen können z. B. Skandale oder die Kommunikation umstrittener Positionen sein, die fragen lassen, ob man sich noch länger mit seiner Kirche als zugehörig identifizieren möchte.

Für den Grad persönlicher Wichtigkeit der Kirche ist schließlich die Intensität der kirchlichen Sozialisation relevant, die eine Person in ihrer Biografie erfährt. Ein wichtiges Merkmal dieser kirchlichen Sozialisation ist die Teilnahme an kirchlichen

Feiern und Ritualen, z. B. Sakramente oder Gebet. Hier zeigt sich, dass die Teilnahmehäufigkeit insgesamt seit Jahrzehnten sinkt.

Zudem zeigt sich, dass die Teilnahme an kirchlichen Feiern und Ritualen stark durch die familiäre Situation und durch das Alter geprägt wird: Wo Kinder sind, kommen kirchliche Feiern und Rituale stärker ins Spiel als bei Erwachsenen ohne Kinder. Allerdings nimmt die Intensivierung der kirchlichen Praxis bei Familien mit Kindern nach Abschluss dieser Lebensphase wieder ab. Die Sozialisationswirkung der kirchlichen Angebote für junge Familien ist also kaum nachhaltig.

Die Krise kirchlicher Sozialisation und Bindungsfähigkeit zeigt sich nicht zuletzt darin, dass insbesondere die Rituale der Taufe und der kirchlichen Eheschließung, die für die weitere familiär orientierte kirchliche Sozialisationsarbeit entscheidend sind, starke Akzeptanzprobleme erfahren. Es fällt den Kirchen also zunehmend schwerer, die jüngeren Generationen zu erreichen und zu binden.

6.5.2 Eine doppelte kulturelle Entfremdung

Die seit Jahrzehnten anhaltende Erosion der Kirchenbindung in der Schweizer Bevölkerung erlaubt es, die zunehmend prekäre Lage der großen Kirchen nicht als Folge einzelner Krisen, sondern als Ausdruck einer grundsätzlichen kulturellen Entfremdung zu verstehen. Diese kulturelle Entfremdung dürfte zum einen mit der Säkularisierung zusammenhängen, welche die Geltungsbereiche religiöser Weltdeutungen stark eingeschränkt hat. Zum anderen könnte gerade die Reaktion auf die Säkularisierung, nämlich die „Verkirchlichung des Christentums" und damit die Intensivierung der Anstrengungen zur Gewährleistung der Kirchenbindung der Kirchenmitglieder, mit den aktuellen Entkirchlichungsprozessen zu tun haben. Denn die verstärkten Bemühungen um Kirchenbindung waren und sind mehr oder weniger stark und in den verschiedenen Kirchen in unterschiedlicher Ausprägung auch mit der Ausübung von Autoritätsansprüchen gegenüber den Kirchenzugehörigen und mit dem Einsatz von Kontroll- und Sanktionsmaßnahmen verbunden.

Genau hier setzt die zweite kulturelle Begründung der Kirchendistanzierung an. Der gestiegene Autoritätsanspruch der Kirchen gegenüber den Kirchenzugehörigen wird zu ihrem Problem: Individualisierung und Enttraditionalisierung bringen eine Infragestellung der bisherigen, jetzt oft als autoritär empfundenen Formen der Herstellung von Kirchenzugehörigkeit und Kirchenbindung mit sich.

Die hier präsentierten Analysen zur Entkirchlichung zeigen mehr als deutlich, dass es den Kirchen bislang nicht gelungen ist, die doppelte kulturelle Herausforderung durch Säkularisierung und Individualisierung mit der Folge des Autoritätsproblems der Kirchen gegenüber ihren Zugehörigen zu meistern. Die religiös-spirituellen Selbsteinschätzungen der großen Mehrheit der ehemaligen Kirchenzugehörigen stützen diese Vermutung eines doppelten kulturellen Bruchs. So zählen sich viele ehemalige Kirchenzugehörige zu einem strikt säkularen (A-)Religiositätstyp, während sich die anderen Ehemaligen durchaus spirituell identifizieren, allerdings als „Alternative".

6.5.3 Die Frage, die sich den Kirchen stellt

Für die Kirchen stellt sich die Frage der strukturellen und inhaltlich-methodischen Ausrichtung und Qualität herkömmlicher kirchlicher Sozialisierungsangebote in Bezug auf ihre Wirksamkeit: Strukturell sind viele Angebote auf das Setting der Familienphase mit Kindern ausgerichtet, was bedeutet, dass weite Teile der Kirchenmitglieder nicht mehr oder kaum erreicht werden, da die Elterngeneration einen hohen Grad an Kirchendistanzierung aufweist. In inhaltlich-methodischer Hinsicht stoßen viele kirchliche Angebote bei dieser Generation kaum mehr auf Akzeptanz oder Interesse.

Zudem nimmt die Konzentration der sozialisierenden Anstrengungen der Kirchen im Blick auf Kinder und Jugendliche zu wenig ernst, dass auch die Auseinandersetzung mit religiösen Fragen zunehmend unter die Anforderung «lebenslangen Lernens» fällt. Die Erwartung, dass die Prägung von Kindern und Jugendlichen hinsichtlich konkreter Glaubensvorstellungen oder religiöser Praxisformen ein Leben lang wirksam sei, wird durch die Daten dieser Studie widerlegt.

Die Anstrengungen der Kirchen bleiben somit für eine biografisch relevante Kommunikation mit ihren Adressat:innen zunehmend erfolglos. In der Folge fällt für viele Menschen das Thema kirchlicher Religion in der eigenen Biografie aus. Dies verstärkt die Entfremdung der Schweizer Bevölkerung von den Kirchen, die in deren institutionalisierten Formen von Religion keine ausreichenden Identifikationsmöglichkeiten mehr findet und ihre Angebote immer weniger nutzt. Die Kirchen sind hier herausgefordert, ein neues Selbstverständnis gegenüber der Gesellschaft zu finden, sich den grundlegenden kulturellen Standards der Gesellschaft nicht länger zu versperren sowie Formen ihrer religiösen Kommunikation zu suchen und zu finden, um die doppelte kulturelle Entfremdung, ihren zunehmenden Relevanzverlust und die fortschreitende Entkirchlichung zu überwinden.

Literatur

Baumann-Neuhaus, Eva. 2019. Und kaum eine/r hört zu … Der Blues von der religiösen Tradierung. In *Zeitschrift für Pastoraltheologie* 1, S. 145–157.
Beck, Ulrich. 1996. Das Zeitalter der Nebenfolgen und die Politisierung der Moderne. In *Reflexive Modernisierung. Eine Kontroverse.* Hrsg. Ulrich Beck, Anthony Giddens und Scott Lash, S. 19–112. Frankfurt am Main: Suhrkamp.
Bengston, Vern L., Casey E. Copen, Norella M. Putney und Merril Silverstein. 2009. A Longitudinal Study of the Intergenerational Transmission of Religion. In *International Sociology*, Vol. 24 (3), S. 325–345.

Bengston, Vern L., Timothy J. Biblarz und Robert E. L. Roberts. 2002. *How Families Still Matter: A Longitudinal Study of Youth in Two Generations.* Cambridge: Cambridge University Press.

Berger, Peter L., und Thomas Luckmann. 2003. *Die gesellschaftliche Konstruktion der Wirklichkeit.* Frankfurt am Main: Fischer.

Bruce, Steve, Hrsg. 1992. *Religion and Modernization. Sociologists and Historians Debate the Secularization Thesis*, Oxford: Clarendon Press.

Bundesamt für Statistik (BfS), Hrsg. 2016. *Die Religion, eine Familiengeschichte? Analyse von Daten aus der Erhebung zur Sprache, Religion und Kultur.* Neuchâtel: Bundesamt für Statistik.

Bünker, Arnd. 2021. Kirchenaustritte: Ursachen und Anlässe. In *Schweizerische Kirchenzeitung* 06: S. 134f. https://www.kirchenzeitung.ch/article/ursachen-und-anlaesse-22196 (21.12.2021).

Domsgen, Michael. 2008. Kirchliche Sozialisation. Familie, Kindergarten, Gemeinde. In *Kirche empirisch*, Hrsg. Jan Hermlink und Thorsten Latzel, S. 73–94. Gütersloh: Gütersloher Verlagshaus.

Dubach, Alfred, und Roland J. Campiche, Hrsg. 1993. *Jeder ein Sonderfall? Religion in der Schweiz. Ergebnisse einer Repräsentativbefragung.* Zürich/Basel: NZN-Buchverlag.

Fend, Helmut. 2009. Was die Eltern ihren Kindern mitgeben – Generationen aus Sicht der Erziehungswissenschaft. In *Generationen. Multidisziplinäre Perspektiven.* Hrsg. Harald Künemund und Marc Szydlik, S. 81–104. Wiesbaden: Verlag für Sozialwissenschaften.

Gabriel, Karl. 2008. Jenseits von Säkularisierung und Wiederkehr der Götter. In *Aus Politik und Zeitgeschichte* 52, S. 9–15.

Gabriel, Karl. 2018. Verkirchlichung und Entkirchlichung – ein soziologischer Blick in die jüngere Geschichte. In euangel 1, https://www.euangel.de/ausgabe-1-2018/ekklesiologien/verkirchlichung-und-entkirchlichung-ein-soziologischer-blick-in-die-juengere-geschichte/(6.12.2021).

Gärtner, Christel. 2013. Religiöse Identität und Wertbindungen von Jugendlichen in Deutschland. In *Religion und Gesellschaft* (Kölner Zeitschrift für Soziologie und Sozialpsychologie, Sonderheft 23). Hrsg. Christof Wolf und Matthias Koenig, S. 211–233.

Hürten, Heinz. 1986. *Kurze Geschichte des deutschen Katholizismus 1800–1960.* Mainz: Matthias-Grünewald-Verlag.

Jähnichen, Traugott. 2019. Evangelische Organisationen (Version 22.10.2019, 17:30 Uhr). In *Staatslexikon online*, https://www.staatslexikon-online.de/Lexikon/Evangelische_Organisationen (6.12.2021).

Katz, Heiner. 2012. *Kirchliche Autorität im Strukturwandel der Gesellschaft.* Berlin: LIT Verlag.

Kaufmann, Franz-Xaver. 1979. *Kirche begreifen. Analysen und Thesen zur gesellschaftlichen Verfassung des Christentums.* Freiburg: Herder.

Luckmann, Thomas. 1991. *Die unsichtbare Religion.* Frankfurt a. M.: Suhrkamp.

Moser, Peter. 2021: Religiosität und Spiritualität heute. In statistik.info 05. https://www.web.statistik.zh.ch/data/KTZH_737_si_2021_05_religiositaet_spiritualitaet.pdf (21.12.2021).

Norris, Pippa, und Ronald Inglehart. 2004. *Sacred and Secular: Religion and Politics worldwide.* Cambridge: Cambridge University Press.

Plüss, David, und Adrian Portmann. 2011. *Säkularisierte Christen und religiöse Vielfalt. Religiöses Selbstverständnis und Umgang mit Pluralität innerhalb des Christentums*, NFP 58, Schlussbericht http://www.snf.ch/SiteCollectionDocuments/nfp/nfp58/NFP58_Schlussbericht_Pluess.pdf (21.12.2021).

Pollack, Detlef. 2011. Kirchlichkeit, Religiosität und Spiritualität in Europa. In *Glaubensfragen in Europa. Religion und Politik im Konflikt.* Hrsg. Elke Ariëns, Helmut König, Manfred Sicking, S. 15–49. Bielefeld: transcript.

SPI-Kirchenstatistik (aus Angaben der römisch-katholischen Bistümer in der Schweiz, der staatskirchenrechtlichen kantonalkirchlichen Organisationen der katholischen Kirche in der Schweiz, der Evangelisch-reformierten Kirche in der Schweiz, des Bundesamtes für Statistik und des Annuarium Statisticum Ecclesiae). https://kirchenstatistik.spi-sg.ch/ (September 2021).

Stolz, Jörg, Judith Könemann, Mallory Schneuwly Purdie, Thomas Englberger und Michael Krüggeler. 2014. *Religion in der Ich-Gesellschaft. Vier Gestalten des (Un-)Glaubens*, Zürich: Theologischer Verlag.

Open Access Dieses Kapitel wird unter der Creative Commons Namensnennung 4.0 International Lizenz (http://creativecommons.org/licenses/by/4.0/deed.de) veröffentlicht, welche die Nutzung, Vervielfältigung, Bearbeitung, Verbreitung und Wiedergabe in jeglichem Medium und Format erlaubt, sofern Sie den/die ursprünglichen Autor(en) und die Quelle ordnungsgemäß nennen, einen Link zur Creative Commons Lizenz beifügen und angeben, ob Änderungen vorgenommen wurden.

Die in diesem Kapitel enthaltenen Bilder und sonstiges Drittmaterial unterliegen ebenfalls der genannten Creative Commons Lizenz, sofern sich aus der Abbildungslegende nichts anderes ergibt. Sofern das betreffende Material nicht unter der genannten Creative Commons Lizenz steht und die betreffende Handlung nicht nach gesetzlichen Vorschriften erlaubt ist, ist für die oben aufgeführten Weiterverwendungen des Materials die Einwilligung des jeweiligen Rechteinhabers einzuholen.

Politik und Religion in der Schweiz

Aktuelle Befragungsergebnisse zu einem komplexen Verhältnis

Antonius Liedhegener

Zusammenfassung

Politik und Religion in der Moderne – das ist das Wechselverhältnis zweier komplexer Größen. Der vorliegende Beitrag macht ausgehend vom Forschungstand für die Schweiz dieses Wechselverhältnis anhand von aktuellen Befragungsdaten in seiner Komplexität in der Bevölkerung und Wählerschaft sichtbar. Es wird die Annahme überprüft, dass Religion trotz der nachhaltigen Säkularisierung und Entkirchlichung nach wie vor einen Einfluss auf die Schweizer Politik hat. Politik wird unter den Aspekten von Macht und Einfluss (politics), politischen Sachthemen (policy) und politischer Gemeinschaft (polity) analysiert. Gefragt wird nach dem Einfluss von Religion auf Wahlteilnahme, parteipolitische Präferenzen, politische Einstellungen und Sachthemen sowie auf die Bewertung des politischen Systems. Anhand von Umfragedaten der MOSAiCH-Erhebung 2018, die den ISSP 2018 zum Thema Religion enthält, wird Religion als ein beim Einzelnen potenziell mehrschichtiges Phänomen bestimmt und operationalisiert. Mit einer seriellen Kontingenztabellenanalyse werden verschiedene, aus den Theorien der Wahlforschung abgeleitete Wirkungsannahmen bzw. -mechanismen statistisch überprüft. Religion wird definiert als Mitgliedschaft in gesellschaftlichen Großgruppen, Gelegenheitsstruktur für Face-to-face-Kontakte, Teil persönlicher Überzeugungen und Einstellungen sowie eigenständige soziale Identität. Wie die empirische Analyse zeigt, tragen alle diese Aspekte von Religion zur Erklärung der ermittelten, zum Teil recht starken Zusammenhänge bei. Schlussendlich kann aber keine der theoretischen Annahmen allein überzeugen, denn de facto korrelieren fast alle religionsbezogenen Indikatorvariablen so stark miteinander, dass sich die statistischen Erklärungsleistungen ähneln. Insgesamt zeigt sich: Ein christliches Profil der Wählenden stärkt in der Schweiz die politische Mitte allgemein. Es sind heute aber weniger die alten konfessionellen Gräben als vielmehr neue politische Konflikte um religionsbezogene

Themen und soziale Identitäten, die dem Faktor Religion seine zum Teil konfliktive Wirkung in der Schweizer Politik verleihen. Dort, wo Religion und Religionspolitik strittig und konfliktbeladen sind, speist sich der Konflikt zudem stärker aus der Politik selbst als aus dem religiösen Feld. Diese Einsichten dürften Konsequenzen sowohl für eine angemessene gesellschaftliche Problembearbeitung der Streitfragen als auch für die Revision des verbreiteten, aber falschen Bildes der Religionsgemeinschaften als Konfliktursache haben. Im europäischen Vergleich weisen die Mitglieder der verschiedenen Religionsgemeinschaften in der Schweiz nämlich ein wohl weitestgehend harmonisches Neben- und Miteinander auf – eine durchaus nicht selbstverständliche Tatsache, deren genauer Prüfung nach Art, Umfang und Ursachen die quantitative Sozial- und Religionsforschung zukünftig einen Teil ihrer Aufmerksamkeit widmen sollte.

7.1 Einleitung: Politik und Religion in der Schweiz heute – ein komplexes Gefüge komplexer Größen

Die Schweiz zählt zu den vergleichsweise säkularen westeuropäischen Gesellschaften, die durch Modernisierung, Säkularisierung, Demokratisierung und Individualisierung seit dem 19. Jahrhundert entstanden sind. Sie besitzt eine alte demokratische politische Ordnung. In der Verfassung sind Menschen- und Grundrechte einschließlich der Religionsfreiheit gewährleistet. Eine solche freiheitliche Ordnung setzt dem Grunde nach die Trennung von Staat und Religion sowie die staatliche Neutralität gegenüber den vielfältigen religiösen und philosophischen Vorstellungen des «guten Lebens» im Diesseits wie im Jenseits voraus.[1] Im Bewusstsein der politischen Öffentlichkeit hatte Religion in der säkularen Sphäre der (Partei-)Politik keinen Platz. Das galt so bis vor einigen Jahren. Die Zeichen der jüngeren Zeit sind aber widersprüchlich geworden. Gleich zwei Mal hat die Schweizer Stimmbürgerschaft markante, auch international beachtete religionspolitische Entscheide herbeigeführt: Der Bau von Minaretten ist 2009 und das Tragen einer Burka 2021 per Abstimmung als Verbot in die Verfassung geschrieben worden. Aktuell geht es aber keinesfalls ausschließlich um Islampolitik. Religion kommt auch bei prominenten politischen Sachentscheiden ins Spiel. Höchst kontrovers war ihre Rolle im Kontext der Konzernverantwortungsinitiative. Kirchen und kirchennahe Verbände und Organisationen haben vehement für eine Annahme der knapp gescheiterten Initiative gekämpft. Nahezu im gleichen Atemzug hat die Christdemokratische Volkspartei der Schweiz (CVP), die wie ihre christdemokratischen Schwesterparteien in Europa den Bezug zum Christentum im Namen führte, beschlossen, den

---

[1] Rawls (1992).

‚christlichen Ballast' ihrer Parteigeschichte im Zuge ihrer Fusion mit der Bürgerlich-Demokratischen Partei Schweiz (BDP) abzuwerfen, um sich an der Urne vom Niedergang des Christentums bzw. der katholischen Kirche unabhängig zu machen und damit der drohenden politischen Bedeutungslosigkeit zu entgehen.

Wie in vielen westeuropäischen Ländern und den von vielen zu Unrecht als gänzlichen Sonderfall betrachteten USA stellt sich auch für die Schweiz die politische Gretchenfrage: Welchen Stellenwert hat Religion? Welchen Einfluss auf Politik hat sie noch oder vielleicht eher wieder? Worauf beruht er? Und ist er vielleicht problematisch für Demokratie und Gesellschaft?

Dieses Fragenbündel richtet sich auf eine vielschichtige Wirklichkeit von Politik und Religion, insbesondere in freiheitlichen demokratischen Gesellschaften. In der Politikwissenschaft, der dieser interdisziplinäre Beitrag in hohem Maße verpflichtet ist, ist dieser Zusammenhang treffend als ein «komplexes Gefüge komplexer Größen» bezeichnet worden.[2] Abstrakt gesprochen, ergibt sich diese Komplexität aus den zahlreichen Zuordnungs- und Wechselverhältnissen, die zwischen Politik als Wettbewerb um Macht und Mehrheiten (politics), als System zur Problemlösung gesellschaftlicher Vorzugs- und Verteilungsfragen (policy) und als Schicksalsgemeinschaft einer Bevölkerung (polity) einerseits und Religion als kollektiven Glaubensgemeinschaften (und deren Gegnern), einer öffentlichen und privaten Glaubenspraxis, einer Vielzahl kollektiver Sinn- und Wertsysteme und einem historisch und regional geprägten kulturellen Kontext von Gesellschaft und Politik andererseits bestehen.

Der vorliegende Beitrag macht ausgehend vom Forschungsstand für die Schweiz dieses Wechselverhältnis anhand von aktuellen Befragungsdaten in seiner Komplexität sichtbar. Es wird die Vermutung bzw. Hypothese überprüft, dass Religion trotz der nachhaltigen Säkularisierung und Entkirchlichung in der Schweiz aktuell einen Einfluss auf Politik hat. Der Beitrag beginnt mit einem Überblick bisheriger Studien zu Politik, Parteien, Wahlverhalten und Religion in der Schweiz (Abschn. 7.2). Sodann werden die Fragestellung und die leitenden Vermutungen und Hypothesen sowie mögliche Mechanismen zu Erklärung der vermuteten Zusammenhänge anhand von Theorien der Wahl- und Religionsforschung entwickelt (Abschn. 7.3) und das Vorgehen der Untersuchung anhand der Daten des MOSAiCH-Datensatzes 2018 zu Religion beschrieben (Abschn. 7.4). Im Hauptteil werden zahlreiche Zusammenhänge des Wahlverhaltens, der Bewertung politischer Streitthemen und von Einstellungen mit unterschiedlichen Dimensionen von Religion auf ihre Stärke untersucht (Abschn. 7.5). Die Einzelbefunde werden im Fazit bilanziert und abschliessend interpretiert (Abschn. 7.6).

---

[2] Schneider (1997).

7.2 Forschungsstand

Die politische Geschichte der Schweiz und Religion sind schwerlich zu trennen.[3] Die so nachhaltige Christianisierung des heutigen Gebiets der Schweiz geht bis auf das antike römische Reich zurück. In der frühen Neuzeit wurde die Schweiz zu einem der Stammlande der Reformation. Der reformierte Glaube Calvins und Zwinglis hat große Teile der Schweiz tief geprägt. Die katholische Tradition hat über das Trienter Konzil und die nachfolgende religiöse Erneuerung weite Teile der Zentralschweiz und des Wallis ebenso tief bestimmt.[4] Als ein bi-konfessionelles Land ist die Willensnation Schweiz Mitte des 19. Jahrhunderts in die politische Moderne aufgebrochen. Neben anderen, vor allem sprachlich bedingten Binnendifferenzen, hat der konfessionelle Graben die Entstehung und Ausgestaltung des Schweizer Bundesstaates seit dem kurzen, aber nachhaltig wirkenden Bürgerkrieg zwischen katholischen und reformierten Kantonen 1847 («Sonderbundskrieg») und der anschliessenden Verfassungsgebung 1848 im Zeichen des siegreichen reformierten bzw. liberalen Freisinns bis gegen Ende des 20. Jahrhunderts bestimmt.[5] Die Asymmetrien zwischen der reformiert-liberalen Mehrheit, dem sozialistischen Arbeitermilieu und den weithin zum katholischen Milieu verdichteten katholischen Landesteilen sowie den katholischen Minderheiten in den entstehenden großen Städten wie Basel, Bern oder Zürich und in den Industriegebieten hat das Schweizer Parteiensystem bestimmt und ihm bis in die 1990er-Jahre jene hohe Stabilität verliehen,[6] die in der «Zauberformel» von 1959 und der in ihr festgeschriebenen, bis 2003 gültigen Aufteilung der Bundesratssitze nach Parteien ihren beredten Ausdruck gefunden hatte.[7]

7.2.1 Parteien und Wahlverhalten in der Schweiz seit den 1990er-Jahren

Die jüngere Parteien- und Wahlgeschichte beginnt mit dem zeitweise kometenhaften Aufstieg der Schweizerischen Volkspartei (SVP) seit Mitte der 1990er-Jahre. Mit dieser Partei zogen angeführt von Christoph Blocher neue Themen und ein neuer populistischer Stil in die Schweizer Politik ein.[8] Neben die älteren Konfliktlinien von

---

[3] Maissen (2009).
[4] Vischer et al. (1994).
[5] Lang (2020), Linder (2005), Seitz (2014).
[6] Lipset und Rokkan (1967).
[7] Altermatt (2012, S. 28–33).
[8] Mazzoleni und Meuwly (2013), Vatter (2020). Die SVP-Politik ist freilich ganz ohne historische Vorläufer. Zur fremdenfeindlichen politischen Mobilisierung in der Schweiz vgl. Buomberger (2004).

7.2 Forschungsstand

Abb. 7.1 Parteienspektrum im Nationalrat 2019 auf einem Links-Rechts-Kontinuum. (Quelle: eigene Berechnungen nach https://www.nzz.ch/schweiz/parlamentarierrating-wohin-sich-die-raete-bewegt-haben-ld.1588933 (19.3.2021), vgl. dazu auch Hermann und Krähenbühl 2020)

Staat und Konfession bzw. Arbeit und Kapital trat eine politisch-kulturelle Scheidelinie, die entlang der Frage der Öffnung oder Schließung der Schweiz für Wandel durch eine europäische Einbindung und zunehmende Migration verläuft.[9] Mittlerweile gilt das Schweizer Parteiensystem als eines der fragmentiertesten in Westeuropa.[10] Nicht weniger als elf Parteien sind im Nationalrat, der großen Kammer des Schweizer Parlaments, vertreten. Legt man die politischen Entscheidungen der im Nationalrat vertretenen Parteien zugrunde und bewertet ihr Abstimmungsverhalten nach ideologischer Positionierung auf einem Links-Rechts-Kontinuum von −10 bis +10, zeigt sich, dass dieses Parteiensystem zudem große inhaltliche Distanzen aufweist (Abb. 7.1).[11]

Von links nach rechts angeordnet, stehen die SolidaritéS, Partei der Arbeit der Schweiz (PdA), die Grüne Partei der Schweiz (GPS, heute GRÜNE Schweiz, GP) und die Sozialdemokratische Partei (SP) für den linken Pol, die Lega dei Ticinesi, die Schweizerische Volkspartei (SVP) und die Eidgenössisch-Demokratische Union (EDU) für den rechten. Zwischen den Polen befindet sich eine Reihe von Mitteparteien. Von links nach rechts sind dies die Grünliberale Partei Schweiz (GLP), die Evangelische Volkspartei (EVP), die Bürgerlich-Demokratische Partei (BDP), die Christlichdemokratische Volkspartei CVP (seit Ende 2020 mit der BDP fusioniert zur Partei ‚Die Mitte') und die FDP. Die Liberalen (FDP). In den Schweizer Medien ist oft von zwei Lagern die Rede, wobei Mitteparteien dann dem ‚bürgerlichen Lager' zugeschlagen werden. De facto hatte bzw. hat aber zumindest die ehemalige CVP eine Scharnierfunktion inne,

---

[9] Kriesi und Trechsel (2008).
[10] Kriesi und Trechsel (2008, S. 84).
[11] Die Links-Rechts-Einteilung als politische Grundeinteilung wird teilweise als für heutige Verhältnisse ungenau oder gar inhaltsleer kritisiert. Sie behält aber als Orientierungsmarke für die politische Praxis in allen westlichen Demokratien nachweislich einen hohen Stellenwert, sowohl bei den politisch Agierenden als auch in der politikwissenschaftlichen Analyse. Vgl. mit grundlegender Literatur zur Debatte mit Religionsbezug Thieme und Liedhegener (2015).

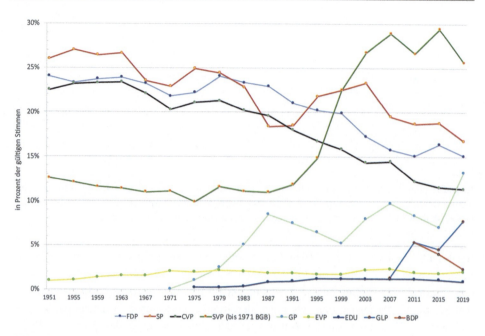

Abb. 7.2 Stimmenanteile der Parteien in den nationalen Wahlen 1950 bis 2019 in %. (Quelle: eigene Darstellung nach BFS/Statistik der Nationalratswahlen)

wenn es um Mehrheitsbildungen und Entscheidungsfindung im Bundeshaus geht, was für eine gewisse politische Selbstständigkeit im parteipolitischen Spektrum spricht.[12]

Auf Bundesebene hat sich das Kräfteverhältnis der Parteien über die letzten drei Jahrzehnte stark verändert. Neuere Wahlergebnisse lassen zudem gewisse Trends erkennen (Abb. 7.2): Der Aufstieg der SVP sticht sofort ins Auge. Sodann fällt auf, dass neue Parteien die Bühne betreten haben. Nach 2000 sind dies die GLP und die BDP, zuvor die GPS, welche schon seit den 1980er-Jahren Erfolge erzielt. Das hat Auswirkungen auf die Stimmenanteile der übrigen Parteien. Die Verliererinnen der Entwicklung sind die CVP, FDP und die SP. Bei der FDP und der CVP verlief der Stimmverlust nahezu stetig auf zuletzt 15,1 % bzw. 11,4 %. Die Wahlergebnisse der SP unterlagen größeren Schwankungen, aber aktuell liegt auch sie bei historisch tiefen 16,8 %. Hingegen erzielen, allen Veränderungen zum Trotz, die beiden kleineren, in unterschiedlichen Flügeln der Freikirchen beheimateten Parteien EDU und EVP niedrige, aber recht stabile Ergebnisse, wobei allerdings die EDU nicht immer den Sprung ins Parlament schaffte.[13]

---

[12] Frey (2009).

[13] Dies war 2015 der Fall, weshalb diese Partei in den weiteren Analysen nicht berücksichtigt wird. Im MOSAiCH-Datensatz haben sechs Befragte angegeben, 2015 für die EDU gestimmt zu haben. Alle sind Mitglieder von Freikirchen.

7.2.2 Religion und Politik

In der Wahlforschung hat sich Religion über lange Zeit immer wieder als ein wichtiger Faktor zur Erklärung von Wahlergebnissen erwiesen.[14] Zwar schwindet die Erklärungskraft im Laufe der Zeit in den meisten westeuropäischen Ländern; teils weil die Kirchenbindung rückläufig ist und damit die relevanten Gruppen in der Wählerschaft kleiner werden, teils weil das Wahlverhalten individueller bzw. volatiler geworden ist. Ähnliches lässt sich auch für andere wahlrelevante Großgruppen wie etwa die gewerkschaftlich organisierte Arbeiterschaft festhalten. Beide Prozesse, die Schwächung von Großgruppen und die Individualisierung der Wahlentscheidung, lassen die ‚Stammwählerschaft' der älteren Parteien abschmelzen. Gleichwohl ist das historische Grundmuster vielfach noch erkennbar, so auch in der heutigen Schweiz.

Zwischen der Religionszugehörigkeit und den Schweizer Parteien und ihrer Wählerschaft besteht ein bekannter, im Grundmuster vergleichsweise stabiler Zusammenhang. Er trat auch in der Wahl 2019 zutage: «Bei der Religionszugehörigkeit fällt auf, dass die CVP nach wie vor bei den Katholikinnen und Katholiken äußerst beliebt ist. In dieser Gruppe ist die CVP die zweitstärkste politische Kraft und praktisch gleichauf mit der SVP. Dagegen wählten Protestantinnen und Protestanten sowie Konfessionslose kaum je die CVP. Protestantische Wahlberechtigte entschieden sich überdurchschnittlich oft für die SVP und FDP, während GLP, SP und GPS häufiger von konfessionslosen Wählenden Unterstützung erhielten.»[15] Dieses Muster hat viel mit den genannten, historischen Hauptkonfliktlinien im politischen System der Schweiz zu tun. Die Forschung hat dies wiederholt gezeigt.[16] Der Bedeutungsrückgang dieses historischen Musters ist ähnlich wie in der benachbarten Bundesrepublik Deutschland gleichwohl nicht zu übersehen.[17]

Wenn es um Religion geht, hat seit geraumer Zeit jene Partei das größte Forschungsinteresse auf sich gezogen, die am stärksten vom Wandel in Mitleidenschaft gezogen worden ist: die CVP. So wurde untersucht, wie der langfristige Rückgang der CVP und ihrer Wählerstimmen verlaufen ist und welche anderen Parteien davon profitieren konnten.[18] Bis in die 1990er-Jahre sank unter der katholischen Bevölkerung zunächst die Hemmschwelle, die FDP zu wählen. Seitdem entstand der CVP in ihrer Kernwählerschaft mit der SVP eine weitere, starke Konkurrenz.[19] Auch die (mittlerweile entschiedene) Frage der Parteienfusion von CVP und BDP hat wissenschaftlich ihren Niederschlag gefunden. Urs Altermatt hat in seiner CVP-Studie mit strategischen

---

[14] Botterman und Hooghe (2012), Dalton (2004), Schmitt (1989).
[15] Tresch et al. (2020, S. 14) und vgl. zur Gruppe der Religionslosen den Beitrag von Pascal Tanner in diesem Band.
[16] Goldberg (2017), Lang und Meier (2016).
[17] Goldberg (2017), Seitz (2014), Wolf und Roßteutscher (2013).
[18] Geissbühler (1999), Goldberg (2017).
[19] Lutz (2008, 2016).

Argumenten offen dafür geworben.[20] Thomas Milic und Adrian Vatter kamen hingegen aufgrund von Umfragedaten zu dem Schluss, dass eine Fusion zwei sehr ungleiche Wählerschaften zusammenzubinden suche. Eine Fusion sei daher eine Hochrisikostrategie, die beim Wahlvolk eher scheitern als gelingen könne.[21] Neben der CVP haben der Aufstieg der SVP und ihre Rolle als Motor in der Anti-Minarett- und Burka-Verbots-Initiative Fragen nach der Zusammensetzung ihrer Wählerschaft und der Rolle von Bedrohungsgefühlen und Vorurteilen gegenüber dem wachsenden muslimischen Bevölkerungsteil als Teil der Wahl- und Abstimmungserfolge der SVP aufgeworfen.[22] Als eine zusätzliche, bislang kaum bearbeitete Forschungsaufgabe zeichnet sich das Wahlverhalten von Migrant:innen und damit auch das der wachsenden muslimischen Minderheit in der Schweiz ab.

Im Vergleich zum Wahlverhalten ist die Frage eines möglichen Zusammenhangs von Religion und politischen Themen für die Schweiz bislang selten untersucht worden. Sarah Nicolet und Anke Tresch sind ihr anhand von ISSP-Daten für 2008 nachgegangen.[23] Für moralpolitische Fragen wie die Erlaubtheit des Schwangerschaftsabbruchs fanden sie unter praktizierenden Christ:innen die geringsten und unter nichtreligiösen Personen die höchsten Zustimmungswerte. Auch die bloße Tatsache der Religionszugehörigkeit hatte einen Einfluss. Katholik:innen waren ablehnender als Reformierte und Menschen ohne Religionszugehörigkeit.[24] Carolin Rapp et al. gelangten auf der Basis von 13 Umfragen zu Volksabstimmungen zu moralpolitischen Themen zwischen 1992 und 2012 zur Einschätzung, dass die traditionelle konfessionelle Konfliktlinie durch eine neue Scheideline zwischen religiösen und säkularen Wähler:innen ersetzt worden sei.[25]

Im Kontext der Schweizer Wahl- und Parteienforschung ist die Religionspolitik als politisches Sachthema kaum in den Blick geraten. Dabei sind die religionspolitischen Aktivitäten in den Kantonen, aber auch im Bund zahlreich.[26] Sehr gut erforscht ist allerdings das Abstimmungsergebnis der Anti-Minarett-Initiative.[27] Im vorliegenden Zusammenhang wichtig ist der Befund, dass die Einschätzung der vorgebrachten Argumente und die Parteibindung für die Annahme des Verbots, nicht aber die Religionszugehörigkeit oder Religiosität entscheidend waren.[28] Schließlich interessiert auch, ob und, wenn ja, wie das politische System der Schweiz und die politische Gemeinschaft

---

[20] Altermatt (2012, S. 217–223).
[21] Milic und Vatter (2015).
[22] Manatschal und Rapp (2015), Martig und Bernauer (2016), Mazzoleni (2016).
[23] Nicolet und Tresch (2010).
[24] Nicolet und Tresch (2010, S. 38).
[25] Rapp et al. (2014).
[26] Baumann et al. (2019), Liedhegener (2014, 2019).
[27] Vatter (2011).
[28] Vatter et al. (2011).

gegenwärtig mit religiösen Aspekten in Beziehung stehen, etwa wenn es um die Gottesanrufung in der Präambel der Schweizer Bundesverfassung oder das Selbstverständnis der Schweiz als einer christlichen Nation geht.[29] Dies berührt Fragen der kollektiven Identität und des sozialen Kapitals[30] und damit der politischen Kultur,[31] deren empirische Erforschung mit den Mitteln der Umfrageforschung für die Schweiz jüngeren Datums ist.[32]

7.2.3 Religion

Religion ist ein komplexer Forschungsgegenstand. Auf der Ebene des Einzelnen (Mikro-Ebene) geht es um Identitätsbezüge, religiöses Handeln und werthaltige Glaubensüberzeugungen und Einstellungen. Daneben stellt Religion im Rahmen eines politischen Systems (Makro-Ebene) ein kulturelles System dar, das zwar durch religiöse Institutionen und Organisationen erzeugt wird (Meso-Ebene), aber keineswegs im intentionalen Handeln der heute Lebenden allein aufgeht.[33] In der bi-konfessionellen Schweiz ist im Blick auf das Schnittfeld von Politik und Religion daher auch mit Pfadabhängigkeiten zu rechnen, die sich im Wahlverhalten zeigen könnten bzw. sollten.

Die religionssoziologische Forschung zu den Verhältnissen in der Schweiz zeichnet ein ambivalentes Bild der religiösen Lage. Einerseits gibt es unstrittig einen starken Trend der Entkirchlichung in der Bevölkerung. Die Daten des Bundesamts für Statistik demonstrieren den anhaltenden Rückgang der formalen Mitgliedschaft in einer der beiden Großkirchen bzw. Traditionen des westlichen Christentums (Abb. 7.3). Der Anteil der Menschen, die keiner Religionsgemeinschaft (mehr) angehören, ist von 11,4 % im Jahr 2000 auf 29,5 % im Jahr 2019 angewachsen. Auch der Anteil muslimischer Einwohner:innen ist im gleichen Zeitraum gestiegen – wenn auch nicht so rasant wie derjenigen ohne Religionszugehörigkeit – und beträgt gegenwärtig 5,5 %. Ein ähnliches Bild des Rückgangs ergibt sich für die klassischen Indikatoren der Kirchlichkeit wie den Gottesdienstbesuch. Die Entwicklung ist stark durch den Verhaltenswandel zwischen den Generationen gekennzeichnet.[34] Es wird im Sinne einer anhaltenden Säkularisierung vermutet, dass sich diese Entwicklung als ein ‚säkulares Driften' fortsetzen wird.

---

[29] Wenzel (2011).
[30] Danaci (2012), Freitag (2014).
[31] Linder (2005, S. 27–58).
[32] Freitag (2017).
[33] Liedhegener und Odermatt (2018).
[34] Siehe dazu weiterführend den Beitrag von Jörg Stolz und Jeremy Senn in diesem Band. Darin kommen die Autoren zum Schluss, dass der Rückgang von christlicher Religiosität über die Ablösung von Generationen mitverursacht wird und die Ersetzung von religiöseren durch weniger religiöse Kohorten somit zur Ausbreitung von Säkularisierung beiträgt.

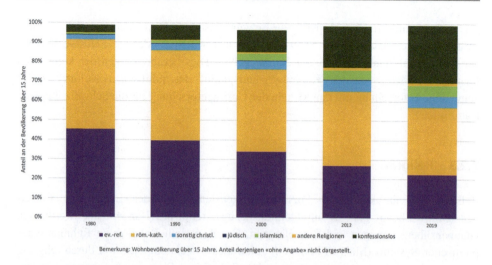

Abb. 7.3 Religionszugehörigkeit der Schweizer Bevölkerung 1970 bis 2019. (Bemerkung: Wohnbevölkerung über 15 Jahre. Quelle: eigene Darstellung nach Datenreihen des Bundesamts für Statistik (BfS); https://www.bfs.admin.ch/bfs/de/home/statistiken/bevoelkerung/sprachen-religionen/religionen.assetdetail.15384753.html)

Die Religionslosigkeit könnte in der Schweiz zur dominanten Sozialform werden.[35] Dem wird entgegengehalten, dass der Verlust die institutionellen Religionen betreffe, nicht aber die Religiosität des Einzelnen. In der individualisierungstheoretischen Linie wird mit einer Transformation des Religiösen gerechnet, die auf größere Wahl- und Gestaltungsfreiheit und damit die Verbuntung des Religiösen setzt.[36] Religion sei für viele Menschen zentral für die eigene Persönlichkeit, vielleicht hintergründig, aber spätestens im Bedarfs- und Krisenfall bei biografisch einschneidenden Erfahrungen abrufbar.[37] Bezieht sich diese Diskussion wenn auch nicht ausschließlich, so doch hauptsächlich auf die (bisherigen) Mehrheitskonfessionen der Schweiz, so ist mit Recht darauf verwiesen worden, dass viele kleinere Religionsgemeinschaften bei einer ausschließlich statistischen Betrachtung oft übersehen werden und vor allem eine beachtliche Zahl muslimischer Gemeinschaften in der Schweiz beheimatet ist.[38]

Auch in der Wahlforschung gibt es unterschiedliche Herangehensweisen an Religion. Es besteht dabei durchaus ein Zusammenhang mit der religionssoziologischen Forschung. Meist konkurrierend, teils sich aber auch ergänzend werden seit geraumer Zeit Erklärungen für den Wandel von Religion und Religiosität in der

---

[35] Stolz et al. (2014, S. 196–206).

[36] Campiche (2004), Zulehner (2011) und vgl. den Beitrag von Irene Becci und Zhargalma Dandarova in diesem Buch.

[37] Huber (2011), Huber und Huber (2012).

[38] Baumann und Stolz (2007), Bochinger (2012).

7.2 Forschungsstand

Moderne im Rahmen der Säkularisierungstheorie, der Individualisierungstheorie und der Markttheorie gesucht.[39] Während der ‚Markt der Religionen' als Erklärungsansatz bislang vor allem in makro-vergleichenden Studien zum Einfluss des Staat-Religionen-Verhältnisses auf die religiöse Vitalität herangezogen wurde,[40] spielen die anderen beiden Theorieansätze für die Erklärung von Wahlverhalten und politischen Einstellungen eine wichtige Rolle. Sarah Nicolet und Anke Tresch greifen explizit die Individualisierungsthese auf. Sie gehen davon aus, dass das Phänomen der Religiosität ohne Kirchen- oder Organisationsbindung, das *Believing without Belonging*,[41] ein Effekt der Individualisierung ist,[42] der politisch relevant ist. In ihrer Studie haben sie eine neue Typologie vorgelegt, die alle Befragten jeweils genau einer einzigen Kategorie bzw. Form von Religiosität zuordnet.[43] Die Wirkung von Religion auf Politik wird dann entlang dieser Typen anhand von Umfragedaten untersucht. Christof Wolf und Sigrid Roßteutscher formulieren das Gegenprogramm des Säkularisierungsparadigmas: «Zur Messung der Religiosität greifen wir auf eine Typologie der Kirchlichkeit zurück, die einerseits formale Mitgliedschaft, andererseits den Grad des Engagements, gemessen am Kirchgang, abbildet. Wir entscheiden uns damit bewusst für eine ‚traditionelle' Typologie und gegen neuere Kategorisierungen, die wie Davie […] zwischen ‚believing' und ‚belonging' oder wie Nicolet und Tresch […] kirchengebundene von ‚freier' Religiosität unterscheiden. Grund hierfür ist die Überlegung, dass eine ‚politisierte Sozialstruktur' die institutionelle Einbettung und Mobilisierung durch Organisationen benötigt. Neue Formen der Spiritualität oder einer privatisierten Religion sind daher zwar aus religionssoziologischer Sicht interessant, aber hinsichtlich der Ausbildung gruppenspezifischer politischer Präferenzen folgenlos. Dementsprechend unterscheiden wir zwischen katholischen und protestantischen Kern- und Randmitgliedern und Konfessionslosen, wobei wir letztere nochmals danach differenzieren, ob sie zumindest gelegentlich in die Kirche gehen oder nicht.»[44]

Der vorliegende Beitrag teilt mit Wolf und Roßteutscher die Annahme, dass der Gruppenbezug von Religion für die politische Relevanz der Religiosität als wesentlich angesehen werden kann. Er geht in der Messung von Religion aber einen Mittelweg, denn die Festlegung von Wolf und Roßteutscher auf allein zwei Variablen, nämlich Religionszugehörigkeit und Kirchgang, schließt alternative Befunde im Sinne der Individualisierungstheorie durch die theoretische Vorannahme bzw. Setzung von vornherein aus. Aus den bisherigen Überlegungen ergibt sich eine wichtige Einsicht in die Frage der Operationalisierung von Religion in empirischen Studien. Vor die Wahl

---

[39] Pickel (2010b), Stolz (2020).
[40] Traunmüller und Freitag (2011).
[41] Davie (1994).
[42] Nicolet und Tresch (2010, S. 33).
[43] Nicolet und Tresch (2010, S. 31–32).
[44] Wolf und Roßteutscher (2013, S. 159).

gestellt, ob man versuchen soll, Religion bzw. Religiosität in einer einzigen Typologie oder Skala zu verdichten[45] oder ob man die verschiedenen Dimensionen von Religion[46] analytisch besser getrennt halten soll,[47] spricht einiges für die letztere Option, denn man kann unterschiedliche Effekte von Religion auseinanderhalten. Im Folgenden wird daher unterschieden zwischen Religionszugehörigkeit als formaler Zugehörigkeit und/ oder einer bewussten Identifikation mit der eigenen Religionsgemeinschaft als einer sozialen Identität *(belonging)*, gruppenbezogene religiöse Praxis *(behaving)* und persönliche Religiosität *(believing)*. Dies scheint zumindest für neue oder seltener untersuchte Zusammenhänge von Religion mit anderen Bereichen der sozialen Wirklichkeit sinnvoll zu sein, um – wie im Folgenden – unterschiedliche Wirkmechanismen in den Blick nehmen zu können.

7.3 Forschungsfrage und Ausgangsvermutungen

Die vorliegende Studie geht der Frage nach, ob Religion einen Einfluss auf Schweizer Politik hat, und, wenn ja, wie stark er ist und warum er besteht. Diese Frage gehört zu den grundlegenden Fragen einer interdisziplinären Religionsforschung. Diese Forschungsfragen sollen mit den Mitteln der Umfrageforschung untersucht werden. Dazu sind einige vorgängige Definitionen und Präzisierungen nötig.

Politik wird im Folgenden unter den Aspekten von Macht und Einfluss *(politics)*, politischen Sachthemen *(policy)* und politischer Gemeinschaft *(polity)* analysiert. Gefragt wird nach dem Einfluss von Religion in ihren verschiedenen Dimensionen auf parteipolitische Präferenzen, auf politische Einstellungen und Sachthemen sowie auf die Bewertung des politischen Systems.

Die Frage, warum Religion einen Einfluss auf die genannten Dimensionen von Politik hat bzw. haben könnte, wird aus der Perspektive der Wahlforschung und ihrer Theorien angegangen. Als Ausgangspunkt werden soziologische und sozialpsychologische Erklärungen des Wahlverhaltens herangezogen.[48] Bei Ersteren wird – wie üblich – nochmals zwischen makrosoziologischen und mikrosoziologischen Begründungsansätzen unterschieden. Gemeinsam ist allen angesprochenen Theorien, dass sie jeweils unterschiedliche, konkrete Mechanismen benennen können, wie und warum Religion eine Wahlentscheidung bzw. politische Positionierung (mit)verursacht.

Makrosoziologische Theorien erklären Wahlverhalten als Ergebnis von Verhaltensvorgaben in und von Großgruppen. Hinter den grundlegenden politischen Konflikten etwa von Staat und Kirche oder Arbeit und Kapital stehen soziale Gruppen von allgemeiner

---

[45] Huber (2009), Nicolet und Tresch (2010), Wolf und Roßteutscher (2013).
[46] Glock (1969).
[47] Liedhegener (1997), Pollack und Rosta (2015), Smidt et al. (2009).
[48] Eith und Mielke (2009), Schoen (2014), Schoen und Weins (2014).

7.3 Forschungsfrage und Ausgangsvermutungen

gesellschaftlicher Bedeutung. Die Interessen und Weltdeutungen solcher Großgruppen setzen sich politisch in dauerhafte Verbindungen mit bestimmten Parteien um. Parteien repräsentieren gemäß der klassischen *Cleavage*-Theorie also gesellschaftliche Konfliktkonstellationen, die in der Sozialstruktur einer Gesellschaft vorhanden sind.[49] Entlang dieser gesellschaftlichen Hauptkonfliktlinien entstehen für große Teile der Gesellschaft somit Wahlnormen, die mit der Mitgliedschaft in einer der Großgruppen fest verbunden sind.[50] Konfessionelle Sondergesellschaften oder Milieus sind ein prominenter Fall solcher Großgruppen. Die besondere Rolle des katholischen Milieus für die Schweiz wurde oben herausgestellt.

Was aber passiert im Zuge der Entkirchlichung? Angesichts des anhaltenden Rückgangs von Konfessionsbindung und kirchlicher Religiosität[51] bei einer weiterhin wirksamen Rolle der Konfessionszugehörigkeit im Wahlverhalten ist, so die erste Ausgangsvermutung, eine Transformation des ursprünglichen Zusammenhangs eingetreten: «Katholiken, die im Laufe ihres Lebens aufhören, Katholiken im kirchlichen Sinne zu sein, bleiben es mit großer Wahrscheinlichkeit im wahlsoziologischen Sinne. Der Säkularisierungseffekt zeigt sich erst in der darauffolgenden Generation.»[52] Für die Schweiz lässt sich daher annehmen, dass nicht nur, wie in der Forschung schon gezeigt, mit der aktuellen Konfessionszugehörigkeit, sondern auch mit der ehemaligen Konfessionszugehörigkeit eine Präferenz für bestimmte Parteien einhergeht: Katholik:innen im wahlsoziologischen Sinne, d. h. Katholik:innen ohne Kirchenbindung, sollten weiterhin die CVP wählen, ehemalige Reformierte in diesem Sinne die FDP oder EVP präferieren und Menschen ohne Religionszugehörigkeit – in Übertragung der These auf das sozialistische Milieu – weiterhin linke Parteien unterstützen. Ähnliches sollte auch für die Übertragung von sozial-moralischen Vorstellungen, die aus den religiösen Großgruppen stammen oder stammten, auf politische Sachthemen gelten.

Die mikrosoziologische Theorie des Wahlverhaltens betrachtet die Wählenden als Menschen, deren Wahlentscheidung sehr stark durch *lokale* Gruppenmitgliedschaft bzw. das *personale* Umfeld bestimmt wird. Vor allem durch Face-to-face-Begegnungen bilden sich, so die zweite Ausgangsvermutung, Meinungen, politische Urteile und damit Wahlnormen, die innerhalb kleinerer, lokaler Gemeinschaften eine sehr hohe Verbindlichkeit annehmen. Dies sollte zumindest so lange gelten, wie der Einzelne nicht erheblichem *cross pressure,* also divergierenden Gruppenerwartungen unterschiedlicher, relevanter Kleingruppen ausgesetzt ist. Kirchen- und speziell Gottesdienstgemeinden zählen zu jenen Gruppenmitgliedschaften, die über einen häufigen persönlichen Kontakt Einfluss auf Lebensführung und Wahlnormen erlangen. Der Ursprung des Effekts ist hier aber

---

[49] Lipset und Rokkan (1967).
[50] Lepsius (1966).
[51] Vgl. die Beiträge von Urs Winter-Pfändler sowie von Oliver Wäckerlig, Eva Baumann-Neuhaus und Arnd Bünker in diesem Band.
[52] Schmitt (1989, S. 302).

ein anderer als in der Cleavage-Theorie, denn ein bestimmtes konfessionelles Groß-Milieu ist nicht nötig. Entscheidend ist vielmehr die «Stärke kirchlicher Verankerung im allgemeinen – ob im katholischen oder protestantischen Bereich scheint dabei von eher sekundärer Bedeutung.»[53] Übertragen auf die Schweizer Verhältnisse wäre danach zu vermuten, dass die Stärke der Kirchenbindung Effekte auf das Wahlverhalten und Themen hat. Dieser Effekt sollte statistisch stärker sein als derjenige der formalen Religionszugehörigkeit, insbesondere dann, wenn er in Kombination mit der Religionszugehörigkeit untersucht wird.[54]

In der gegenwärtigen Wahlforschung ist der dritte, sozialpsychologische Ansatz der am häufigsten herangezogene. Ein Grund dafür ist, dass die drei Theorien in je unterschiedlichen zeitgeschichtlichen Kontexten entstanden sind und daher die Theoriebildung selbst einer geschichtlichen Entwicklung unterliegt.[55] Der sozialpsychologische Ansatz ist der jüngste. Er zeichnet sich dadurch aus, dass er die Wahlentscheidung aus der psychischen Disposition des Individuums zu erklären versucht. Nach dieser Theorie entwickeln Menschen in Demokratien im Laufe ihrer politischen Sozialisation in der Regel eine ‚Parteiidentifikation', eine feste, auch emotional verankerte Bindung an eine einzelne Partei. Solange es die Umstände erlauben, wird eine Person bei einer konkreten Wahlentscheidung dieser Parteiidentifikation folgen. Kandidatenfragen oder besondere politische Themen, wie z. B. der Fukushima-Effekt bei den Nationalratswahlen 2011, können eine Parteiidentifikation zeitweise außer Kraft setzen oder sie sogar dauerhaft verschieben. Die statistisch oft gute Erklärungsleistung sozialpsychologischer Ansätze beruht darauf, dass die Erklärung auf der Ebene des Individuums selbst gesucht wird und dabei Identifikationsleistungen und äußere Einflüsse systematisch berücksichtigt.[56] Übertragen auf Religion kann man neben der eigentlichen Parteiidentifikation auch die religiöse Identität des Einzelnen als Antrieb und Ursache für politische Einstellungen und Verhaltensweisen vermuten, sofern die religiöse Identität ähnlich wie die Parteiidentifikation religiöse Sozialisations- und Umfeldeinflüsse auf der Ebene der Persönlichkeit gleichsam «aufspeichert» und damit verhaltenswirksam werden lässt. Menschen, die auf eine kohärente Identität nach innen sowie in Relation zu ihrem aktuellen sozialen Umfeld achten, verbinden ihre religiösen Bindungen, Haltungen und Überzeugungen auch mit politischen Präferenzen. Wer sich mit einer Religion identifiziert, ist daran interessiert, eine passende Partei zu wählen. Wer sich religiös-moralischen Standards im Gewissen verpflichtet fühlt, wird diese auch bei der Bewertung von sozialmoralischen Streitthemen wie etwa Lebensschutz, sozialem Ausgleich und Hilfe für Schwache, ökologischer Nachhaltigkeit oder friedensethischen Fragen an den Tag legen. Wenn das stimmt, müsste der Zusammenhang von Politik und Religion auch in der Schweiz

---

[53] Lukatis und Lukatis (1989, S. 70).
[54] Wolf und Roßteutscher (2013).
[55] Rudi und Schoen (2014).
[56] Rudi und Schoen (2014).

nicht so sehr über die Großgruppe Konfession und die lokalen Face-to-face-Kontakte der Kirchengemeinden als vielmehr vor allem über die Identifikation mit der eigenen Religionsgemeinschaft und ihren leitenden Wertvorstellungen vermittelt sein. Im empirischen Vergleich entlang der Theorien sollte sich zeigen, dass es diese subjektive Bindung, die Identifikation mit der eigenen Glaubensgemeinschaft oder, anders gesagt, die soziale Identität Religion ist,[57] die politisch wirksam wird. Je stärker die religiöse Identität ist und je klarer sie auf bestimmte Inhalte ausgerichtet ist, desto deutlicher sollten sich Effekte im Wahlverhalten und bei politischen Sachthemen zeigen. Selbstverständlich kann eine solche Erklärung über die persönliche Identifikation mit einer Gruppe auch für nichtreligiös bestimmte Gruppen wie etwa säkulare Weltanschauungsgemeinschaften in Anschlag gebracht werden.

Schließlich lassen alle drei vermuteten Erklärungszusammenhänge auch erwarten, dass Menschen, für die ein starker Zusammenhang von Religion mit Wahl- und Sachthemen besteht, auch bei der Bewertung des politischen Systems insgesamt und seinen grundlegenden Normen und Institutionen davon geprägt sind. Dies dürfte bezogen auf Religion insbesondere im Hinblick auf die generelle Frage der Trennung von Staat und Kirche und auf potenzielle Konflikte zwischen staatlichem Recht und der eigenen Religion eine Rolle spielen. Man könnte vermuten: Je religiöser eine Person ist, desto stärker sind die Spannungen zu einem rein säkularen Welt- und Politikverständnis.

7.4 Daten und Auswertungsverfahren

Der MOSAiCH-Datensatz 2018 erlaubt es, diese theoretischen Überlegungen zur Wirkung der unabhängigen Variablen Religion auf die abhängigen Politikvariablen empirisch zu prüfen. Für den Bereich Religion/Religiosität stellt er zahlreiche Variablen zur Verfügung. Anhand dieser wird Religion in einer seltenen Breite erfasst. Für alle im Theorieteil genannten Aspekte von Religion lassen sich Indikatorvariablen bilden. Die wenigen nennenswerten Einschränkungen bestehen im Bereich der religiösen Identität. Erstens ist es nicht möglich, bestimmte Ausprägungen einer religiösen Identität als liberal oder konservativ, als progressiv oder fundamentalistisch zu bestimmen – obwohl sich dies in der jüngeren Forschung als vielversprechend erwiesen hat.[58] Und zweitens sind nicht alle Fragen des Fragebogens für nicht-christliche Religionen gleichermaßen gut geeignet, was neben den niedrigen Fallzahlen dieser Gruppen die Analysemöglichkeiten für kleinere nicht-christliche Gemeinschaften zusätzlich begrenzt.

Für die Großgruppen des makrosoziologischen Ansatzes werden die aktuelle und die frühere Religionszugehörigkeit als unabhängige Variable verwendet. Für die Face-to-face-Kontakte des mikrosoziologischen Ansatzes stehen der Gottesdienstbesuch

---

[57] Liedhegener et al. (2019).
[58] Liedhegener et al. (2019), Pickel et al. (2020).

und zivilgesellschaftliche Aktivitäten im religiösen Rahmen zur Verfügung. Im Verlauf der Analyse wird sich zeigen, dass beide Variablen in gleicher Weise wirken. Die hohe Korrelation zwischen beiden Variablen entspricht der theoretischen Annahme, dass es bei beiden Variablen in der Tat um Face-to-face-Kontakte geht. Im Interesse der Übersichtlichkeit wurde schlussendlich der Gottesdienstbesuch wegen der etwas höheren Fallzahlen verwendet. Im Sinne des sozialpsychologischen Ansatzes wurde eine ganze Reihe von persönlichkeitsrelevanten Indikatorvariablen gebildet, um Facetten von Religion und religiöser Identität auf der Individualebene sichtbar machen zu können: die Selbstbewertung als religiöser oder nicht-religiöser Mensch, die Gottesvorstellung bzw. die Form des Nichtglaubens *(believing)*, die Häufigkeit des persönlichen Gebets, die Häufigkeit spiritueller oder esoterischer Praktiken (Geistheilung, Horoskop, esoterische Bücher oder Zeitschriften lesen), die persönliche Einschätzung der Wichtigkeit der Mitgliedschaft in der eigenen Religionsgemeinschaft, d. h. die Wichtigkeit der sozialen Identität Religion.[59]

Abhängige Variablen für den Bereich Politik standen nicht im gleichen, aber doch im ausreichenden Maße zur Verfügung. Als zu erklärende Größen wurden für die *politics*-Dimension die Wahlbeteiligung und die Wahlentscheidung für eine Partei in den Nationalratswahlen 2015 herangezogen. Für die *policy*-Dimension stehen die Befürwortung oder Ablehnung von Frauenrechten, Schwangerschaftsabbruch, Homosexualität, Nacktwandern und kirchlicher Sozialarbeit sowie die Haltung zu religionspolitischen Fragen wie dem Verbot des Tragens sichtbarer religiöser Zeichen oder dem Verbot der Burka bzw. der Gesichtsverhüllung. Für Religion auf der *polity*-Ebene wurde die Bewertung der Trennung von Staat und Kirche, des Einflusses der Kirchen auf die Politik und die Haltung der Befragten in einem potenziellen Konflikt zwischen einem staatlichen Gesetz und dem eigenen Glauben sowie das Vertrauen in den Nationalrat als Indikator für das Vertrauen in politische Institutionen generell benutzt.

Als Kontrollvariablen wurden neben den üblichen Fragen zu Geschlecht, Alter, Bildung, Einkommen, Urbanität und Sprachregion drei weitere Variablen zum politischen Umfeld gebildet. Dies sind eine Variable für die Parteiengruppen auf dem Links-Rechts-Kontinuum im Nationalrat, für die Wahrnehmung von Muslimen als bedrohlich und für das generelle Vertrauen in andere Menschen, d. h. für das kulturelle Sozialkapital.[60] Diese zusätzlichen, politiknahen Variablen ermöglichen es, Effektgrößen aus den religionsbezogenen unabhängigen Variablen mit den Effektgrößen politischer Variablen so zu vergleichen, dass man das Gewicht der religionsbezogenen Einflussgrößen abschätzen kann (s. u. Abschn. 6.2 und 6.3).

Die allermeisten Variablen besitzen ein nominales Datenniveau. Das verlangt nach statistischen Verfahren, die für dieses Datenniveau sinnvoll verwendet werden können.[61]

---

[59] Liedhegener et al. (2019).
[60] Westle und Gabriel (2008).
[61] Baur (2011).

7.4 Daten und Auswertungsverfahren

Wenn man die Stärke von Zusammenhängen zwischen Variablen mit nominalem Datenniveau testen möchte, um wahrscheinlichkeitsstatistisch abgesicherte Aussagen für die Gesamtbevölkerung treffen zu können, dann eignet sich vor allem die Masszahl ‚Cramers V' in Kombination mit einer visuellen Residuenanalyse als Teststatistik. Mit einer solchen Kontingenztabellenanalyse steht also ein robustes Datenauswertungsverfahren zur Verfügung. Darüber hinaus ergeben sich zwischen den zahlreichen abhängigen Variablen und den diversen unabhängigen Variablen sehr viele Kombinationsmöglichkeiten. Dies ist der Idee geschuldet, die Komplexität des Verhältnisses von Politik und Religion sichtbar werden zu lassen. Für diesen Beitrag wurde gleichwohl auch eine Vereinfachung der komplexen Datenanalyse gesucht. Die gewählte Lösung ist eine serielle Kontingenztabellenanalyse, in der die unterschiedlichen Beziehungen und deren Stärke zwischen den diversen Kombinationen vergleichend bewertet werden können.[62] Dieses Verfahren reduziert im Vergleich zu Regressionen die Möglichkeit zur Drittvariablenkontrolle, bietet aber den Vorteil, dass die Ergebnisse nah an den Aussagen der Befragten bleiben. Zudem erweisen sich schwache bivariate Zusammenhänge in multivariaten Verfahren in aller Regel nicht als erklärungskräftig (vom seltenen Fall einer Suppression einmal abgesehen). Mittlere und stärkere Zusammenhänge lassen sich im Rahmen einer Kontingenztabellenanalyse durch die Betrachtung von Schichten immerhin einer gewissen Kontrolle auf Effekte dritter Variablen unterziehen, sofern die Fallzahl dann noch die Testvoraussetzungen erfüllen.[63]

Ein Vorzug dieser robusten Auswertungsmethode besteht darin, dass die statistischen Ergebnisse eine substanzielle Interpretation der Daten und der in ihnen nachweisbaren Muster erlauben. Schwache Effekte stehen für eine Kontingenztabelle, in der es kein generelles Muster gibt. Bei schwachen Effekten gibt es vielmehr einige auffällige Zellen, die einen besonders starken Zusammenhang aufweisen, während der Rest der Zellen keine relevanten Zusammenhänge anzeigt. Im Folgenden tritt dieser Fall zum Beispiel oft ein, wenn man Menschen ohne Religionszugehörigkeit im Kontext von Religion und politischen Variablen betrachtet. Bei mittleren Zusammenhängen bestehen in den Daten Muster, die in aller Regel sinnvoll interpretiert werden können. So steigt beispielsweise mit der Häufigkeit des Gottesdienstbesuches die Ablehnung des Schwangerschaftsabbruchs über die Kategorien insgesamt an, es gibt aber noch deutlich Abweichungen von der Regel. Starke Zusammenhänge nähern sich dagegen einer gesetzesförmigen Regelmäßigkeit. Das Muster ist markant und die abweichenden Fälle in den übrigen Zellen sind quasi einzelne Ausreißer. Unabhängige Variablen, hier also Religionsvariablen, mit starken Zusammenhängen zur Politik lassen sich in statistischen Modellen

---

[62] Dabei ist es wichtig, auf Größenunterschiede zwischen den Tabellenformaten zu achten, weshalb hier neben der üblichen Teststatistik auch der Wert für die kleinere Zahl der Spalten und Reihen der jeweiligen Kontingenztabelle (in der Form ‚k = Zahl') angegeben wird. An dieser Zahl hängen die Grenzwerte, anhand derer der Zusammenhang in einer Tabelle als schwach, mittel oder stark eingestuft wird, vgl. Cohen (1988, S. 222–223).

[63] Akremi et al. (2011).

im Prinzip gegeneinander austauschen, ohne dass sich deren statistische Erklärungskraft wesentlich verändert. Ein solches Ergebnis verlangt dann gegebenenfalls nach weiteren Erklärungen.

7.5 Religion als Verbund – Befunde

7.5.1 Religion und Wahlverhalten: Religion als lebensweltlich verankertes Geflecht von politischer Bedeutung

Freie und faire Wahlen sind für liberale Demokratien grundlegend. Sie entscheiden über die Verteilung von Macht und Einfluss und legitimieren die Handlungen von Parlamenten und Regierungen. Dem Wahlrecht und seiner Ausübung kommt damit eine zentrale Rolle zu. Noch vor der eigentlichen Parteienwahl kann es entlang des Wahlrechts zu Ausschlusseffekten kommen. Autoritäre Regime setzen dies als Einflussmöglichkeit ein, um ihnen genehme Wahlergebnisse zu erlangen. In liberalen Demokratien kann es ebenfalls zu gewissen Verzerrungen kommen, die aber in der Regel nicht bewusst gewollt sind und oft mehr mit dem Partizipationsverhalten der Stimmbürgerschaft als mit institutionellen Vorgaben zu tun haben. Vor dem Hintergrund der starken Migration kommt aber dem Besitz der Staatsbürgerschaft eine Schlüssel- und Filterfunktion zu. Sie entscheidet über den Zugang zur politischen Partizipation in Wahlen und Abstimmungen.

Für den Zusammenhang von Religion und Wahlverhalten in der Schweiz ergeben sich auffallende Effekte (Tab. 7.1).

Nach den Daten von MOSAiCH 2018 verteilen sich die Religionsgemeinschaften im Großen und Ganzen so auf die Bevölkerung, wie es auch in anderen Umfragen berichtet wird (siehe oben Abb. 7.3).[64] Aufschlussreich sind die Konfessionsanteile beim Wahlrecht und bei der Wahlbeteiligung für die Nationalratswahlen von 2015.[65] Bei den nicht

---

[64] Schaut man genauer hin, ergeben sich geringe Abweichungen. So sind Befragte ohne Religionszugehörigkeit und katholische Befragte etwas überrepräsentiert und Mitglieder kleinerer Religionsgemeinschaften etwas unterrepräsentiert. Der Datensatz ist also in der Tendenz ein wenig säkularer ausgerichtet, als es die Schweizer Bevölkerung realiter ist. Man wird also im Weiteren die Wirkung von Religion eher etwas konservativer messen, was aber im Blick auf die Richtung der Hypothesen sinnvoll ist, denn die Daten wirken der Chance einer statistischen Bestätigung der Hypothesen zur Wirkung von Religion etwas entgegen. Festgestellte statistische Zusammenhänge gewinnen dadurch an Verlässlichkeit.

[65] Die Wahlfragen in MOSAiCH 2018 beziehen sich auf die Nationalratswahl 2015. Technisch gesprochen handelt es sich damit um Rückerinnerungsfragen. Der Abstand zur Wahl 2015 war zum Befragungszeitpunkt schon recht groß. Man wird vor allem nicht erwarten können, dass alle Befragten wirklich noch genau wussten, welche Partei sie damals gewählt haben. Der gemessene Wert wird eine Mischung aus erinnerter Wahlentscheidung bei einigen und der aktuellen Parteienpräferenz bei anderen Befragten sein.

7.5 Religion als Verbund – Befunde

Tab. 7.1 Wahlberechtigung und Wahlbeteiligung 2015 nach Religionszugehörigkeit

	Katholisch	Reformiert	Freikirchl.	Weit. Chr.	Islam	Weit. Rel.	ohne RZ	N
Bevölkerung	**30,7 %**	**24,2 %**	**2,7 %**	**2,4 %**	**2,9 %**	**2,4 %**	**34,6 %**	2302
Nicht wahlberechtigt	30,3 %	8,5 %	1,0 %	5,4 %	7,2 %	3,8 %	43,8 %	390
Nichtwähler:innen	28,8 %	22,3 %	3,2 %	3,0 %	4,4 %	3,4 %	34,8 %	528
Wähler:innen	31,6 %	29,5 %	3,0 %	1,3 %	1,1 %	1,6 %	31,9 %	1354

Bemerkung: Zeilenprozente. Lesehilfe: erste Zeile = prozentuale Zusammensetzung der Bevölkerung nach Religionszugehörigkeit; zweite Zeile = prozentuale Zusammensetzung des Bevölkerungsteils ohne Wahlrecht etc.
Quelle: eigene Berechnungen nach MOSAiCH 2018

Wahlberechtigten sind reformierte Wählerinnen und Wähler kaum anzutreffen. Unter den Nichtwählenden sind sie im Vergleich zu ihrem Bevölkerungsanteil leicht unterrepräsentiert. In der tatsächlichen Wählerschaft sind Reformierte mit 29,5 % stark überrepräsentiert. Im katholischen Bevölkerungsteil[66] bleiben die Anteile nahezu unverändert. Bei Menschen ohne Religionszugehörigkeit zeigt sich ein umgekehrtes Muster. Sie besitzen überdurchschnittlich oft kein Wahlrecht und sind in der tatsächlichen Wählerschaft unterrepräsentiert. Abgesehen von den Freikirchen, deren Muster den Reformierten gleicht, weisen auch die übrigen kleineren Religionsgruppen das Muster wie diejenigen ohne Religionszugehörigkeit auf. Muslime stellen 7,2 % aller Menschen über 18 Jahre ohne Wahlrecht in der Schweiz, aber nur 1,1 % der Wählerschaft. Eine Erklärung für diese Befunde liegt in der Zuwanderung in die Schweiz. Der statistische Zusammenhang des Wahlrechts mit der Herkunft der Eltern ist sehr stark (Cramers V – im Folgenden CV – ist höchstsignifikant und beträgt 0,46). Menschen, die sich zu anderen christlichen Kirchen und Gemeinschaften, zum Islam oder zu anderen Religion zählen, nutzen aber auch ihr Wahlrecht deutlich seltener, was sehr unterschiedliche, in weiteren Spezialstudien zu klärende Ursachen haben kann. Im Ergebnis bleibt festzuhalten, dass vor allem die reformierte Bevölkerung einen überproportional großen Einfluss auf die Entscheidung nimmt, wer in den Nationalrat einziehen kann.

Die Parteienwahl in der Schweiz ist nicht unabhängig von der Religionszugehörigkeit (Tab. 7.2). Auch in der Nationalratswahl 2015 tritt das eingangs für 2019 berichtete Muster hervor. Ordnet man die Parteien entlang des Links-Rechts-Kontinuums an und trägt das Stimmverhalten allgemein wie innerhalb des katholischen und reformierten Bevölkerungsanteils sowie des Anteils anderer Religionen bzw. ohne Religionszugehörigkeit ab, zeigt sich ein übergreifendes Muster. Der linke Flügel der Wählerschaft ist stärker säkular ausgerichtet. Dies gilt für die GPS noch mehr als für die SP. Für die SVP, die den rechten Flügel im Parteienspektrum darstellt, gibt es keine religionsspezifische Präferenz.[67] Sie wird von Menschen unterschiedlicher Religionszugehörigkeitskategorien nahezu gleichermaßen gewählt. Für die Mitteparteien liegen die Anteile unterschiedlich. Der Einfluss der Religionszugehörigkeit variiert hier stark. Unter

---

[66] Als «katholisch» wurden hier die Selbstbezeichnungen «römisch-katholisch» und «christkatholisch» addiert. Aus noch näher zu klärenden Gründen haben sich in der MOSAiCH-Umfrage viele katholische Befragte als «christ-katholisch» bezeichnet, vielleicht um ihren Protest gegen die römisch-katholische Kirche und deren Umgang mit Skandalen, insbesondere mit Fällen sexuellen Missbrauchs, zum Ausdruck zu bringen. Die Zahl derjenigen, die sich tatsächlich zur Christkatholischen Kirche zählen, ist heute verschwindend gering (0,1 % laut Daten des BfS). Letztere ist in Kulturkampfzeiten nach dem Unfehlbarkeitsdogma des Ersten Vatikanischen Konzils als zumeist bürgerliche Abspaltung aus der römisch-katholischen Kirche hervorgegangen.

[67] Unter den Befragten insgesamt befinden sich bezogen auf das tatsächliche Wahlergebnis der SVP im Jahr 2015 zu wenig SVP-Wähler:innen (vgl. oben Abb. 7.2). Daher sind auch die Werte nach Religion hier mit um die 20 % zu niedrig. Damit korrespondiert die berichtete, etwas säkularere Zusammensetzung des MOSAiCH-Samples.

7.5 Religion als Verbund – Befunde

Tab. 7.2 Parteiwahl nach Religionsgruppen in den Nationalratswahlen 2015

	GPS & PdA	SP	GLP	EVP	BDP	CVP	FDP	SVP & Lega & MCR	Gesamt
Wahlergebnis insgesamt	8,4 %	28,5 %	5,6 %	2,5 %	2,6 %	9,9 %	20,8 %	21,6 %	100,0 %
Wählende katholisch	5,0 %	23,9 %	2,2 %	0,0 %	1,2 %	23,6 %	20,8 %	23,3 %	100,0 %
Wählende reformiert	4,8 %	28,5 %	6,4 %	5,1 %	5,1 %	2,9 %	25,6 %	21,5 %	100,0 %
Wählende weitere Religionen	7,9 %	22,2 %	6,3 %	14,3 %	1,6 %	9,5 %	14,3 %	23,8 %	100,0 %
Wählende ohne Religionszugehörigkeit	15,9 %	34,8 %	8,3 %	0,0 %	1,7 %	2,6 %	17,2 %	19,5 %	100,0 %

Bemerkung: Prozentanteil der Mitglieder der jeweiligen Religionsgruppe, der für die jeweilige Partei gestimmt hat. Lesehilfe: 34,8 % der Wähler:innen ohne Religionszugehörigkeit stimmten in den Nationalratswahlen 2015 für die SP
Quelle: eigene Berechnungen nach MOSAiCH 2018

katholischen Wähler:innen findet die GLP fast keinen Zuspruch, in der Gruppe der weiteren Religionen, zu der hier insbesondere auch die Mitglieder der Freikirchen zählen, punktet die EVP. In Detailanalysen zeigt sich, dass die Freikirchen das Rückgrat dieser Partei stellen. Die reformierte Wählerschaft stimmt überdurchschnittlich für die BDP. Die katholische Bevölkerung entscheidet sich wie erwartet zu großen Teilen für die CVP. Schließlich wählen Reformierte die FDP überdurchschnittlich oft. Statistisch erzeugen diese Effekte der Religionszugehörigkeit auf die Parteienwahl einen höchst signifikanten Zusammenhang mittlerer Stärke (CV = 0,27 bei k = 4).[68] Die reine Mitgliedschaft in Großgruppen hat also einen Effekt auf die Parteipräferenz von Menschen. Dieser Befund ist somit kongruent mit der makrosoziologischen Erklärung von Wahlverhalten.

Nicht nachweisen lässt sich der behauptete *langfristige* Effekt der Konfessions- bzw. Religionszugehörigkeit auf der Individualebene (Tab. 7.3). Es gibt keinen signifikanten

---

[68] Der Buchstabe *k* steht für die jeweils kleinere Zahl der Spalten und Reihen der analysierten Kontingenztabelle (vgl. zur Bedeutung nochmals oben die Erläuterung in Anm. 61). Aus Gründen der Lesbarkeit wurde auf den expliziten Ausweis der Signifikanzen im Text verzichtet bzw. dieser in der üblichen Form versprachlicht. «Höchst signifikant» steht etwa für einen p-Wert kleiner als 0,001. Die allermeisten der berichteten Zusammenhänge sind höchst signifikant.

Tab. 7.3 Frühere Religionszugehörigkeit und Parteiwahl 2015

Ohne Religionszugehörigkeit nach religiöser Sozialisation in der Kindheit	GPS & PdA	SP	GLP	BDP	CVP	FDP	SVP & Lega & MCR	n
Katholisch	14,6	34,1	4,1	0,8	4,1	22,8	19,5	123
Reformiert	16,1	28,0	10,8	2,2	0,0	17,2	25,8	93
Keine	12,7	44,4	12,7	3,2	3,2	9,5	14,3	63
Alle	*14,7*	*34,4*	*8,2*	*1,8*	*2,5*	*17,9*	*20,4*	*279*

Bemerkung: Stimmenanteile in Prozent der jeweiligen Gruppe (Zeilenprozent); ohne ‚weitere Religionen' wegen ihrer geringen Fallzahlen
Quelle: eigene Berechnungen nach MOSAiCH 2018

Unterschied zwischen jenen, die in der Kindheit in einer der beiden großen Kirchen sozialisiert worden sind, und jenen, die nie religiös sozialisiert worden sind. Auf der Individualebene haben sich die alten Gräben bzw. Hauptkonfliktlinien in der Schweiz nicht fortgeschrieben.

Anders liegen die Dinge auf der Makroebene. Hier sind die Spuren des 19. und 20. Jahrhunderts noch deutlich erkennbar (Tab. 7.4). Unterteilt man die 26 Schweizer (Halb-)Kantone nach ihrer historischen Rolle im Staat-Kirchen-Konflikt des 19. Jahrhunderts dann tritt vor allem der lange Schatten des konfessionellen Konflikts und speziell des katholischen Milieus hervor. Die unterlegenen katholischen «Sonderbundskantone» des Krieges von 1847, d. h. die Kantone der Zentralschweiz, der Kanton Fribourg und das Wallis, sind auch in der Gegenwart die eigentlichen Hochburgen der CVP. In den ehemaligen Kulturkampfkantonen, in denen sich der Freisinn

Tab. 7.4 Parteienwahl in historischen Kantonsgruppen

Kantonale politische Tradition	GPS & PdA	SP	GLP	EVP	BDP	CVP	FDP	SVP & Lega & MCR	n
Reformierte Kantone	10,3 %	34,4 %	8,0 %	4,2 %	3,7 %	3,3 %	17,1 %	19,0 %	427
Kulturkampfkantone	8,2 %	30,8 %	5,6 %	1,3 %	2,0 %	7,5 %	19,0 %	25,6 %	305
Sonderbundskantone	4,8 %	20,4 %	0,6 %	1,2 %		26,3 %	25,7 %	21,0 %	167
Graubünden u Tessin	8,2 %	14,8 %	1,6 %		3,3 %	21,3 %	31,1 %	19,7 %	61
Schweiz	*8,5 %*	*29,6 %*	*5,5 %*	*2,5 %*	*2,5 %*	*9,8 %*	*20,1 %*	*21,5 %*	*960*

Bemerkung: eigene Einteilung der Kantone nach div. Quellen (vgl. vor allem Altermatt 2012, S. 38; Stadler 1984; Vischer et al. 1994)
Quelle: eigene Berechnungen nach MOSAiCH 2018

7.5 Religion als Verbund – Befunde

und eine katholische Minderheit unmittelbar gegenüberstanden, also in den Kantonen Aargau, beider Basel, St. Gallen, Solothurn, Thurgau, Genf und dem heutigen Kanton Jura, hat die CVP auch Wähler:innen, hingegen in den übrigen, traditionell reformierten Kantonen kaum. Statistisch ist dieser Zusammenhang höchst signifikant und von mittlerer Stärke (CV = 0,22 bei k = 4). Da beide Kontingenztabellen den gleichen Zähler von k = 4 haben, kann man die Stärke anhand von CV direkt vergleichen. Danach liegt die Religionszugehörigkeit (CV = 0,27) deutlich näher am Schwellenwert für einen starken Effekt (Schwellenwert CV = 0,29) als der Sonderbunds- und Kulturkampfeffekt. Insgesamt gelangt man zu der Erkenntnis, dass Pfadabhängigkeiten in einer regionalen Betrachtung durchaus noch nachweisbar, aber auf der individuellen Ebene verblasst sind. Die erhebliche Binnenmigration zwischen den Schweizer Kantonen dürfte ein Grund für diese Entkopplung sein.

Es kommt hinzu, dass der Religionszugehörigkeitseffekt keineswegs der einzige nachweisbare Zusammenhang von Religion und Parteiwahl ist (Tab. 7.5). Der Gottesdienstbesuch, die Selbsteinstufung als religiöse Person, die Art der Gottes- bzw. Glaubensvorstellung *(believing)*, die Häufigkeit des Betens sowie die soziale Identität Religion (Wichtigkeit der Mitgliedschaft) – all diese Variablen haben für sich genommen ebenfalls eine mittlere Wirkung auf die Parteiwahl. Insbesondere der Gottesdienstbesuch steht der Religionszugehörigkeit an Erklärungskraft nicht nach, und auch die anderen Variablen weisen eine beachtliche Zusammenhangsstärke auf. Lediglich die esoterische Praxis wirkt deutlich schwächer. Dieser geringe Zusammenhang wird interessanterweise von der Kombination «esoterische Praxis» und «Wahl der GPS» erzeugt. Jene, die

Tab. 7.5 Statistische Zusammenhänge von Religion mit der Parteiwahl (Quelle: eigene Berechnungen nach MOSAiCH/ISSP 2018)

Unabhängige Variable	k	Sig.	CV	Effektstärke
Religionszugehörigkeit	4	0.000	0.27	●●○
Gottesdienstbesuch	4	0.000	0.27	●●○
Religiosität (Selbsteinstufung)	5	0.000	0.18	●●○
Believing	3	0.000	0.26	●●○
Gebetshäufigkeit	3	0.000	0.26	●●○
Esoterische Praxis	3	0.000	0.15	●○○
Wichtigkeit Mitgliedschaft Religionsgemeinschaft (Soziale Identität)	3	0.000	0.27	●●○

Bemerkung: Stärke des Zusammenhangs: ○○○ = kein oder ganz schwacher Zusammenhang; ●○○ = schwacher Zusammenhang; ●●○ = mittlerer Zusammenhang; ●●● = starker Zusammenhang

esoterische Praktiken für sich entdeckt haben, finden also in der GPS überdurchschnittlich oft ihre politische Heimat.[69]

Die dargestellten, sehr ähnlichen Effekte der betrachteten acht unabhängigen Variablen auf das Wahlverhalten führen zu einem auf den ersten Blick verblüffenden Befund. Keiner der vorgestellten theoretischen Erklärungsmechanismen kann anhand der statistischen Ergebnisse auf bivariater Ebene widerlegt werden. Die beiden soziologischen Erklärungen vereinen ebenso statistische Evidenz auf sich wie die hier recht differenziert gemessene sozialpsychologische Sichtweise. Egal ob auf die Selbstwahrnehmung als religiöse Person, auf die Gottesvorstellung, die Gebetshäufigkeit oder die Bewertung der sozialen Identität Religion geschaut wird, immer liefert die Kontingenztabellenanalyse einen mittleren Zusammenhang. Die Ursache dafür ist schnell gefunden: Abgesehen von der Variable Esoterik sind alle Religionsvariablen untereinander hochgradig korreliert. Entsprechende CV-Werte liegen weit über dem Grenzwert für einen starken Zusammenhang. Wer einer Religionsgemeinschaft angehört, findet häufiger den Weg in den Gottesdienst. Wer häufiger am Gottesdienst teilnimmt, glaubt an Gott als einen personalen Gott. Wer ein solches Gottesbild hat, betet öfter – um nur einige hochkorrelierte Zusammenhänge zu nennen. Es überrascht dann auch nicht, dass die eigene Religionszugehörigkeit als wichtig für die eigene Identität eingestuft wird. Diese Effekte stufen sich freilich je nach Intensität ab, und der Anteil jener, die ihre Religion intensiv praktizieren, ist nicht sehr hoch, aber doch nennenswert. Eine Größenvorstellung liefert der Zusammenhang von Gottesdienstbesuch und der persönlichen Wichtigkeit der Religionszugehörigkeit als soziale Identität (Tab. 7.6). 13,1 % der Bevölkerung gehen monatlich oder öfter in den Gottesdienst, 40,7 % nie (Spalte Total Gottesdienstbesuch). 11,3 % nehmen monatlich oder öfter teil und geben gleichzeitig an, dass ihre Religionsgemeinschaft für ihre soziale Identität wichtig ist; 28 % besuchen nie einen Gottesdienst und messen der Kategorie Religionszugehörigkeit keine Bedeutung für ihre Identität bei. Beide Variablen decken sich nie ganz, aber überschneiden sich in beachtlichem Maße. Die Stärke des Zusammenhangs beträgt beachtliche $CV = 0{,}490$ ($k = 3$), was einem starken statistischen Zusammenhang entspricht. Für weitere Paare finden sich ähnlich starke Effekte. Religion erweist sich als ein sowohl auf Gruppenebene als auch auf der Ebene der Persönlichkeit wirkendes Geflecht von Dimensionen, die stark miteinander verbunden sind.

Aus Sicht der Parteien führt dieses Geflecht zur hohen Ähnlichkeit der Effektstärken unterschiedlicher Religionsvariablen auf die Parteipräferenz der Wählenden. Am Indikator Gottesdienstbesuch soll abschließend die jeweilige Bedeutung von Religion für die Schweizer Parteien dargestellt werden (Abb. 7.4). Rund 20 % der Wählerschaft der SP, GLP, BDP, FDP und SVP gehen mindestens mehrmals pro Jahr in den Gottesdienst. Bei der GPS ist dieser Anteil dagegen sehr viel kleiner. CVP und EVP weichen von den

---

[69] Ein ganz ähnlicher Befund liegt auch für das Wahlverhalten in Deutschland vor. Vgl. Siegers (2012).

7.5 Religion als Verbund – Befunde

Tab. 7.6 Gottesdienstbesuch und Wichtigkeit der Religionszugehörigkeit als soziale Identität

Gottesdienstbesuch	Wichtigkeit Mitgliedschaft Religionsgemeinschaft (Soziale Identität)			Total Gottesdienstbesuch
	Wichtig	Weder noch	Nicht wichtig	
Monatlich oder öfter	11,3 %	1,5 %	0,4 %	13,1 %
Mehrmals pro Jahr	7,0 %	2,6 %	0,3 %	9,9 %
Einmal pro Jahr oder seltener	10,8 %	16,1 %	9,4 %	36,3 %
Niemals	3,0 %	9,7 %	28,0 %	40,7 %
Total Wichtigkeit	32,1 %	29,8 %	38,1 %	100,0 %

Bemerkung: Alle Prozentangaben sind Anteil am Gesamt, d. h. in jeder Zelle wird die Gruppengröße als Anteil an der Gesamtbevölkerung dargestellt. N = 1643
Quelle: eigene Berechnungen nach MOSAiCH 2018

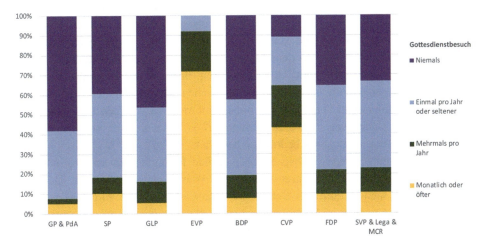

Abb. 7.4 Die Zusammensetzung der Wählerschaft der Parteien nach Gottesdienstbesuch 2015/2018. (Bemerkung: Zusammensetzung der Wählerschaft der jeweiligen Partei nach Gottesdienstbesuch in Prozent. Lesehilfe: Menschen mit einem monatlichen oder häufigeren Gottesdienstbesuch stellen 2015 über 40 % aller Wähler der CVP. Quelle: eigene Berechnungen nach MOSAiCH 2018)

anderen Parteien sehr markant ab. Die Wählerschaft der CVP besteht zu über 60 % aus regelmäßigen Gottesdienstbesucher:innen, die der EVP sogar zu über 90 %. Sieht man die beiden Säulen von BDP und CVP nebeneinander, so wird klar: In religiöser Hinsicht hat die politische Hochzeit der beiden ein sehr ungleiches Paar aneinander gebracht. Die Skepsis von Thomas Milic und Adrian Vatter am Erfolg einer solchen politischen Ehe wird auch von diesen Befunden genährt.[70]

Da die allermeisten, die regelmäßig einen Gottesdienst besuchen, zu einer christlichen Kirche oder Religionsgemeinschaft gehören, darf man am Schluss dieser Analyse von Religion und Wahlverhalten die Einsicht festhalten, dass ein gelebter christlicher Glaube in der Schweiz die politische Mitte stärkt. Es könnte also durchaus sein, dass diese Tatsache zum Funktionieren der Schweizer Konsensdemokratie und ihres Parteiensystems einen nicht unwichtigen Beitrag leistet.[71]

7.5.2 Religion und politische Themen: sozialmoralische Kontroversen und die jüngere Religionspolitik

Obschon moderne liberale Demokratien auf der Unterscheidung und prinzipiellen Trennung von Politik und Religion aufbauen, sind politische Themen und Entscheidungen auch mit Blick auf Religion bedeutsam. Einerseits werden sie durch Religion beeinflusst, insbesondere wenn sozialethische und moralische Aspekte ins Spiel kommen. Andererseits versuchen demokratische Gesetzgeber zunehmend, das religiöse Feld und seine Akteur:innen politisch zu regulieren. Insbesondere gegenüber historisch jüngeren religiösen Minderheiten wie muslimischen Gemeinschaften bestehen bei Parteien und Wählerschaft Vorbehalte. So finden laut MOSAiCH-Daten 54,4 % Muslime bedrohlich. Von Juden sagen dies immerhin 12,7 %. Alle anderen Religionsgemeinschaften werden nur marginal als bedrohlich bewertet.

Der Zusammenhang von politischen Themen und Religion wird im Folgenden mit dem gleichen statistischen Verfahren wie für das Wahlverhalten untersucht. Da dieses Vorgehen einschließlich einzelner Detailuntersuchungen durch das vorgehende Kapitel dargestellt wurde, werden im Weiteren nur die Kernbefunde der Analyse präsentiert. Um die Effekte, die von den unterschiedlichen Religionsvariablen auf politische Themen ausgehen, besser abschätzen zu können, wurden quasi als Referenz zusätzlich vier relevante Variablen zum Parteiensystem und zur politischen Kultur als unabhängige Variablen herangezogen: Parteien im Parlament, die Links-Mitte-Rechts-Orientierung der Parteien, die Bedrohungswahrnehmung von Muslimen und das generalisierte Vertrauen, d. h. die Bereitschaft, Menschen generell Vertrauen entgegenzubringen. Generalisiertes Vertrauen gilt als ein wesentlicher Bestandteil des Sozialkapitals einer Gesellschaft,[72] das zur Integration und zum Funktionieren der politischen Institutionen beitragen soll.

---

[70] Milic und Vatter (2015).

[71] So Frey (2009).

[72] Freitag (2014).

7.5 Religion als Verbund – Befunde

Auf die Frage, ob der Staat Moral ganz allgemein in der Schweiz besser schützen soll, finden sich über alle erklärenden Variablen hinweg nur schwache Zusammenhänge (vgl. hier und folgend Tab. 7.7). Die Einschätzung der Notwendigkeit staatlicher Moralpolitik hat kaum etwas mit Religion, aber auch sehr wenig mit politischen Einschätzungen zu tun. Ob man dies fordert oder ablehnt, liegt offenkundig sehr im individuellen Ermessen. Gleiches gilt für die in den Medien immer wieder als Aufreger lancierte Frage des Nacktwanderns. Bei der Wichtigkeit der Frauenrechte zeigt sich für Religion dasselbe Bild, bei den politischen Variablen besteht aber ein mittlerer Zusammenhang. Je nach Parteiwahl werden Frauenrechte mehr wertgeschätzt, und der Zusammenhang steht erwartungsgemäß für stärkere Zustimmungswerte im linken Parteienlager. Bei den moralpolitischen Themen Homosexualität – gefragt wurde, ob entsprechende Beziehungen immer falsch seien – und Schwangerschaftsabbruch – gefragt wurde nach einem Schwangerschaftsabbruch aus ökonomischen Gründen – ist der Einfluss über alle Religionsvariablen mittelstark. Je mehr jemand zum Religiösen neigt bzw. sich einer Religionsgemeinschaft verbunden fühlt, desto stärker ist die Zustimmung

Tab. 7.7 Stärke des Zusammenhangs von Religion und politischen Themen (Quelle: eigene Berechnungen nach MOSAiCH/ISSP 2018)

Erklärende Variable	Moralpolitik allgemein	Wichtigkeit Frauenrechten	Bewertung Homosexualität	Bewertung Schwangerschaftsabbruch	Bewertung Sozialdienst Kirchen	Verbot von Nacktwandern
Religionszugehörigkeit	●OO	●OO	●●O	●●O	●●O	●OO
Religionsgruppen	●OO	●OO	●●O	●●O	●●O	●OO
Gottesdienstbesuch	●OO	●OO	●●O	●●O	●●O	●OO
Religiosität (Selbsteinstufung)	●OO	●OO	●●O	●●O	●●O	●OO
Believing	●OO	OOO	●●O	●●O	●●O	●OO
Gebetshäufigkeit	●OO	OOO	●●O	●●O	●●O	●OO
Esoterische Praxis	OOO	●OO	OOO	OOO	OOO	OOO
Wichtigkeit Mitgliedschaft Religionsgemeinschaft (Soziale Identität)	●OO	●OO	●●O	●●O	●●O	●OO
Parteien(gruppen) im Nationalrat 2015	●OO	●●O	●●O	●●O	●OO	OOO
Links-Rechts-Orientierung Politik	OOO	●●O	●●O	●●O	OOO	●OO
Bedrohungswahrnehmung Muslime	●OO	●OO	●OO	●OO	●OO	●OO
Kulturelles Sozialkapital (generalis. Vertrauen)	●OO	OOO	●OO	●OO	●OO	●OO

Bemerkung: Stärke des Zusammenhangs: OOO = kein oder ganz schwacher Zusammenhang; ●OO = schwacher Zusammenhang; ●●O = mittlerer Zusammenhang; ●●● = starker Zusammenhang

bzw. die Ablehnung. Von der esoterischen Praxis gehen dagegen keine Effekte aus. In beiden Streitfragen bilden Menschen ohne Religionszugehörigkeit und ohne Religiosität den Gegenpol, wobei die Übereinstimmung zwischen der formalen Religionslosigkeit und der Unwichtigkeit der übrigen Religionsfragen in dieser Gruppe sehr hoch ist (siehe auch oben Tab. 7.6). Die beiden Kontroversthemen sind aber auch im politischen Spektrum verankert. Für die beiden Parteivariablen (Parteien[gruppen] und Links-Rechts-Orientierung) ist der Zusammenhang ebenfalls ein mittlerer. Interessant ist schließlich die Bewertung der Kirchen als wichtig für sozial Schwache in der Gesellschaft. Im Bereich der politischen Variablen bestehen keine oder allenfalls schwache Zusammenhänge. Alle Variablen zu Religion und Religiosität verzeichnen dagegen mittlere Zusammenhänge zur sozialen Rolle der Kirche. Die Wichtigkeit der Kirchen für die Erbringung sozialer Leistungen wird von den religionsnahen Bevölkerungsteilen deutlich höher eingestuft als im säkularen Bevölkerungsteil.

Insgesamt zeigt sich zweierlei: Zum einen eine deutliche Relevanz von Religion bei der Bewertung der klassischen Streitthemen Schwangerschaftsabbruch und Homosexualität in der Schweiz.[73] Zum anderen wird in den hier nicht gezeigten einzelnen Kontingenztabellen eine Tendenz zu einer religiös-säkularen Konfliktlinie sichtbar. Insbesondere beim Lebensschutz und bei der Gleichstellung von Homosexuellen waren die Unterschiede entlang dieses Gegensatzes am stärksten.

Religionspolitik gehört zu den strittigsten Bereichen der Schweizer Innenpolitik. Die Aussage im Fragebogen «Der Staat sollte keine Religion daran hindern, ihren Glauben zu verbreiten», bejahen 34,8 %; 27,4 % verhalten sich neutral, die übrigen 37,8 % lehnen diese Aussage ab. Man kann darüber streiten, wie gut mit dieser Frage das Prinzip der Religionsfreiheit in einer alltagssprachlichen Fassung zum Ausdruck gebracht worden ist. Die Zahlen deuten jedoch darauf hin, dass die freie, öffentliche religiöse Betätigung von Religionen auf beachtliche Vorbehalte stößt. Diese Vorbehalte stammen weniger aus dem Bereich des Religiösen selbst – hier sind alle Zusammenhänge schwach –, sondern eher aus dem politischen Bereich. Insbesondere die Wahrnehmung von Muslimen als bedrohlich lässt die Zustimmung zur freien Religionsausübung sinken (Tab. 7.8).

Am sichtbaren Tragen religiöser Symbole allgemein stoßen sich hingegen nur wenige; nur 18,2 % treten für ein Verbot ein. Ein Versammlungsverbot für religiös-extremistische Gruppen fordern 13,2 %. Zusammenhänge sind in beiden Fällen nur schwach. Anders sieht es beim allgemeinen Verbot der Gesichtsverhüllung und beim Verbot des Tragens einer Burka aus. Beides wollten 2015 rund 70 % verbieten.[74]

---

[73] Dies deckt sich mit den Befunden zu Deutschland in Wolf und Roßteutscher (2013).

[74] In der entsprechenden Volksabstimmung von 2021 lag der Zustimmungswert – vielleicht auch durch die Erfahrungen der Corona-Pandemie und dem Zwang, zum gesundheitlichen Schutz Masken zu tragen – deutlich niedriger. In Abstimmungen sind 70 % aber durchaus nicht unübliche Ausgangswerte bei Initiativen aller politischen Richtungen. Im Abstimmungskampf geht die Zustimmung dann immer wieder deutlich zurück.

7.5 Religion als Verbund – Befunde

Tab. 7.8 Religionspolitische Kontroversthemen und Religion (Quelle: eigene Berechnungen nach MOSAiCH/ISSP 2018)

Erklärende Variable	Religions-freiheit	Verbot sichtbares Tragen religiöser Zeichen	Verbot des Tragens einer Burka	Verbot Gesichts-verhüllung allgemein	Verbot von Versamm-lungen rel. Extremisten
Religionszugehörigkeit	●○○	●○○	●○○	●○○	●○○
Religionsgruppen	●○○	●○○	●○○	●○○	○○○
Gottesdienstbesuch	●○○	●○○	○○○	○○○	○○○
Religiosität (Selbsteinstufung)	●○○	●○○	○○○	●○○	○○○
Believing	●○○	●○○	○○○	○○○	○○○
Gebetshäufigkeit	●○○	●○○	●○○	○○○	○○○
Esoterische Praxis	●○○	○○○	○○○	○○○	○○○
Wichtigkeit Mitgliedschaft Religionsgemeinschaft (Soziale Identität)	●○○	●○○	●○○	●○○	○○○
Parteien(gruppen) im Nationalrat 2015	●●○	●○○	●●○	●●○	○○○
Links-Rechts-Orientierung Politik	●○○	●○○	●●○	●●○	●○○
Bedrohungswahrnehmung Muslime	●●○	●○○	●●○	●●○	●○○
Kulturelles Sozialkapital (generalis. Vertrauen)	●○○	●○○	●○○	●○○	○○○

Bemerkung: Stärke des Zusammenhangs: ○○○ = kein oder ganz schwacher Zusammenhang; ●○○ = schwacher Zusammenhang; ●●○ = mittlerer Zusammenhang; ●●● = starker Zusammenhang.

Obschon das Phänomen des Burka-Tragens in der Schweiz nahezu inexistent ist («20 bis 30, allerhöchstens 37»[75]), hat das Thema immer wieder starke Emotionen und Konflikte produziert. Die Daten der MOSAiCH-Umfrage zeigen, dass der Zusammenhang zwischen der Zustimmung zum Verbot und den diversen religiösen Variablen gering ist.[76] Ein mittlerer Effekt auf das Entscheidungsverhalten in der Frage des Verhüllungsverbots geht stattdessen von der Politik aus. Wer linke Parteien wählt, lehnt die Initiative eher ab.[77] Hier zeigt sich eine klare Parallele zum Abstimmungsverhalten in der Anti-Minarett-Abstimmung von 2009.[78] Wer Muslime als bedrohlich wahrnimmt, befürwortet hingegen das Verhüllungsverbot. Auch dies ein Zusammenhang, der aus Studien zur Diskriminierung von Muslimen bekannt ist.[79] Alles in allem entspringen religionspolitische Themen und Kontroversen damit eher dem politischen Feld als dem religiösen.

---

[75] Tunger-Zanetti (2021, S. 49).
[76] Zu diesem Ergebnis kommen auch die Zahlen in gfs.bern (2021, S. 16–17).
[77] Gleichlautender Befund auch in gfs.bern (2021, S. 19).
[78] Vatter et al. (2011).
[79] Pickel et al. (2020).

7.5.3 Religion in der politischen Kultur der Schweiz

Stellt sich am Schluss die Frage, ob Religion mit den tieferliegenden Strukturen des politischen Systems und seiner kulturellen Grundlagen einen Zusammenhang aufweist. Dass dies nicht ganz abwegig ist, wird erkennbar, wenn man sich jene politischen Traditionen und Bestimmungen vor Augen führt, die ohne die Geschichte der Schweiz als einem christlichen Land nicht verständlich sind. Die Bundesverfassung der Schweiz beginnt nach wie vor mit einer zivilreligiösen, direkten Gottesanrufung in der Präambel: «Im Namen Gottes, des Allmächtigen!» Der Eidgenössische Dank-, Buß- und Bettag, dem nach dem Sonderbundskrieg von 1847 die Aufgabe zukam, die Einheit des neuen Staatsgebildes über die Konfessionsgrenzen hinweg darstellen und feiern zu können, ist auch im 21. Jahrhundert eine feste Institution. In den meisten Kantonen wird er am dritten Sonntag im September begangen. Die Nationalhymne hat starke christliche Anklänge und wird trotz wiederholter Kritik beibehalten.

Während Religion auf das Vertrauen in den Nationalrat nur einen schwachen Effekt ausübt, sieht dies bei Fragen zu den Grundlagen des politischen Systems anders aus. Üblicherweise wird in der politischen Kulturforschung im Anschluss an David Easton die politische Unterstützung für die aktuellen Mandats- und Amtsträger:innen von Fragen der Unterstützung der politischen Institutionen und der Unterstützung des politischen Systems insgesamt getrennt.[80] Die Fragen bzw. Items des MOSAiCH-Datensatzes dazu sind nur mäßig passend und die folgenden Ergebnisse deuten mehr die Richtung an, als dass der Zusammenhang in der gewünschten Tiefe geklärt werden könnte. Gleichwohl sind die ersten Befunde zu diesem Thema aufschlussreich (Tab. 7.9). Die Trennung von Staat und Religion gehört sicherlich zu den systemischen Grundlagen moderner Demokratien.

Das Statement «Stimmen Sie der folgenden Aussage zu oder lehnen Sie diese ab? Die Gesetze eines Landes dürfen nicht auf einer Religion beruhen» findet breite Zustimmung (76,5 %).[81] Die Aussage «Religiöse Instanzen sollten nicht versuchen, das Wahlverhalten der Leute zu beeinflussen» ebenfalls (77,2 %). Beide Aussagen werden in der politischen Linken noch stärker unterstützt als im Rest der Bevölkerung. Unter Menschen mit

---

[80] Easton (1979), Pickel (2010a).

[81] Bekanntlich kennen die Westschweizer Kantone Genf und Neuenburg eine Tradition der strikteren Trennung von Staat und Religion, was meist auf den Einfluss Frankreichs und dessen Laïcité-Prinzip zurückgeführt wird und im neuen, umstrittenen Laïcité-Gesetz von 2019 einen neuerlichen Ausdruck gefunden hat. In der hier gestellten Frage wird dieser unterschiedliche religionspolitische Hintergrund im regionalen Vergleich durchaus sichtbar. Deutlich mehr Menschen antworten in der französischsprachigen Schweiz auf die Trennungsfrage mit «stimme stark zu». Insgesamt handelt es sich aber nur um einen schwachen statistischen Effekt (CV = 0,11), denn die eigentliche Verschiebung findet nur zwischen den stark Zustimmenden und den einfach nur Zustimmenden in der Westschweiz statt. Der Rest der Unterschiede in der Kontingenztabelle ist unauffällig.

7.5 Religion als Verbund – Befunde

Tab. 7.9 Aspekte der politischen Kultur und Religion (Quelle: eigene Berechnungen nach MOSAiCH/ISSP 2018)

Erklärende Variable	Institutionenvertrauen Nationalrat	Trennung von Staat und Religion	Religiöse Instanzen ohne Einfluss auf Wahlen	Gesetzesbefolgung im Konfliktfall mit eigenem Glauben
Religionszugehörigkeit	●○○	●●○	●●○	●●○
Religionsgruppen	●○○	●○○	●●○	●●●
Gottesdienstbesuch	●○○	●●○	●●○	●●●
Religiosität (Selbsteinstufung)	●○○	●●○	●●○	●●●
Believing	●○○	●○○	●○○	●●●
Gebetshäufigkeit	○○○	●●○	●○○	●●●
Esoterische Praxis	●○○	○○○	○○○	●○○
Wichtigkeit Mitgliedschaft Religionsgemeinschaft (Soziale Identität)	●○○	●●○	●○○	●●●
Parteien(gruppen) im Nationalrat 2015	●●○	●●○	●○○	●●○
Links-Rechts-Orientierung Politik	●●○	●○○	○○○	●●○
Bedrohungswahrnehmung Muslime	●○○	●○○	●○○	○○○
Kulturelles Sozialkapital (generalis. Vertrauen)	●○○	●○○	●○○	○○○

Bemerkung: Stärke des Zusammenhangs: ○○○ = kein oder ganz schwacher Zusammenhang; ●○○ = schwacher Zusammenhang; ●●○ = mittlerer Zusammenhang; ●●● = starker Zusammenhang.

starker religiöser Einbindung zeigen sich hingegen gewisse Vorbehalte. Die Frage, ob man in einem hypothetischen Konfliktfall zwischen einem verabschiedeten staatlichen Gesetz, «das zu den Grundsätzen und Lehren Ihres Glaubens im Widerspruch steht», das Gesetz oder den eigenen Glaubensgrundsätze folgt, bringt ein gespaltenes Bild. Gut 40 % geben an, keine eigenen Glaubensgrundsätze zu haben, d. h. sie erklären den potenziellen Konflikt für sie als nicht existent. Der Rest der Bevölkerung teilt sich in zwei Lager. 26,2 % würden dem Gesetz Folge leisten, 34,1 % würden ihren Glaubensgrundsätzen folgen. Beachtlich ist, was hier mit den Zusammenhängen passiert. Alle genannten Fragen weisen in der Regel mit Religion einen mittleren Zusammenhang auf. Der Effekt der unabhängigen Variablen zur Politik ist hingegen in der Regel erkennbar schwächer. In der letzten Frage zur Gesetzesbefolgung im Konfliktfall aber treten Zusammenhänge auf, die bislang bei keiner andere Variable zu beobachten waren. Fast alle Religionsvariablen korrelieren stark mit der Frage nach dem Vorrang der eigenen Glaubensüberzeugung. Besonders stark sind Zusammenhänge mit Religionsvariablen, die näher an der Persönlichkeit als an der Gruppenzugehörigkeit liegen. Im (hypothetischen) Konfliktfall wird, so könnte man den Befund deuten, von Menschen, die lebensweltlich einen starken Religionsbezug haben, quer durch alle Konfessionen, der Integrität der eigenen religiösen Identität ein Vorrang vor äußerem Gesetzeszwang eingeräumt. Dies ist zumindest ein starkes Indiz dafür, dass sich staatliche Ordnung und die religiösen Überzeugungen auch unter den Bedingungen einer freiheitlichen Demokratie nicht beliebig weit voneinander entfernen können. Man wird darauf achten müssen, dass in wichtigen Fragen ein Grundkonsens, ein «overlapping consensus», wie ihn John Rawls beschrieben hat, bestehen bleibt, der Menschen mit und ohne religiöse Bindung sowie mit unterschiedlichen religiösen Beheimatungen einbindet.[82]

7.6 Fazit

Der vorliegende Beitrag hat die eidgenössische Gemengelage von Politik und Religion mit den Mitteln der empirischen Sozialforschung untersucht. Dazu dient ein politikwissenschaftlicher Ansatz in interdisziplinärer Perspektive. Es wurde davon ausgegangen, dass es sich beim Wechselverhältnis von Politik und Religion in demokratisch verfassten Gemeinwesen um ein komplexes Gefüge komplexer Größen handelt. Ausgehend davon wurde für die Schweizer Bevölkerung bzw. Wählerschaft die Frage nach dem gegenwärtigen Einfluss von Religion auf die Schweizer Politik gestellt und für das Wahlverhalten, politische Themen und die politische Kultur der Schweiz anhand der Umfragedaten des MOSAiCH-Datensatzes 2018 untersucht.

Aus der Analyse dieser Daten gehen folgende Resultate hervor: In der Schweizer Bevölkerung bestehen nach wie vor zahlreiche Zusammenhänge zwischen Politik und Religion. Für die Ebene der *politics* konnte insgesamt ein schwacher, aber relevanter Zusammenhang zwischen dem Wahlentscheid für eine der Schweizer Parteien und den zahlreichen Indikatorvariablen für die verschiedenen Dimensionen von Religion nachgewiesen werden. In Übereinstimmung mit der bisherigen Forschung ist der Effekt der konfessionellen Zugehörigkeit für das Wahlergebnis von CVP und EVP wichtig. Die CVP hat eine mehrheitlich katholische Wählerbasis, die der EVP ist in den Freikirchen verankert. Auch bei anderen Religionsvariablen zeigte sich dieser Effekt in der gleichen Art und Weise. Für die GPS hat sich gezeigt, dass vor allem Menschen ohne Religionszugehörigkeit sowie mit einem esoterischen Religionsprofil häufig für sie stimmen. Schließlich gehen auch von der Nichtzugehörigkeit zu einer Religionsgemeinschaft Effekte auf die Parteienwahl aus. Wähler ohne Religionszugehörigkeit präferieren Flügelparteien; einerseits und historisch verständlich die SP und die GPS, andererseits findet man sie aber auch bei der SVP. Bezogen auf den Nationalrat 2015 kann man daher schlussfolgern, dass mit einem christlichen Glaubensprofil in der Schweiz eine Stärkung der politischen Mitte einhergeht.

---

[82] Zur Bedeutung der Einbindung unterschiedlicher religiöser Vorstellungen siehe explizit Rawls (1992, S. 290).

7.6 Fazit

Für die Einordnung dieser Zusammenhänge ist zudem zu bedenken, dass alle Schweizer Parteien Menschen mit ganz unterschiedlichem religiösem Profil in ihren Reihen haben. Scharfe, dauerhaft wirkende konfessionelle oder religiöse Gräben im Wahlverhalten sehen anders aus. Obschon die Zeit konfessioneller Gräben im Sinne der Milieutheorie also vorbei ist, zeigt sich im Wahlverhalten auf nationaler wie regionaler Ebene zumindest ein langer Schatten jenes konfessionellen Konflikts, der die Schweiz bis weit in das 20. Jahrhundert hinein mitgeprägt hat.

Bei jenen politischen Sachthemen, die mithilfe des Datensatzes untersuchbar waren, zeigten sich für die diversen Religionsvariablen überwiegend ähnlich starke Zusammenhänge. Einige moralpolitische Themen ragten heraus. Für die Bewertung des Schwangerschaftsabbruchs und von Homosexualität waren die Effekte mittelstark, d. h. es gab ein Muster der Zustimmung bzw. Ablehnung. Je stärker die verschiedenen Dimensionen von Religion, desto höher die Ablehnung. Ein ebenfalls mittlerer Zusammenhang zeigte sich für die Unterstützung der Kirchen als soziale Kraft bzw. Dienstleister in der Gesellschaft. Die Unterstützung steigt mit allen Dimensionen von Religiosität. Bei diesen Themen zeigt sich also eine mäßige Polarisierung entlang der religiös-säkularen Scheidelinie. Bei der generellen Frage nach einem staatlichen Schutz von Moral blieben die Zusammenhänge hingegen durchweg schwach.

Bei religionspolitischen Fragen liegen die Dinge etwas anders. Hier blieben die Zusammenhänge von Religion und einschlägigen religionspolitischen Kontroversthemen schwach. Im Gegensatz dazu zeigten sich politische Faktoren als deutlich erklärungskräftiger. Wer eine Partei der politischen Rechten wählt und – vor allem – wer Muslime für eine Bedrohung hält, befürwortet religionspolitische Verbote stärker. Anders gesagt, weniger Religion und religiöse Vielfalt an sich, sondern vielmehr Politik mit Religion fördert die Konflikthaftigkeit der religionspolitischen Fragen in der Schweiz.

Dies hat Auswirkungen auf der Ebene der politischen Kultur. Von rechter Seite wird auch die Trennung von Staat und Religion allgemein kritischer gesehen. Auch viele Christ:innen wollen hier nicht vorbehaltlos zustimmen. Die stärksten Befürworter:innen kommen von Parteien des linken Spektrums. Das mit der Religionsfreiheit verbundene Trennungsprinzip kann also nicht mehr umstandslos dem politischen Grundkonsens zugeordnet werden. Es deutet sich eine gewisse religiös-säkulare Konfliktkonstellation an. Beachtlich ist auch die vergleichsweise hohe Bereitschaft religiöser Menschen, im Konfliktfall ihren eigenen Glaubensüberzeugungen Vorrang vor einem dazu potenziell widersprechenden staatlichen Gesetz zu geben. Sobald es um die persönliche religiöse Identität geht, ist man bereit, diese zu schützen. Am stärksten, aber keinesfalls ausschließlich war dies unter den Mitgliedern von Freikirchen anzutreffen. Die Frage war zwar nur hypothetisch gestellt, die gefundenen Zusammenhänge deuten aber darauf hin, dass auf einer individuellen wie gesellschaftlichen Ebene die Funktionsbereiche Politik und Religion keineswegs strikt getrennt gehalten werden, sondern dass eine gewisse Kongruenz erwartet wird. Effekte von Religion auf das Institutionenvertrauen sind dagegen schwach ausgeprägt.

Für die weitere Forschung beachtlich ist das Ergebnis dieser Untersuchung im Blick auf die theoretischen Erklärungsangebote der Wahlforschung. Keiner der drei herangezogenen Erklärungsansätze makrosoziologischer, mikrosoziologischer oder sozialpsychologischer Art erlangte empirisch eine bessere Erklärungskraft als die übrigen. Die Frage nach dem Warum, nach der Kausalität der zahlreichen nachgewiesenen Zusammenhänge konnte also empirisch keiner Klärung nähergebracht werden. Der entscheidende Grund dafür liegt in der Struktur der Daten zu Religion. Abgesehen von der Variable Esoterik korrelieren alle Religionsvariablen stark miteinander. Religion auf der gesellschaftlichen Ebene ist in der Schweiz zweifelsohne vielstimmiger und bunter geworden. Auf der individuellen Ebene bleibt aber der Wunsch nach Kohärenz offenkundig stark. Die meisten Menschen haben ein für sie stimmiges Religionsprofil. Die gefühlte Religionszugehörigkeit oder Nichtzugehörigkeit, die religiöse Praxis, der eigene Glaube und die soziale Identität Religion werden in ungefähr gleichem Maße je als wichtig oder unwichtig eingestuft. Unterschiedliche Dimensionen von Religion führen daher im Bereich des Politischen zu ganz ähnlichen Zusammenhängen. Dieser überraschende Befund verlangt freilich nach einer weiteren Überprüfung anhand anderer Datensätze, zumal in den MOSAiCH-Daten die «Parteiidentifikation» als Variable fehlt.

Insgesamt zeigt sich: Ein christliches Profil der Wählenden stärkt in der Schweiz die politische Mitte allgemein. Es sind heute aber weniger die alten konfessionellen Gräben als vielmehr neue politische Konflikte um religionsbezogene Themen und soziale Identitäten, die dem Faktor Religion seine zum Teil konfliktive Wirkung in der Schweizer Politik verleihen. Dort wo, Religion und Religionspolitik strittig und konfliktbeladen sind, speist sich der Konflikt zudem stärker aus der Politik selbst als aus dem religiösen Feld. Diese Einsichten dürften Konsequenzen sowohl für eine angemessene gesellschaftliche Problembearbeitung der Streitfragen als auch für die Revision des verbreiteten, aber falschen Bildes der Religionsgemeinschaften als Konfliktursache haben. Im europäischen Vergleich weisen die Mitglieder der verschiedenen Religionsgemeinschaften in der Schweiz nämlich ein wohl weitestgehend harmonisches Neben- und Miteinander auf – eine durchaus nicht selbstverständliche Tatsache, deren genauer Prüfung nach Art, Umfang und Ursachen die quantitative Sozial- und Religionsforschung zukünftig einen Teil ihrer Aufmerksamkeit widmen sollte.

Literatur

Akremi, Leila, et al., Hrsg. 2011. *Datenanalyse mit SPSS für Fortgeschrittene* 1. Datenaufbereitung und uni- und bivariate Statistik. 3., überarb. u. erw. Aufl. Wiesbaden: VS Verl. für Sozialwissenschaften (Lehrbuch).

Altermatt, Urs. 2012. *Das historische Dilemma der CVP*. Zwischen katholischem Milieu und bürgerlicher Mittepartei. Baden: Hier und Jetzt – Verl. für Kultur und Geschichte.

Baumann, Martin, et al. 2019. *Regelung des Verhältnisses zu nicht-anerkannten Religionsgemeinschaften*. Untersuchung im Auftrag der Direktion der Justiz und des Innern des Kanton

Zürich. URL: https://vioz.ch/wp-content/uploads/2020/01/Schlussbericht-nicht-anerkannte-Religionsgemeinschaften-Z%C3%BCrich_compressed.pdf (7.1.2022).
Baumann, Martin und Jörg Stolz, Hrsg. 2007. *Eine Schweiz – viele Religionen. Risiken und Chancen des Zusammenlebens*. Bielefeld: Transcript.
Baur, Nina. 2011. Das Ordinalskalenproblem. In *Datenanalyse mit SPSS für Fortgeschrittene 1. Datenaufbereitung und uni- und bivariate Statistik*. Hrsg. Leila Akremi et al., S. 211–2213. Überarb. u. erw. Aufl. Wiesbaden: VS Verl. für Sozialwissenschaften.
Bochinger, Christoph, Hrsg. 2012. *Religionen, Staat und Gesellschaft. Die Schweiz zwischen Säkularisierung und religiöser Vielfalt*. Zürich: NZZ.
Botterman, Sarah, und Marc Hooghe. 2012. Religion and voting behaviour in Belgium: An analysis of the relation between religious beliefs and Christian Democratic voting. In *Acta Politica* 47 (1), S. 1–17. DOI: https://doi.org/10.1057/AP.2011.11.
Buomberger, Thomas. 2004. *Kampf gegen unerwünschte Fremde*. Von James Schwarzenbach bis Christoph Blocher. Zürich: Orell Füssli.
Campiche, Roland J. 2004. *Die zwei Gesichter der Religion. Faszination und Entzauberung*. Unter Mitarbeit von Raphael Broquet et al. Zürich: Theologischer Verlag Zürich.
Cohen, Jacob. 1988. *Statistical power analysis for the behavioral sciences*. 2. Aufl. Hillsdale, NJ: Lawrence Erlbaum Associates.
Dalton, Russell J. 2004. *Democratic Challenges, Democratic Choices. The Erosion of Political Support in Advanced Industrial Democracies*. Oxford: Oxford University Press.
Danaci, Deniz. 2012. *Die Macht sozialer Identitäten. Einstellungen und Abstimmungsverhalten gegenüber Minderheiten in der Schweiz*. Baden-Baden: Nomos Verlagsgesellschaft.
Davie, Grace. 1994. *Religion in Britain since 1945. Believing without belonging*. Oxford: Blackwell (Making contemporary Britain).
Easton, David. 1979. *A systems analysis of political life*. Chicago: UCP (1.1965).
Eith, Ulrich, und Gerd Mielke. 2009. Politische Soziologie: Zur Bedeutung und Methodik empirischer Sozialforschung am Beispiel der Wahlforschung. In *Politikwissenschaft: eine Einführung*, Hrsg. Hans-Joachim Lauth und Christian Wagner, 6., grundleg. überarb. u. veränd. Aufl., S. 294–321. Paderborn: Schöningh.
Freitag, Markus, Hrsg. 2014. *Das soziale Kapital der Schweiz*. Zürich: Neue Zürcher Zeitung NZZ Libro (Politik und Gesellschaft in der Schweiz, 1).
Freitag, Markus. 2017. Politische Kultur. In *Handbuch der Schweizer Politik. Manuel de la politique suisse*, Hrsg. Peter Knoepfel et al., 6., völlig überarb. und erw. Aufl., S. 71–94. Zürich: Neue Zürcher Zeitung NZZ Libro.
Frey, Timotheos. 2009. *Die Christdemokratie in Westeuropa. Der schmale Grat zum Erfolg*. Baden-Baden: Nomos (Nomos-Universitätsschriften Politik, 165).
Geissbühler, Simon. 1999. Parteipolitische Orientierungen von Katholiken in der Schweiz nach 1970: Wandel oder Kontinuität. In: *Zeitschrift für Schweizerische Kirchengeschichte* (93), S. 189–200.
gfs.bern. 2021. *Vox-Analyse März 2021*. Nachbefragung und Analyse zur eidgenössischen Volksabstimmung vom 7. März 2021. Bern (Analysebericht).
Glock, Charles Y. 1969. Über die Dimensionen der Religiosität. In *Einführung in die Religionssoziologie*, Hrsg. Joachim Matthes, S. 150–168. Reinbek bei Hamburg: Rowohlt (Rowohlts deutsche Enzyklopädie, 2.).
Goldberg, Andreas C. 2017. *The impact of cleavages on Swiss voting behaviour. A modern research approach*. Cham: Springer International Publishing (Contributions to Political Science).

Hermann, Michael, und David Krähenbühl. 2020. Parlamentarierrating: Wohin sich die Räte bewegt haben. In: *Neue Zürcher Zeitung*, 27.11.2020. URL: https://www.nzz.ch/schweiz/parlamentarierrating-wohin-sich-die-raete-bewegt-haben-ld.1588933 (25.3.2021).

Huber, Stefan. 2009. Vom Öffnen der Blackbox: Religiöse Determinanten der politischen Relevanz von Religiosität. In *Woran glaubt die Welt? Analysen und Kommentare zum Religionsmonitor 2008*, Hrsg. Bertelsmann Stiftung, S. 667–689. Gütersloh: Verlag Bertelsmann Stiftung

Huber, Stefan. 2011. Religiosität in Deutschland, Österreich und der Schweiz. In *Gesundheit – Religion – Spiritualität. Konzepte, Befunde und Erklärungsansätze*, Hrsg. Constantin Klein und Hendrik Berth, S. 163–185. Weinheim: Juventa Verlag.

Huber, Stefan, und Odilo W. Huber. 2012. The Centrality of Religiosity Scale (CRS). In *Religions* 3 (3), S. 710–724. DOI: https://doi.org/10.3390/rel3030710.

Kriesi, Hanspeter, und Alexander Trechsel. 2008. *The politics of Switzerland. Continuity and change in a consensus democracy*. Cambridge: Cambridge University Press.

Lang, Josef. 2020. *Demokratie in der Schweiz. Geschichte und Gegenwart*. Baden: Hier und Jetzt.

Lang, Josef, und Pirmin Meier. 2016. *Kulturkampf. Die Schweiz des 19. Jahrhunderts im Spiegel von heute*. Baden: Hier und Jetzt.

Lepsius, Rainer M. 1966. Parteiensysteme und Sozialstruktur. Zum Problem der Demokratisierung der deutschen Gesellschaft. In *Wirtschaft, Geschichte und Wirtschaftsgeschichte. Festschrift zum 65. Geburtstag von Friedrich Lütge*, Hrsg. Wilhelm Abel, S. 371–393. Stuttgart: G. Fischer.

Liedhegener, Antonius. 1997. *Christentum und Urbanisierung. Katholiken und Protestanten in Münster und Bochum 1830–1933*. Paderborn: Schöningh (Veröffentlichungen der Kommission für Zeitgeschichte Reihe B, Forschungen, 77).

Liedhegener, Antonius. 2014. Das Feld der «Religionspolitik» – ein explorativer Vergleich der Bundesrepublik Deutschland und der Schweiz seit 1990. In: *Zeitschrift für Politik* 61 (2), S. 182–208. DOI: https://doi.org/10.5771/0044-3360-2014-2-182.

Liedhegener, Antonius. 2019. Bund – Kanton – Gemeinde: Religionspolitik in der Schweiz seit 1990. In *Religionsfreiheit im säkularen Staat. Aktuelle Auslegungsfragen in der Schweiz, in Deutschland und weltweit*, Hrsg. Julia Hänni et al., S. 151–166. Zürich, St. Gallen, Baden-Baden: Dike; Nomos.

Liedhegener, Antonius, und Anastas Odermatt. 2018. *Religious Affiliation as a Baseline for Religious Diversity in Contemporary Europe*. Making Sense of Numbers, Wordings, and Cultural Meanings. Working Paper 02/2018. Luzern. URL: https://www.smre-data.ch/en/content/publications (7.1.2022).

Liedhegener, Antonius, et al. 2019. *Wie Religion «uns» trennt – und verbindet. Befunde einer Repräsentativbefragung zur gesellschaftlichen Rolle von religiösen und sozialen Identitäten in Deutschland und der Schweiz 2019*. Luzern, Leipzig. URL: https://doi.org/10.5281/zenodo.3560792 (7.1.2022).

Linder, Wolf. 2005. *Schweizerische Demokratie. Institutionen, Prozesse, Perspektiven*. 2., vollst. überarb. und aktual. Aufl. Bern u. a.: Haupt.

Lipset, Seymour Martin, und Stein Rokkan. 1967. Cleavage structures, party systems, and voter alignments. An introduction. In *Party systems and voter alignments: cross-national perspectives*, Hrsg. Seymour Martin Lipset und Stein Rokkan, S. 1–64. New York: Free Press.

Lukatis, Ingrid, und Wolfgang Lukatis. 1989. Protestanten, Katholiken und Nicht-Kirchenmitglieder. Ein Vergleich ihrer Wert- und Orientierungsmuster. In *Religion und Konfession. Studien zu politischen, ethischen und religiösen Einstellungen von Katholiken, Protestanten und Konfessionslosen in der Bundesrepublik Deutschland und in den Niederlanden*, Hrsg. Karl-Fritz Daiber, S. 17–71. Hannover: Lutherisches Verlagshaus.

Lutz, Georg. 2008. Eidgenössische Wahlen 2007. Wahlteilnahme und Wahlentscheid. Lausanne: Selects – FORS.

Lutz, Georg. 2016. Eidgenössische Wahlen 2015. Wahlteilnahme und Wahlentscheid. Lausanne: Selects – FORS.

Maissen, Thomas. 2009. Die Bedeutung der Religion in der politischen Kultur der Schweiz. Ein historischer Überblick. In *Ist mit Religion ein Staat zu machen? Zu den Wechselbeziehungen von Religion und Politik*, Hrsg. Béatrice Acklin Zimmermann et al., S. 13–28. Zürich: Ed. NZN bei TVZ (Paz, Bd. 5).

Manatschal, Anita, und Carolin Rapp. 2015. Welche Schweizer wählen die SVP und warum? In *Wahlen und Wählerschaft in der Schweiz*, Hrsg. Markus Freitag et al., S. 187–215 und 441–447. Zürich: Verl. Neue Zürcher Zeitung (NZZ Libro, 3).

Martig, Noemi, und Julian Bernauer. 2016. Der Halo Effekt. Diffuses Bedrohungsempfinden und SVP Wähleranteil. In: *Swiss Political Science Review* 22 (3), S. 385–408. DOI: https://doi.org/10.1111/spsr.12217.

Mazzoleni, Oscar. 2016. Populism and Islam in Switzerland. The role of the Swiss People's Party. In *Saving the people. How populists hijack religion*, Hrsg. Nadia Marzouki et al., S. 47–60 und 212–215. London: C. Hurst & Co.

Mazzoleni, Oscar, und Olivier Meuwly, Hrsg. 2013. *Die Parteien in Bewegung. Nachbarschaft und Konflikte.* Zürich: Verlag Neue Zürcher Zeitung (NZZ Libro).

Milic, Thomas, und Adrian Vatter. 2015. Die Braut, die sich nicht traut. Chancen und Risiken der Kooperation von BDP und CVP auf der Basis ihrer Wählerschaften. In *Wahlen und Wählerschaft in der Schweiz*, Hrsg. Markus Freitag et al., S. 245–272 und 455–457. Zürich: Verl. Neue Zürcher Zeitung (NZZ Libro, 3).

Nicolet, Sarah, und Anke Tresch. 2010. Changing religiosity, changing politics? The influence of traditional and posttraditional forms of religiosity on political attitudes. In *Value change in Switzerland*, Hrsg. Simon Hug und Hanspeter Kriesi, S. 23–44. Lanham, Md.: Lexington Books.

Pickel, Gert. 2010a. Politische Kultur und Demokratieforschung. In *Analyse demokratischer Regierungssysteme. Festschrift für Wolfgang Ismayr zum 65. Geburtstag*, Hrsg. Klemens H. Schrenk und Wolfgang Ismayr, S. 611–626. Wiesbaden: VS Verlag für Sozialwissenschaften.

Pickel, Gert. 2010b. Säkularisierung, Individualisierung oder Marktmodell? In *KZfSS Kölner Zeitschrift für Soziologie und Sozialpsychologie* 62 (2), S. 219–245. DOI: https://doi.org/10.1007/s11577-010-0102-5.

Pickel, Gert, et al. 2020. Religiöse Identitäten und Vorurteil in Deutschland und der Schweiz – Konzeptionelle Überlegungen und empirische Befunde. In: *Zeitschrift für Religion, Gesellschaft und Politik* 4 (2), S. 149–196. DOI: https://doi.org/10.1007/s41682-020-00055-9.

Pollack, Detlef, und Gergely Rosta. 2015. Religion in der Moderne. Ein internationaler Vergleich. Frankfurt: Campus Verlag (Religion und Moderne, 1).

Rapp, Carolin, et al. 2014. Moral politics: The religious factor in referenda voting. In *Politics and Religion* 7 (2), S. 418–443. DOI: https://doi.org/10.1017/S1755048314000303.

Rawls, John. 1992. Gerechtigkeit als Fairness: politisch und nicht metaphysich. In *Die Idee des politischen Liberalismus. Aufsätze 1978–1989*, Hrsg. Wilfried Hinsch, S. 255–292. Frankfurt a. M.: Suhrkamp.

Rudi, Tatjana, und Harald Schoen. 2014. Ein Vergleich von Theorien zur Erklärung von Wählerverhalten. In *Handbuch Wahlforschung*, Hrsg. Jürgen W. Falter und Harald Schoen, 2., überarb. Aufl., S. 305–325, Wiesbaden: Springer.

Schmitt, Karl. 1989. *Konfession und Wahlverhalten in der Bundesrepublik Deutschland.* Berlin [BRD]: Duncker & Humblot (Ordo politicus, 27).

Schneider, Heinrich. 1997. Demokratie und Kirche – ein komplexes Gefüge komplexer Größen. In: *Kirche in der Demokratie – Demokratie in der Kirche*, Hrsg. Maximilian Liebmann, S. 30–93. Graz: Verlag Styria (Theologie im kulturellen Dialog, 1).

Schoen, Harald. 2014. Soziologische Ansätze in der empirischen Wahlforschung. In *Handbuch Wahlforschung*, Hrsg. Jürgen W. Falter und Harald Schoen, 2., überarb. Aufl., S. 135–185. Wiesbaden: Springer.

Schoen, Harald, und Cornelia Weins. 2014. Der sozialpsychologische Ansatz zur Erklärung von Wahlverhalten. In *Handbuch Wahlforschung,* Hrsg. Jürgen W. Falter und Harald Schoen, 2., überarb. Aufl., S. 187–242. Wiesbaden: Springer.

Seitz, Werner. 2014. *Geschichte der politischen Gräben in der Schweiz. Eine Darstellung anhand der eigenössischen Wahl und Abstimmungsergebnisse von 1848 bis 2012*. Zürich: Rüegger (Kompaktwissen CH, 20).

Siegers, Pascal. 2012. *Alternative Spiritualitäten. Neue Formen des Glaubens in Europa. Eine empirische Analyse*. Frankfurt am Main: Campus (Akteure und Strukturen, 1).

Smidt, Corwin E, et al. 2009. The role of religion in American politics: Explanatory theories and associated analytical and measurement issues. In *The Oxford handbook of religion and American politics*, Hrsg. Corwin E. Smidt et al. New York: Oxford University Press (Oxford handbooks in religion and theology).

Stadler, Peter. 1984. *Der Kulturkampf in der Schweiz. Eidgenossenschaft und katholische Kirche im europäischen Umkreis, 1848–1888*. Frauenfeld/Stuttgart: Huber.

Stolz, Jörg. 2020. Secularization theories in the twenty-first century: ideas, evidence, and problems. Presidential address. In *Social Compass* 67 (2), 282–308. DOI: https://doi.org/10.1177/0037768620917320.

Stolz, Jörg, et al. 2014. *Religion und Spiritualität in der Ich-Gesellschaft*. Vier Gestalten des (Un-) Glaubens. Zürich: Theologischer Verlag Zürich (Beiträge zur Pastoralsoziologie, 16).

Thieme, Daniel, und Antonius Liedhegener. 2015. «Linksaußen», politische Mitte oder doch ganz anders? Die Positionierung der Evangelischen Kirche in Deutschland (EKD) im parteipolitischen Spektrum der postsäkularen Gesellschaft. In *Politische Vierteljahresschrift* 56 (2), S. 240–277. DOI: https://doi.org/10.5771/0032-3470-2015-2-240.

Traunmüller, Richard, und Markus Freitag. 2011. State support of religion: making or breaking faith-based social capital? In *Comparative Politics* 43 (3), S. 253–269.

Tresch, Anke, et al. 2020. *Eidgenössische Wahlen 2019.* Wahlteilnahme und Wahlentscheid. Selects – FORS. FORS – Swiss Centre of Expertise in the Social Sciences. Lausanne.

Tunger-Zanetti, Andrea. 2021. *Verhüllung. Die Burka-Debatte in der Schweiz*. Unter Mitarbeit von Cornelia Niggli et al. Baden: Hier und Jetzt.

Vatter, Adrian, Hrsg. 2011. *Vom Schächt- zum Minarettverbot. Religiöse Minderheiten in der direkten Demokratie*. Zürich: NZZ.

Vatter, Adrian. 2020. *Das politische System der Schweiz*. 4., vollständig aktualisierte Auflage. Baden-Baden: Nomos (Studienkurs Politikwissenschaft).

Vatter, Adrian, et al. 2011. Das Stimmverhalten bei der Minarettverbots-Initiative unter der Lupe. In *Vom Schächt- zum Minarettverbot. Religiöse Minderheiten in der direkten Demokratie*, Hrsg. Adrian Vatter, S. 144–170, Zürich: NZZ.

Vischer, Lukas, et al., Hrsg. 1994. *Ökumenische Kirchengeschichte der Schweiz*. Freiburg/Basel: Paulusverlag/F. Reinhardt.

Wenzel, Uwe Justus. 2011. Von Präambelgöttern und anderen Grenzwächtern. Vorüberlegungen zur Beantwortung der Frage: Ist eine politische Theologie des demokratischen Rechtsstaates möglich und nötig? In *Zur Analyse postsäkularer Gesellschaften,* Hrsg. Georg Pfleiderer und Alexander Heit, S. 131–158. Zürich/Baden-Baden: Pano-Verl./Nomos-Verl.-Ges (Religion, Wirtschaft, Politik, 2).

Westle, Bettina, und Oscar W. Gabriel, Hrsg. 2008. *Sozialkapital. Eine Einführung*. Baden-Baden: Nomos-Verl.-Ges (Studienkurs Politikwissenschaft).

Wolf, Christof, und Sigrid Roßteutscher. 2013. Religiosität und politische Orientierung – Radikalisierung, Traditionalisierung oder Entkopplung? In *Kölner Zeitschrift für Soziologie und Sozialpsychologie* 65 (S1), S. 149–181. DOI: https://doi.org/10.1007/s11577-013-0222-9.

Zulehner, Paul M. 2011. *Verbuntung. Kirchen im weltanschaulichen Pluralismus. Religion im Leben der Menschen 1970–2010*. Eine Studie des Pastoralen Forums Wissenschaft. Ostfildern: Schwabenverlag.

Open Access Dieses Kapitel wird unter der Creative Commons Namensnennung 4.0 International Lizenz (http://creativecommons.org/licenses/by/4.0/deed.de) veröffentlicht, welche die Nutzung, Vervielfältigung, Bearbeitung, Verbreitung und Wiedergabe in jeglichem Medium und Format erlaubt, sofern Sie den/die ursprünglichen Autor(en) und die Quelle ordnungsgemäß nennen, einen Link zur Creative Commons Lizenz beifügen und angeben, ob Änderungen vorgenommen wurden.

Die in diesem Kapitel enthaltenen Bilder und sonstiges Drittmaterial unterliegen ebenfalls der genannten Creative Commons Lizenz, sofern sich aus der Abbildungslegende nichts anderes ergibt. Sofern das betreffende Material nicht unter der genannten Creative Commons Lizenz steht und die betreffende Handlung nicht nach gesetzlichen Vorschriften erlaubt ist, ist für die oben aufgeführten Weiterverwendungen des Materials die Einwilligung des jeweiligen Rechteinhabers einzuholen.

Ausblick 8

Dieses Buch versammelt Beiträge zur Beschreibung von Trends in der Religionslandschaft der Schweiz. Die vergleichende Betrachtung der Texte zeigt, dass sich die in den früheren Studien beschriebenen Trends in den letzten zehn Jahren weitgehend fortgeschrieben haben. Es ist zu einer weiteren Säkularisierung und religiösen Individualisierung gekommen. Die religiöse Praxis, der religiöse Glaube, die religiöse Zugehörigkeit, wie auch die Kirchenbindung haben weiter abgenommen, während die Rede von einer persönlichen Spiritualität zunimmt. Insofern zeigt unser Buch zunächst viel Bekanntes.

Im Vergleich zu den früheren Studien zur Religionslandschaft der Schweiz sind jedoch auch neue Gesichtspunkte und Einsichten entstanden. Wir weisen nur auf folgende hin:

(1) Säkularisierung auf individueller Ebene sollte man sich nicht primär als eine Abnahme der Religiosität von Personen im Erwachsenenalter vorstellen (obwohl auch dies vorkommen kann). Wichtiger scheint vielmehr die Tatsache, dass jede neue Generation etwas weniger religiös ist als die bisherigen. Durch die Tatsache, dass ältere, religiösere Generationen wegsterben und neue, weniger religiöse Generationen nachrücken, wird die Gesellschaft weniger religiös, auch wenn (im Extremfall) die Individuen ihr Religiositätsniveau über die Zeit konstant gehalten haben. Dies bedeutet, dass ein zentraler Erklärungsfaktor der Säkularisierung darin besteht, dass Religiosität von Eltern nicht mehr in derselben Intensität wie anhin an die Kinder weitergegeben wird (Kap. 2, 4, 6).

(2) Die Säkularisierung der Gesellschaft wird nicht durch einen Aufschwung einer individualisierten Religiosität («believing without belonging») oder einer holistischen (ganzheitlichen, esoterisch orientierten) Spiritualität wettgemacht. Christliche Glaubens-

überzeugungen und christliche Praxis nehmen in gleicher Weise ab. Holistische Spiritualität weist über den beobachtbaren Zeitraum eine starke Konstanz auf, ist aber gesellschaftlich nicht sehr verbreitet (Kap. 2).

(3) Spiritualität ist ein in der sozialen Realität sehr vielschichtig verwendeter Begriff. Er wird zunehmend nicht nur vom holistischen Milieu verwendet, sondern kommt auch in den christlichen Kirchen, bei distanzierten Christ:innen und sogar bei säkular orientierten Menschen vor. Der Spiritualitätsbegriff darf also nicht auf eine esoterische Spiritualität verkürzt werden (Kap. 3, 4).

(4) Die wachsende Gruppe der Religionslosen zeichnet sich nicht etwa vor allem durch starke religiöse Sozialisierung aus, von welcher sie sich entrüstet abgewandt hätten. Vielmehr findet man bei ihnen im Durchschnitt eine besonders schwache oder gar keine religiöse Sozialisierung (Kap. 4).

(5) Die Großkirchen weisen nach wie vor ein gutes Image in Bezug auf ihr diakonisches Wirken auf. Sie werden als Institutionen gesehen, die Gutes tun und daher eine wichtige gesellschaftliche Funktion haben. Gleichzeitig verlieren die Kirchen jedoch über die Zeit an Vertrauen, und zwar vor allem bei Konfessionslosen. Da Vertrauen in die Kirchen stark mit persönlicher Religiosität und Kirchenmitgliedschaft korreliert ist, ist zu erwarten, dass die Säkularisierung in Zukunft zu einem weiteren Vertrauensverlust für die Kirchen in der Gesellschaft führen wird (Kap. 5).

(6) Die Identifikation mit den Großkirchen wird insgesamt schwächer. Entfremdung und Distanzierung von kirchlicher Religiosität kommt in großer Bandbreite vor, ohne dass darin ein bestimmbarer Kippmoment in Richtung Abbruch der Kirchenzugehörigkeit feststellbar ist. Die auf die Familienphase mit Kindern und Jugendlichen bezogenen Ritualangebote der Kirche fördern keine nachhaltige, die gesamte Biografie prägende persönliche Identifikation mit kirchlich gefasster Religiosität mehr und führen nicht mehr zu dauerhafter Stabilität der Kirchenbindung (Kap. 6).

(7) Religion und religiöse Themen bleiben ein wichtiger politischer Faktor in der Schweiz. Hierbei sind es jedoch in abnehmendem Maße die alten konfessionellen Gräben, welche die politische Meinung und das Abstimmungsverhalten der Individuen bestimmen. Vielmehr erhalten spezifische religiöse Themen (z. B. Minarettinitiative, Burkaverbot, Religionsfreiheit, Verhältnis von Kirche/Staat, Konzernverantwortungsinitiative) und Religion als soziale Identität («der Islam» als Bedrohung der «christlichen Schweiz») ein neues politisches Gewicht. Die Konflikthaftigkeit von Religion und Religionspolitik speist sich in der Schweiz damit stärker aus der Politik selbst als aus dem religiösen Feld und der gelebten Religion im Alltag (Kap. 7).

8 Ausblick

Unsere Analysen haben auch zu weiteren Fragen Anlass gegeben und neue Forschungsdesiderata sichtbar gemacht. Ein wichtiges, von uns nur sehr am Rand behandeltes Thema ist Religion und Migration. Da die MOSAiCH Daten nur eine begrenzte Fallzahl aufweisen, sind Mitglieder von Immigrationsgruppen meist nur in zu kleiner Anzahl vertreten, als dass sinnvolle statistische Analysen möglich wären. Ein weiteres Forschungsdesiderat zeigt sich mit Blick auf eine genauere Analyse des Verhältnisses von individueller Religiosität und Spiritualität. Die Komplexität dieses Verhältnisses wurde in dieser Publikation deutlich sichtbar und verlangt in der Folge nach weiterer Differenzierung und Klärung.

Welche Bedeutung haben die vorliegenden Ergebnisse? Wir gehen abschließend auf aus unserer Sicht bedeutende Folgen für die Individuen, die Politik, die Zivilgesellschaft, und die Religionsgemeinschaften ein.

Für die *Individuen* bedeutet die ständig zunehmende religiöse Säkularisierung und Individualisierung, dass sie ihren Lebenssinn zunehmend aus anderen, nichtreligiösen Quellen schöpfen. Ob dies als positiv oder negativ gewertet wird, hängt von den Werten ab, welche man zugrunde legt. Säkularisierende Gesellschaften produzieren jedenfalls nicht zunehmendes individuell erfahrenes Unglücklich-Sein. Auch kommt es durch Säkularisierung nicht unbedingt zu einer Verminderung von prosozialen Werten (wie z. B. anderen helfen, nicht lügen, sich verantwortungsvoll verhalten), wobei langfristig angelegte Studien dazu für die Schweiz fehlen. Zudem muss man sagen, dass Individuen in Not viele Anlaufstellen verlieren, wenn die Kirchen immer schwächer werden. Deren umfangreiche diakonische Arbeit, welche oft ehrenamtlich geleistet wird, muss bei weiter zunehmender Säkularisierung durch andere, nichtreligiöse, im Zweifel staatliche Institutionen geleistet werden – oder sie wird entfallen.

Mit Blick auf die *Politik* bedeuten zunehmende Säkularisierung und religiöse Individualisierung, dass die staatliche Regulierung des Verhältnisses zu den Religionsgemeinschaften evtl. stärker angepasst werden muss. Das war schon ein wesentliches Ergebnis des Nationalen Forschungsprogramms 58 zu Religion in der Schweiz.[1] In der Schweiz ist das Kirche-Staat-Verhältnis bislang durch die Kantone geregelt, d. h. es ist in jedem der 26 Kantone mehr oder weniger unterschiedlich ausgestaltet. In einigen Kantonen herrscht eine stärkere Trennung vor (Genf, Neuchâtel), in der Mehrzahl zeigen sich jedoch weiterhin starke Verbindungen von Staat und den etablierten Religionsgemeinschaften. In den meisten Kantonen sind die Reformierte Kirche, die Römisch-Katholische Kirche und manchmal auch die Christkatholische Kirche und jüdische Gemeinschaften öffentlich-rechtlich anerkannt.[2] Wenn die Anzahl von religionslosen Personen und Mitgliedern von Religionen, die nicht anerkannt sind, ständig zunimmt, müssen Politik und Recht hierauf reagieren. Konkret sind in der Schweiz verschiedene Wege eingeschlagen worden. Einerseits wird das Verhältnis von Kirche und Staat vor-

---

[1] Bochinger (2012).
[2] Einen differenzierten Überblick findet man bei Pahud de Mortanges (2020).

sichtig gelockert (so etwa in den Kantonen Bern und Zürich geschehen); andererseits wird eine öffentlich-rechtliche Anerkennung weiterer Religionsgemeinschaften diskutiert (etwa im Kontext der Verfassungsrevision im Kanton Luzern) oder neu eine öffentliche oder kleine Anerkennung geschaffen, die dann auch nicht-christlichen Religionsgemeinschaften zuteil wird (Vorreiter ist hier der Kanton Basel Stadt). Schließlich zeichnen sich in der jüngeren Zeit zunehmend Bemühungen ab, unterhalb der Ebene der staatlichen Anerkennung produktive Beziehungen der kantonalen Behörden mit kleineren, und hier vor allem muslimischen Religionsgemeinschaften zu etablieren. Angedacht ist auch, dass der Bund, wie in anderen Politikfeldern, eine Art Rahmengesetzgebung zur Anerkennung weiterer Religionsgemeinschaften schafft, indem er den einschlägigen, mittlerweile wohl veralteten, weil ausschließlich christentumsbezogenen Art. 72,1 der Bundesverfassung reformiert. Welcher dieser Wege zielführender ist, ist eine offene Frage, aber es darf als sicher gelten, dass die Anpassung in der einen oder anderen Art und Weise in Zukunft weiter an Bedeutung gewinnen wird, denn die wachsende religiös-weltanschauliche Diversität der Schweiz erfordert weitere Schritte, um die gesellschaftliche Integration und den sozialen Zusammenhalt zu fördern.

Für die *Zivilgesellschaft* entsteht eine doppelte Frage. Erstens stellen Kirchen und Religionsgemeinschaften im Schweizer Kontext traditionell eine wichtige Gelegenheitsstruktur für Begegnung, Engagement und unbürokratische Hilfe dar. Wie bereits angesprochen, ist das Schwinden der Bindungen an die Landeskirchen nicht nur eine Frage der individuellen Präferenzen. Die Entkirchlichung hat auch Konsequenzen für die Zivilgesellschaft und das Sozialkapital der Schweizer Gesellschaft, deren Umfang und Reichweite freilich wissenschaftlich noch einmal genauer abzuschätzen wäre. Und zweitens wächst mit der Säkularisierung wie der gleichzeitig wachsenden, meist migrationsbedingten religiösen Diversität der Bedarf nach Verständigung zwischen Menschen unterschiedlichster, stärker oder schwächer identifizierbarer religiöser, spiritueller oder säkularer Identitäten. Vorstellbar ist, dass sich durch Säkularisierung zunehmend ein Graben zwischen religiösen und säkularen Menschen auftut. Es ist auch nicht auszuschließen, dass die zunehmende religiöse Pluralisierung zu Spannungen zwischen verschiedenen Religionen führt, insbesondere wenn berechtigte Anerkennungsansprüche von religiös-ethnischen Minderheiten nicht nur rechtlich, sondern vor allem auch sozial und politisch anhaltend verweigert werden. An dieser Stelle gibt es einen zunehmenden Bedarf für verschiedene Formen des ökumenischen, interreligiösen, und religiös-säkularen Dialogs.

Für die *Religionsgemeinschaften,* und insbesondere die Großkirchen, bedeuten zunehmende Säkularisierung und Individualisierung eine große Herausforderung. Einerseits können die Großkirchen zwar noch auf ein gutes Image in Bezug auf ihr diakonisches Handeln zählen, sie werden als Akteurinnen gesehen, die der Gesellschaft gute Dienste leisten, andererseits werden sie als zunehmend weniger wichtig eingeschätzt – und dies scheint sich mit jeder neuen Generation leicht zu verstärken. Bei kleineren Religionsgemeinschaften stellt sich die Situation anders dar. Sie stehen insbesondere bei einem Migrationshintergrund vor hohen Hürden im Blick auf Ressourcen für ihre Seelsorge wie für ihre soziale und rechtlichen Anerkennung.

Gerade für die Kirchen erweist sich Vertrauen als eine kostbare Ressource, die durch fehlende Nähe zu den Bedürfnissen der Gläubigen sowie Fehlverhalten der Entscheidungsträger:innen und kirchlichen Organe leicht verspielt werden kann. Auch wenn die Kirchen für sich selbst entscheiden, wie sie die Vertrauensressource pflegen möchten, sind sie doch auch Teil einer Umwelt, auf die sie nur geringfügig Einfluss nehmen können. Mit Blick auf die Kirchen geht es insbesondere um die Megatrends der Modernisierung sowie der Säkularisierung. Auch mit einer noch so guten Strategie und dank eines noch so sorgsamen Umgangs mit Vertrauen lassen sich diese Trends nicht umkehren. Dennoch kann man natürlich bessere oder weniger gute kirchliche Angebote machen. Erste Forschungen zeigen, dass die Kirchen auf die Einschränkungen der Covid-19-Pandemie durchaus auch innovativ reagiert und neue, digitale Formen ihrer Tätigkeit gefunden haben.[3] Und schließlich gilt, dass die bisher beobachteten Trends bei aller Nachhaltigkeit doch keine Naturgesetze sind. Die Zukunft wird zeigen, wie die Bevölkerung in der Schweiz über ihre Religionen befindet und somit darüber, wie die Trends sich weiterentwickeln und wo sie zukünftig vielleicht eine neue Richtung nehmen. Der Bedarf nach Sinn, Gemeinschaft und zivilgesellschaftlichem Engagement in einer ausdifferenzierten, individualisierten und vor allem zunehmend mediatisierten Gesellschaft wird eher steigen. Und falls die hier verfolgte wissenschaftliche Tradition wie geplant und erhofft fortgeführt wird, wird in zehn Jahren ein weiteres Buch in unserer Reihe darüber Auskunft geben können, wie es um Religion in der Schweizer Gesellschaft bestellt ist. Das vorliegende Buch unterstreicht in seiner Vielfalt an Perspektiven und Themen, dass die Religionssoziologie und ihre Nachbardisziplinen sowohl an diesen Wandel rückgebunden sind als auch Orientierungspunkte in einer komplexen Religionslandschaft Schweiz vermitteln können.

Literatur

Bochinger, Christoph, Hrsg. 2012. *Religionen, Staat und Gesellschaft. Die Schweiz zwischen Säkularisierung und religiöser Vielfalt.* Zürich: NZZ.
Pahud de Mortanges, René, Hrsg. 2020. *Staat und Religion in der Schweiz des 21. Jahrhunderts. Beiträge zum Jubiläum des Instituts für Religionsrecht.* Zürich u. a.: Schulthess (Freiburger Veröffentlichungen zum Religionsrecht, 40).

---

[3] Vgl. die ersten Ergebnisse des internationalen Forschungsnetzwerkes CONTOC (Churches Online in Times of Corona) unter https://contoc.org/de/contoc/ (12.1.22).

Open Access Dieses Kapitel wird unter der Creative Commons Namensnennung 4.0 International Lizenz (http://creativecommons.org/licenses/by/4.0/deed.de) veröffentlicht, welche die Nutzung, Vervielfältigung, Bearbeitung, Verbreitung und Wiedergabe in jeglichem Medium und Format erlaubt, sofern Sie den/die ursprünglichen Autor(en) und die Quelle ordnungsgemäß nennen, einen Link zur Creative Commons Lizenz beifügen und angeben, ob Änderungen vorgenommen wurden.

Die in diesem Kapitel enthaltenen Bilder und sonstiges Drittmaterial unterliegen ebenfalls der genannten Creative Commons Lizenz, sofern sich aus der Abbildungslegende nichts anderes ergibt. Sofern das betreffende Material nicht unter der genannten Creative Commons Lizenz steht und die betreffende Handlung nicht nach gesetzlichen Vorschriften erlaubt ist, ist für die oben aufgeführten Weiterverwendungen des Materials die Einwilligung des jeweiligen Rechteinhabers einzuholen.

Printed by Printforce, the Netherlands